Sexualberatung

Claus Buddeberg

Sexualberatung

Eine Einführung für Ärzte, Psychotherapeuten und Familienberater

3., überarbeitete und erweiterte Auflage

Ferdinand Enke Verlag Stuttgart 1996

Prof. Dr. med. Claus Buddeberg

Abteilung für Psychosoziale Medizin
Psychiatrische Poliklinik
Universitätsspital Zürich
CH-8091 Zürich

Umschlagabbildung:
Hanspeter Wyss
Zürich 1995

Die Deutsche Bibliothek – CIP-Einheitsaufnahme

Buddeberg, Claus:
Sexualberatung : eine Einführung für Ärzte, Psychotherapeuten und
Familienberater / Claus Buddeberg. – 3., überarb. und erw. Aufl. –
Stuttgart : Enke, 1996
  ISBN 3-432-93603-6

© 1983, 1996 Ferdinand Enke Verlag, P.O.Box 30 03 66, D 70443 Stuttgart – Printed in Germany

Satz und Druck: Heinz Neubert GmbH, D 95444 Bayreuth
Filmsatz: 10/11 Times, System Cg 7700

Vorwort zur dritten Auflage

Seit dem Erscheinen der ersten Ausgabe dieses Buches sind mehr als 13 Jahre vergangen. In dieser Zeit haben verschiedene gesellschaftliche Entwicklungen zu einem Wandel sexueller Einstellungen und Verhaltensweisen beigetragen. Anläßlich eines kürzlichen Besuchs des Museums erotica in Kopenhagen wurden mir zwei Entwicklungstendenzen im Bereich der Sexualität im Verlauf der letzten 25 Jahre besonders deutlich. Diese betreffen vor allem die öffentliche Darstellung von Sexualität in Wort und Bild und deren kommerzielle Vermarktung. Die Liberalisierung der Pornographie-Gesetze in einigen westlichen Ländern Anfang der 70er Jahre hat zu einer zunehmenden *Genitalisierung der Sexualität* in Sexjournalen und Sexfilmen geführt. Diese Genitalisierung der Sexualität ist ein Phänomen, dem man auch in der Sexualberatung und -therapie von Paaren in längerdauernden Beziehungen häufig begegnet. Die zweite Veränderung ist seit Mitte der 80er Jahre durch die Elektronisierung der Pornographie im Gang. Die anonyme Vermarktung pornographischer Produkte mittels Videokassetten und Computer-Programmen zeichnet sich durch eine zunehmende *Brutalisierung der Sexualität* aus. Dies wurde mir beim Betreten des sog. elektronischen Tabernakels im Kopenhagener Museum bewußt, einem Raum, in welchem gleichzeitig auf mehr als 20 Bildschirmen verschiedene Sexfilme zu sehen sind. Die raffinierte Verknüpfung von sexueller Lust und Gewalt und deren Bagatellisierung durch die Abspaltung des emotionalen Erlebens sexueller Kontakte löste bei mir Gefühle von Ekel, Ohnmacht und Ratlosigkeit aus.

Die beiden *neuen Kapitel* dieser dritten Auflage orientieren sich thematisch an den angesprochenen Themen. Das Kapitel 19: *Sexuelle Ausbeutung und Gewalt* befaßt sich mit sexuellen Phantasien und Übergriffen in therapeutischen Beziehungen sowie der Krisenintervention und Beratung nach sexueller Ausbeutung und Vergewaltigung. Diese Phänomene werden heute offener diskutiert und die Opfer sexueller Mißhandlungen suchen für die Verarbeitung ihrer Gewalterfahrungen häufiger Hilfe. Das Kapitel 20 behandelt einige praxisrelevante Fragen im Umgang mit *sexuell übertragbaren Krankheiten,* insbesondere der Immunschwächekrankheit AIDS. Ausgehend von einigen sozialpsychologischen Überlegungen werden Hinweise und Empfehlungen für die Gesprächsführung bei der HIV-Prävention, der Beratung vor und nach einem HIV-Test sowie für die Begleitung aidskranker Menschen gegeben. Der Text der übrigen Kapitel wurde überarbeitet und durch neuere Ergebnisse der sexologischen Forschung ergänzt. Besonders erwähnt sei der neu hinzugekommene Abschnitt Sexualität und Lebenszyklus im Kapitel 4.4.

Die Überarbeitung und Erweiterung des Textes waren möglich dank dem Entgegenkommen des Enke Verlages, insbesondere von Frau Dr. *M. Kuhlmann,* der ich für die langjährige Zusammenarbeit bei der Herausgabe dieses Buches danken möchte. Wichtige Anregungen für die Überarbeitung und die Abfassung der beiden neuen Kapitel erhielt ich durch Frau *R. Flury,* Prof. *R. Hornung,* PD Dr. *M. Sieber* sowie meine beiden Mitarbeiterinnen, Frau Dr. *P. Buchegger* und Frau Dr. *R. Gnirss-Bormet.* Meine Frau, Dr. *B. Buddeberg-Fischer,* unterstützt seit

Jahren mit Erfahrungen aus ihrer kinder- und jugendpsychiatrischen Praxis meine sexualmedizinische Tätigkeit. Ihr gilt ein besonderer Dank. Ebenso meiner Sekretärin, Frau *R. von Orelli* für die kompetente und speditive Erledigung der Schreibarbeiten. Ich hoffe, daß die Neuauflage dieses Buches interessierten Kolleginnen und Kollegen praxisnahe Anregungen für die Sexualberatung von Patientinnen und Patienten geben kann.

Zürich, Herbst 1995   *C. Buddeberg*

Inhalt

Einleitung   1

Teil I   Sexualmedizinische Grundlagen

1   Sexualität — für Arzt und Patient ein heißes Eisen   7
1.1   Die sexualmedizinischen Kenntnisse des Arztes   7
1.2   Die sexuellen Probleme des Patienten   9
1.3   Die Vermeidung sexueller Fragen in der Arzt-Patient-Beziehung   . . . 11

2   Diagnostische Einteilung von Sexualstörungen 14
2.1   Symptomatik sexueller Funktionsstörungen 14
2.2   Formale Ausprägung 17

3   Ursachen sexueller Störungen 18
3.1   Organische Ursachen 18
3.2   Psychosoziale Ursachen 22
3.3   Unmittelbare, relativ oberflächliche Gründe 23
3.4   Intrapsychische Ursachen 24
3.5   Partnerschaftsbezogene Ursachen 25

**4   Was ist Sexualität — Körperreaktion, Triebkraft oder
         Erlebnisbereich?** 29
4.1   Sexualität als Körperreaktion 29
4.2   Sexualität als Triebkraft 30
4.3   Sexualität als Erlebnisbereich 32
4.4   Sexualität und Lebenszyklus 33

Teil II   Methodik der Sexualberatung

5   Sprachliche Schwierigkeiten bei der Sexualberatung 37
5.1   Die sexuellen Sprachen 38
5.2   Sprachliche Möglichkeiten und Notwendigkeiten in der
         Sexualberatung 40

6   Bevor Sie die erste Frage stellen 43
6.1   Wer ist für sexuelle Fragen zuständig? 43
6.2   Wann sollten Fragen nach dem Sexualleben gestellt werden? 44
6.3   Welche Arten von Fragen eignen sich? 45

**7   Die Sexualanamnese: Wie zufrieden sind Sie mit Ihrer
        Sexualität?** 47
7.1   Sexuelle Zufriedenheit und sexuelle Funktionsfähigkeit 47
7.2   Ausgangssituation und Zielsetzung eines sexualanamnestischen
        Gesprächs 48
7.3   Die Anfangsphase des Gesprächs 49
7.4   Inhalt und Gliederung der eigentlichen Sexualanamnese 50
7.5   Die Abschlußphase des Gesprächs 55

8   Vom Einzel- zum Paargespräch 58
8.1   Ausgangssituation vor einem Paargespräch 58
8.2   Ziele eines sexualanamnestischen Paargesprächs 59
8.3   Die Anfangsphase des Paargesprächs 60
8.4   Die Mittelphase des Gesprächs 61
8.5   Die Abschlußphase des Gesprächs 64

9   Kriterien zur Beurteilung eines Paarkonfliktes 66
9.1   Betrachtungsebenen von Beziehungskonflikten 66
9.2   Perspektive 1: Familiäre Entwicklungsphasen 66
9.3   Perspektive 2: Kommunikation 69
9.4   Perspektive 3: Das Paar als soziales System 75
9.5   Perspektive 4: Konfliktdynamik 77

**10   Wenn das Gespräch stockt – Widerstände im
        Beratungsgespräch** 80
10.1   Widerstand in der Psychotherapie 80
10.2   Der Patient schweigt 80
10.3   Der Patient beschuldigt sich oder seinen Partner 83
10.4   Der Patient wünscht ein Medikament 85
10.5   Weitere Widerstände 86
10.6   Widerstände bei Paargesprächen 86

Teil III   Praxis der Sexualberatung

11   Sexualberatung – Möglichkeiten und Grenzen 91
11.1   Welche Störungen können durch Beratungen gebessert werden? 91
11.2   Aufgaben der Sexualberatung 91
11.3   Was ist Sexualtherapie? 93
11.4   Ethische Aspekte der Sexualtherapie 95
11.5   Sexualtherapie aus Büchern 96
11.6   Was in diesem Buch zu kurz kommt 97

12   Geschlechtsorgane als Spielzeuge – Psychosexuelle Entwicklung im Kindesalter 98

12.1 Das unschuldige Wesen 98
12.2 Jungen haben ein Pfifli, Mädchen ein ...? 99
12.3 Forcierte Aufklärung 100
12.4 Die sexuelle Entwicklung in der Kindheit 102
12.5 Sexuelle Verhaltensauffälligkeiten bei Kindern 103

13   Jugendsexualität – ein Dauerkonflikt 105

13.1 Jugendsexualität und sozialer Wandel 105
13.2 Die Selbstbefriedigung – natürliche Sexualität oder
      fragwürdiges Übel 107
13.3 Sexualverhalten von Jugendlichen 108
13.4 Die Rolle des Arztes in der Sexualberatung Jugendlicher 109
13.5 Sexuelle Ängste und Schwierigkeiten von Jugendlichen 110
13.6 Aufklärungsbücher – das Angebot ist reichlich, die Geschmäcker
      verschieden 114

14   Nach der Heirat – zwischen Glück und Frustration 117

14.1 Unterschiede zwischen männlicher und weiblicher Sexualität 117
14.2 Hormonelle Antikonzeption und Sexualität 120
14.3 Sind Kinder Sexualhemmer? 122
14.4 Sexuelle Phantasien 127
14.5 Sexuelle Störungen bei jüngeren Paaren 128
14.6 Traditionelle und egalitäre Familienstruktur 130

15   Die mittleren Jahre – rettet die Zärtlichkeit! 134

15.1 Die Identitätskrise der Eltern 134
15.2 Bewältigungsversuche der Wechseljahre 134
15.3 Die Krise des Mannes 136
15.4 Die Genitalisierung der Sexualität 138
15.5 Lustverlust – psychosomatische Aspekte der Libido 141
15.6 Ist Eifersucht eine Krankheit? 143
15.7 Außereheliche Beziehungen 145
15.8 Pornographie und oraler Sex 147

16   Wenn die Kräfte nachlassen – Sexualität im Alter 149

16.1 Abschied von der Unabhängigkeit 149
16.2 Altersbedingte Veränderungen der sexuellen Reaktionsfähigkeit 150
16.3 Zärtlichkeit ist wichtiger als Potenz 151
16.4 Die Erektion und das junge (Un-)Glück 152
16.5 Sexuelle Schwierigkeiten nach dem Tod des Ehepartners 154
16.6 Kindliche Moralapostel als Störenfriede sexueller Beziehungen
      im Alter 155

17   Sexuelle Probleme von körperlich Kranken und Behinderten   158
17.1 Krankheit und Sexualität − Vorurteile und Ängste   158
17.2 Organisch bedingte Sexualstörungen   160
17.3 Psychosomatische Aspekte genitaler Infektionskrankheiten   164
17.4 Emotionale Nähe durch Körperkontakt bei schweren
      körperlichen Erkrankungen   166
17.5 Die Bedeutung der sexuellen Erlebnismöglichkeit für körperlich
      Behinderte   168
17.6 Medikamentös bedingte sexuelle Störungen   169

18   Sexualität und psychische Krankheit   171
18.1 ,,Normales'' und abweichendes sexuelles Verhalten   171
18.2 Sexuelle Beziehungsstörungen Schizophrener   174
18.3 Sexuelle Störungen bei affektiven Psychosen   175
18.4 Sexuelle Verhaltensstörungen bei geistig Behinderten   175

19   Sexuelle Ausbeutung und Gewalt   177
19.1 Formen sexueller Mißhandlungen   177
19.2 Sexuelle Phantasien und Übergriffe in der Therapie   180
19.3 Sexuelle Ausbeutung von Kindern   183
19.4 Mißbrauch mit dem sexuellen Mißbrauch.....................   186
19.5 Krisenintervention nach Vergewaltigung   187

20   Sexuell übertragbare Krankheiten – Beratung und Prävention .   190
20.1 Sozialpsychologische Aspekte   190
20.2 Rationale und irrationale Aids-Ängste   191
20.3 Gesprächsführung bei der HIV-Prävention   193
20.4 Beratung vor und nach einem HIV-Test   195
20.5 Begleitung HIV-infizierter und aidskranker Menschen   197

21   ,,Mißratene'' Beratungen   199
21.1 Forciertes Explorieren   199
21.2 Fehleinschätzung des sexuellen Symptoms   200
21.3 Die einseitige Parteinahme   201
21.4 Das verselbständigte Symptom   202
21.5 Der häufigste Fehler   203

Teil IV Anhang

Tabelle 1 Sexueller Reaktionszyklus der Frau 207
Tabelle 2 Sexueller Reaktionszyklus des Mannes 208
Liste 1   Bücher zur sexualmedizinischen Weiterbildung und zur
           Sexualinformation von Patienten 209

Literatur 211

Sachregister 217

Einleitung

In den letzten Jahren hat sich die Einstellung zur Sexualität wie auch das Sexualverhalten vor allem der jüngeren Generation verändert. Ärzte, Psychotherapeuten und Familienberater werden in zunehmendem Maße von Patienten bei sexuellen Schwierigkeiten um Rat gefragt. Durch die Entwicklung der Sexualwissenschaft hat sich unser Wissen über die psychischen und somatischen Ursachen sexueller Funktionsstörungen wesentlich erweitert. Trotzdem stehen viele Ärzte den sexuellen Problemen ihrer Patienten nach wie vor ratlos gegenüber. Eigene Hemmungen, mangelnde Erfahrung und althergebrachte Tabus hindern sie daran, mit ihren Patienten über sexuelle Fragen zu sprechen. Zwar anerkennen viele Ärzte die Bedeutung der Sexualmedizin für die ärztliche Praxis. Sie wissen jedoch häufig nicht, wie sie ihr sexualmedizinisches Wissen in die Behandlung und Beratung ihrer Patienten umsetzen sollen. Erfahrungen von Sexualtherapeuten haben gezeigt, daß ein beträchtlicher Teil sexueller Störungen durch Beratung oder eine zeitlich begrenzte Sexualtherapie gebessert oder geheilt werden kann. Sexualtherapeutische Behandlungskonzepte erscheinen einfach und überzeugend, können jedoch nur dann erfolgreich angewandt werden, wenn der Arzt oder Berater eine psychotherapeutische Grundausbildung hat und über Erfahrungen in der Psychotherapie verfügt. Im Gegensatz dazu kann Sexualberatung grundsätzlich von jedem Arzt erlernt und in der Praxis ausgeübt werden.

Verschiedene Erfahrungen haben mich veranlaßt, dieses Buch zu schreiben. Zunächst war ich in meiner eigenen sexualtherapeutischen Tätigkeit überrascht, wie vielen Patienten ich durch ein bis drei Beratungsgespräche helfen konnte. In Weiterbildungsseminaren mit niedergelassenen Ärzten verschiedenster Fachrichtungen wurde mir deutlich, daß vor allem jüngere Kollegen heute ein zunehmendes Interesse haben, Patienten mit psychosomatischen Störungen selbst zu behandeln. Die Gespräche mit Kollegen zeigten mir aber auch die Grenzen einer sexualmedizinischen Tätigkeit in der Praxis. Schließlich stellte ich fest, daß in den letzten Jahren zwar zahlreiche Bücher über die psychophysiologischen Grundlagen sexueller Störungen und über sexualtherapeutische Behandlungskonzepte veröffentlicht wurden, daß es aber kaum eine praktische Anleitung zur Sexualberatung gibt.

Das Buch ist zunächst einmal für Ärzte geschrieben, die in irgendeinem Fachgebiet der Medizin tätig sind und sich für die Beratung ihrer Patienten bei sexuellen Schwierigkeiten interessieren. Ich habe mich jedoch bemüht, den Text so zu schreiben, daß das Buch auch ohne Schwierigkeiten von Nichtmedizinern gelesen werden kann. Es richtet sich somit an Ärzte, Psychotherapeuten und Berater, die in ihrer Tätigkeit mit sexuellen Fragen und Schwierigkeiten zu tun haben. Ihnen soll dieses Buch als praktische Anleitung für die Sexualberatung dienen. Entsprechend diesem Anliegen gliedert sich das Buch in drei Teile.

Teil 1 beginnt mit einem Kapitel über die Schwierigkeiten und Hemmungen, die Ärzte und Patienten heute noch haben, wenn sie über sexuelle Fragen miteinander sprechen wollen. Kapitel 2 und 3 geben einen kurzen Überblick über die Einteilung und die Ursachen sexueller Störungen. Einige Überlegungen zur Stellung und Bedeutung der Sexualität innerhalb der Gesamtpersönlichkeit des Menschen sollen mein Verständnis von Sexualität andeuten, das den folgenden Kapiteln zugrunde liegt.

Der 2. Teil befaßt sich mit methodischen Fragen der Gesprächsführung. Zunächst werden sprachliche Schwierigkeiten sowie Möglichkeiten der Gesprächsführung beim sexualanamnestischen Erstgespräch besprochen. Die beiden folgenden Kapitel behandeln methodische Fragen des Einzel- und Paargesprächs anhand von kommentierten Ausschnitten von zwei Erstgesprächen. Teil 2 schließt mit einem Kapitel über Widerstände im Beratungsgespräch und Möglichkeiten, diese zu überwinden. Die wichtigsten Gesichtspunkte über die Methodik der Gesprächsführung sind am Ende jedes Kapitels dieses Teils kurz zusammengefaßt.

Teil 3 enthält einzelne Kapitel zur Praxis der Sexualberatung. Dabei bin ich so vorgegangen, daß ausgehend von der psychosexuellen Entwicklung in den einzelnen Lebensphasen, von der Kindheit bis zum Alter, typische sexuelle Schwierigkeiten beschrieben werden, die durch eine Sexualberatung behandelt werden können. Sexuelle Funktionsstörungen im engeren Sinn werden dabei ebenso besprochen wie z. B. Fragen der Sexualaufklärung, der Empfängnisverhütung oder außerehelicher sexueller Beziehungen. Die Zuordnung einzelner sexueller Schwierigkeiten zu einem bestimmten Lebensabschnitt bedeutet dabei nicht, daß diese Schwierigkeiten nicht auch in einer anderen Lebensphase auftreten können. Vielmehr soll damit angedeutet werden, daß die Sexualität des Menschen nicht nur Ausdruck biologischer Funktionsabläufe, sondern ebenso Ausdruck einer biographischen Entwicklung ist, die jeder Mensch in individueller Weise durchläuft. In diesem Teil finden sich zahlreiche Beispiele, welche die Möglichkeiten der Sexualberatung veranschaulichen sollen. Zwei Kapitel befassen sich mit sexuellen Schwierigkeiten von körperlich bzw. psychisch Kranken und Behinderten. Das Buch schließt mit einem Kapitel über häufige Fehler, die in der Sexualberatung gemacht werden. Bei den Fallbeispielen und den Gesprächsausschnitten wurden die Namen, Daten und sonstigen Details aus Gründen der Schweigepflicht und im Interesse der Patienten geändert.

Vor allem der letzte Teil des Buches ist durch meine persönlichen Erfahrungen und meine eigenen sexuellen Norm- und Wertvorstellungen geprägt. Als Leser oder Leserin unterscheiden Sie sich vielleicht in Alter, Geschlecht, Temperament oder Ihrer Einstellung zur Sexualität von mir als Schreiber. Sie werden möglicherweise in dieser oder jener Frage meine Auffassung teilen, in manchen Punkten jedoch anderer Meinung sein. Wenn dieses Buch dazu beitragen kann, Ihre eigenen Einstellungen und Normvorstellungen zu klären, dann wird es Ihnen wahrscheinlich leichter fallen, Ihre Patienten bei sexuellen Schwierigkeiten zu beraten. In den Seminaren, die ich bisher mit Ärzten und Ärztinnen zur sexualmedizinischen Aus- und Weiterbildung geführt habe, spielten nicht nur meine Erfahrungen mit Patienten, sondern auch meine eigene Erziehung und meine Beziehung zu meiner Frau, meinen Kindern und Freunden eine Rolle. Diese Erfahrungen sind ebenfalls subjektiv und werden sich von Ihren Erfahrungen mehr oder weniger unterscheiden. Sie werden beim Lesen manche Sätze mit Fragezeichen finden. Eine wichtige Erfahrung aus meiner sexualtherapeutischen Tätigkeit ist die, daß es

oft besser ist, eine Frage nicht direkt zu beantworten, sondern den Gesprächspartner zu ermuntern, sich selbst eine Antwort zu geben. Vielleicht gelingt dies auch
ansatzweise in einem so anonymen und einseitigen Gesprächsversuch mit einem
geschriebenen Text.

Im Interesse einer leichten Lesbarkeit des Textes habe ich auf eine Schreibwei-
se verzichtet, die immer beide Geschlechter berücksichtigt (Arzt / Ärztin, Patient /
Patientin). Die männliche Bezeichnung gilt deshalb an vielen Textstellen für beide
Geschlechter.

Teil I

Sexualmedizinische Grundlagen

1 Sexualität — für Arzt und Patient ein heißes Eisen

Während meiner ersten Vertretung in einer Landarztpraxis wenige Monate nach dem medizinischen Staatsexamen wurde mir eines Tages recht unvermittelt klar, welche Schwierigkeiten wir Ärzte gegenüber den sexuellen Problemen unserer Patienten haben.

Ein 70jähriger ehemaliger Bauunternehmer, der seit 10 Jahren verwitwet war und im Dorf zu verschiedenen alleinstehenden Frauen Beziehungen unterhielt, kam in die Sprechstunde und berichtete über folgende Beschwerden: Während einer kürzlichen Reise nach Rußland habe er eine 45jährige Russin kennengelernt, mit der er sich prächtig verstanden habe. Trotz der sprachlichen Schwierigkeiten — beide verständigten sich mit ein paar Worten Englisch — habe ihn die Frau nicht zuletzt wegen ihrer Leidenschaft in der Liebe so fasziniert, daß er seine Reise unterbrochen habe, um für die Frau eine Ausreisebewilligung zu beantragen. Nach zweimonatigem Warten habe sie die Papiere erhalten und sei nun vor 14 Tagen mit ihm hierher gekommen. Nach seiner Rückkehr sei ihm nun etwas passiert, was er gar nicht verstehen könne und was ihn fix und fertig mache. Im Gegensatz zu Rußland, wo er jeden Tag mit der Frau ohne Schwierigkeiten Verkehr gehabt habe, rege sich jetzt nichts mehr! Trotz aller Bemühungen seiner Freundin werde sein Glied nicht mehr steif. Irgend etwas müsse da nicht stimmen!

Nach der eindrücklichen Schilderung blieb mir kurz der Atem weg. Da saß ein 70jähriger Mann verzweifelt vor mir und erwartete die möglichst schnelle Wiederherstellung seiner Potenz. Wie sollte ich ihm helfen, was sollte ich ihm sagen? Wahrscheinlich spürte der Patient meine Unsicherheit und Verlegenheit und bat mich, ihn an einen Urologen zu überweisen. Eine Woche später erhielt ich einen Bericht, die urologische Untersuchung sei unauffällig gewesen. Zur Behandlung der Potenzstörung hatte der Urologe ein Hormonpräparat verordnet und dem Patienten 4 Wochen sexuelle Abstinenz empfohlen.

Dieses Beispiel zeigt recht anschaulich einige Schwierigkeiten, wie sie in der ärztlichen Praxis auftreten können, wenn ein Patient mit sexuellen Schwierigkeiten kommt: Verlegenheit und Ratlosigkeit des Arztes, Drängen und hochgesteckte Erwartungen des Patienten und schließlich eine fragwürdige Behandlung ohne Klärung der Ursachen des sexuellen Problems.

1.1 Die sexualmedizinischen Kenntnisse des Arztes

Obwohl die grundlegenden Untersuchungen von *Masters* und *Johnson* (41) über die menschliche Sexualität in den letzten Jahren in zahlreichen Veröffentlichungen mitgeteilt und ergänzt wurden, sind das sexualmedizinische Wissen der meisten Ärzte und ihre Kenntnisse in der Beratung und Behandlung sexueller Störungen nach wie vor recht bescheiden. Weder im Studium noch in der ärztlichen Fort- und Weiterbildung werden die Grundlagen der Sexualmedizin ausreichend vermittelt. Viele Ärzte beziehen ihre Kenntnisse zum Thema Sexualität aus den gleichen Quellen wie ihre Patienten: aus Illustriertenartikeln, Filmen oder Sexreports. Es mag zwar die eigene Neugierde befriedigen, wenn wir wissen, wie häufig Männer und Frauen verschiedenen Alters innerhalb und außerhalb der Ehe Geschlechtsverkehr haben, welche Ängste und Fantasien sie dabei beschäftigen und wie weit Wunschwelt und Wirklichkeit in ihrem Sexualleben voneinander entfernt sind. Wenn wir aber in unserer eigenen Partnerschaft plötzlich einmal sexuelle Probleme haben — und wer hat das nicht? — oder Patienten mit sexuellen Schwierigkeiten in unsere Sprechstunde kommen, dann hilft uns dieses Wissen über das Sexualverhalten irgendwelcher Bevölkerungsgruppen wenig. Die Schmerzen beim Verkehr oder die ausbleibende Erektion bessern sich nicht dadurch, daß ich weiß, daß andere Leute die gleichen Schwierigkeiten haben. Um einem Patienten helfen zu können, sind neben *sexualmedizinischen Kenntnissen* vor allem *Fähigkeiten* erforderlich, *mit dem Patienten über seine sexuellen Probleme sprechen zu können*. Die meisten sexuellen Störungen haben keine organische Ursache, sondern sind psychisch bedingt. Sexuelle Probleme können deshalb am besten und wirkungsvollsten mit Beratung oder speziellen psychotherapeutischen Verfahren behandelt werden.

Wie beurteilen die Ärzte die sexuellen Probleme ihrer Patienten und ihre eigenen sexualmedizinischen Kenntnisse? Zur Klärung dieser Frage führten wir 1980 und 1990 bei Allgemeinärzten der Stadt Zürich und fünf Innerschweizer Kantonen eine Fragebogen-Untersuchung durch (14, 127). Die Ergebnisse dieser Studien entsprechen den Resultaten vergleichbarer Befragungen aus Deutschland und England (18, 51, 67) und ergaben folgendes Bild:

Häufigkeit sexueller Störungen: Ungefähr 4 % aller Patienten suchen ihren Arzt primär wegen sexueller Störungen auf. Die Schätzungen der Ärzte über die Häufigkeit sexueller Probleme ihrer Patienten variieren stark (0-50 % aller Patienten). Jüngere Ärzte vermuten bei einer deutlich höheren Zahl ihrer Patienten sexuelle Schwierigkeiten als ältere. In beiden Befragungen lagen die Werte bei den städtischen Hausärzten etwas höher als bei ihren auf dem Land praktizierenden Kollegen. Interessant war der Befund, daß bei beiden Erhebungen in den Praxen von Ärztinnen mehr als doppelt so viele Patienten sexuelle Fragen ansprechen als bei ihren männlichen Kollegen. Dieser Unterschied könnte damit zusammenhängen, daß Ärztinnen – wie ich in Balint-Gruppen wiederholt erfahren habe – ihren mehrheitlich weiblichen Patienten mehr Bereitschaft signalisieren über sexuelle Fragen zu sprechen als ihre männlichen Kollegen. Die meisten Ärzte betonten, daß sie über die tatsächliche Häufigkeit sexueller Probleme ihrer Patienten nur Vermutungen und keine genauen Kenntnisse haben.

Sexualmedizinische Anamneseerhebung: 75 % der befragten Ärzte sprechen ihre Patienten selten bis sehr selten auf sexuelle Probleme an. Die Ärzte auf dem Land haben dabei unabhängig von ihrem Alter größere Hemmungen, ihren Patienten Fragen zu ihrem Sexualleben zu stellen, als ihre Kollegen in der Stadt.

Art der sexuellen Probleme: In der nachfolgenden Tabelle sind die im Fragebogen erwähnten Probleme in der Rangfolge ihres durchschnittlichen Vorkommens in einer Allgemeinpraxis aufgeführt. Hier bestehen zwischen Stadt- und Landärzten keine wesentlichen Unterschiede. Beim Vergleich der beiden Befragungen sind einige Trends bemerkenswert.

Tabelle 1: Sexualmedizinische Probleme in der Allgemeinpraxis nach der Häufigkeit ihres Vorkommens

Rangfolge 1980	Sexuelles Problem	Rangfolge 1990
1	Orgasmusschwierigkeiten der Frau	5
2	Erregungsstörungen der Frau (Frigidität)	4
3	Sexuelle Probleme bei oraler Antikonzeption	2
4	Dyspareunie der Frau	1
5	Sexuelle Probleme bei oder nach körperlichen Erkrankungen	6
6	Erektionsstörungen beim Mann	3
7	Probleme der Alterssexualität	7
8	Sexuelle Probleme bei Kindern und Jugendlichen	8
9	Ejaculatio praecox beim Mann	10
10	Homosexualität	9
11	Sexuelle Deviationen	11

Erektionsstörungen werden 1990 wesentlich häufiger als Problem vorgebracht als 1980. In dieser Rangverschiebung spiegelt sich sowohl eine größere Offenheit der Männer mit Potenzproblemen wider als auch die Tatsache, daß sich die diagnostischen und therapeutischen Möglichkeiten gerade dieser Störung in den letzten Jahren wesentlich verbessert haben (128). In der Rangfolge der weiblichen Störungen zeigt sich 1990 dahingehend eine Verschiebung, daß Schmerzen beim Geschlechtsverkehr (Dyspareunie) häufiger und Erregungs- und Orgasmusstörungen seltener geklagt werden. In beiden Befragungen sind es vor allem Frauen, die sexuelle Schwierigkeiten im Sprechzimmer vorbringen. Dies dürfte weniger mit einem häufigeren Vorkommen sexueller Funktionsstörungen bei Frauen zusammenhängen als mit der Tatsache, daß Männer im allgemeinen größere Hemmungen haben, über eigene sexuelle Schwierigkeiten zu sprechen.

Wichtigkeit sexualmedizinischer Kenntnisse: Rund 85 % der Befragten beurteilten 1980 und 1990 sexualmedizinische Kenntnisse als wichtig bis sehr wichtig für einen Allgemeinarzt. Hier zeigten sich keine signifikanten Unterschiede zwischen Stadt und Land.

Selbstbeurteilung der sexualmedizinischen Kenntnisse: In beiden Befragungen schätzte ungefähr die Hälfte aller Befragten ihre sexualmedizinischen Kenntnisse als lückenhaft bis unzureichend ein.

1.2 Die sexuellen Probleme der Patienten

Es ist schwer zu sagen, wie häufig sexuelle Störungen und Probleme in der breiten Bevölkerung vorkommen. Befragungen größerer Bevölkerungsstichproben sind oft nicht repräsentativ und verwenden unterschiedliche Definitionen sexueller Störungen und Schwierigkeiten. Nach den Reports von *Kinsey, Masters/Johnson* und *Hite* liegen jetzt Ergebnisse einer neuen, 1992 an mehr als 3 000 Amerikanerinnen und Amerikanern durchgeführten Untersuchung vor, die als weitgehend repräsentativ gelten können (129). Bei der Frage nach *sexuellen Problemen* während der letzten 12 Monate ergab sich für beide Geschlechter folgendes Bild. Ein Drittel der *Frauen* klagte über mangelndes Interesse an Sex, jede vierte der

Befragten berichtete über eine Unfähigkeit zum Orgasmus und ebenfalls nur jede vierte Frau gab an, beim Geschlechtsverkehr mit ihrem wichtigsten Sexualpartner immer zum Höhepunkt zu kommen. An weiteren häufigen Problemen wurden Schwierigkeiten bei der Lubrikation (18%) sowie Schmerzen beim Verkehr (15%) angegeben. Bei den *Männern* ist der vorzeitige Orgasmus (28%) das häufigste Problem. Dies gilt vor allem für jüngere Männer. Mangelndes Interesse an Sex gaben 16% der Befragten, Erektionsschwierigkeiten 11% und Unfähigkeit zum Orgasmus 7% an.

Aus Europa liegen mehrere Untersuchungen an Stichproben verschiedener Bevölkerungs- und Patientengruppen vor (Übersicht siehe 130). Die Daten für *Patienten in der allgemeinärztlichen Praxis* decken sich mit den Ergebnissen, die wir in einer eigenen Untersuchung erheben konnten (15). *Längerdauernde sexuelle Störungen* bestehen bei jedem dritten bis vierten Patienten, wobei die Angaben der Frauen leicht höher liegen als die der Männer. *Frauen* klagen vor allem über fehlendes oder mangelndes Interesse an Sex und über Dyspareunie und Orgasmusschwierigkeiten. *Männer*, vor allem jenseits des 40. Lebensjahres, klagen vor allem über Erektionsprobleme. Dieser Befund wird gestützt durch die Ergebnisse der Massachusetts male aging study (131), einer repräsentativen Studie an 40-70jährigen Männern. Dabei gaben nur 48% der Befragten an, mit der Potenz keine Probleme zu haben, 17% beklagten leichte, 25% mittelgradige und 10% schwere Erektionsprobleme.

Sexuelle Schwierigkeiten und Störungen von Patienten in der Allgemeinpraxis werden im ärztlichen Gespräch nur selten angesprochen und in den Krankengeschichten so gut wie nie dokumentiert. In einer eigenen Untersuchung (15) waren nur bei 2 von insgesamt 42 Patienten mit sexuellen Störungen diese auch in den Krankengeschichten erwähnt. Das *Interesse an Sexualberatung* war bei den Patienten jedoch recht groß. Jeder dritte Mann und jede zweite Frau hatte die Erwartung, gelegentlich von ihrem Hausarzt auf ihr Sexualleben angesprochen zu werden.

Wie wir noch sehen werden, liegt ein Grund für die Schwierigkeiten des Arztes und seiner Patienten, über sexuelle Fragen miteinander ins Gespräch zu kommen, darin, daß in unserer Alltagssprache Worte und Bezeichnungen fehlen, mit denen wir über Sexualität sprechen können. Die Überwindung der *sprachlichen Barriere* ist eine wichtige Voraussetzung für die Sexualberatung. Formulierungen wie „jetzt warten Sie einmal ab, das bessert sich schon wieder" oder „sind Sie froh, daß Sie in Ihrer Ehe keine anderen Probleme haben" sind für Patienten mit sexuellen Störungen keine Hilfe und bestärken sie in ihrer Einstellung, daß man über *das* eben nicht sprechen kann. Nicht selten steht am Anfang einer langjährigen sexuellen Problematik eine schnoddrige und verletzende Bemerkung eines Arztes, an den sich der Patient vertrauensvoll gewandt hatte. So berichtete mir eine 26jährige Patientin, die seit 9 Jahren an einem Vaginismus litt, bei ihrer ersten gynäkologischen Untersuchung im Alter von 18 Jahren habe der Arzt ihre Frage nach Behandlungsmöglichkeiten ihrer Beschwerden mit der Bemerkung beantwortet: Dann suchen Sie sich eben einen 80jährigen Freund, der impotent ist, dann haben Sie diese Schwierigkeiten nicht mehr!

1.3 Die Vermeidung sexueller Fragen in der Arzt-Patient-Beziehung

Ärzte und Patienten haben nach wie vor große Hemmungen, über sexuelle Fragen zu sprechen. Ihre Beziehung gleicht einer platonischen Kameradschaft, in welcher beide unausgesprochen die gleiche Befürchtung haben, daß das heiße Eisen Sexualität das gegenseitige Vertrauen bedrohe und deshalb unangetastet bleiben müsse. Um das peinliche Thema nicht oder möglichst kurz oder neutral zu behandeln, benutzen sie verschiedene *Vermeidungsstrategien:*

Tabuisierung des Themas: Ärzte fragen ihre Patienten am liebsten nach denjenigen Beschwerden, in deren Diagnostik und Behandlung sie sich kompetent fühlen. Fehlen sexualmedizinische Kenntnisse, so ist es am einfachsten, den Patienten als geschlechtsneutrales Wesen zu betrachten und sich auf diejenigen Organfunktionen zu beschränken, deren Störungen und Behandlungen einem vertraut sind.

Bagatellisierung des Problems: Nicht nur Ärzte, sondern auch andere Helfer und Berater erhoffen sich von der Verniedlichung eines Problems oder eines unangenehmen Affektes deren Lösung und Beseitigung. Die Bagatellisierung kann dabei freundlich-beruhigend sein nach dem Motto: ,,Das ist nicht so schlimm'', oder ärgerlich-gereizt mit einem disziplinierenden Unterton: ,,Machen Sie aus einer Fliege keinen Elefanten!'' Besonders zwiespältig sind Äußerungen wie: ,,Sie können ganz beruhigt sein, organisch ist bei Ihnen alles in Ordnung!'' Solche Formulierungen entlasten den Arzt, sind aber für den Patienten eher beunruhigend, da er nach wie vor seine Beschwerden hat, sich aber seiner Hoffnung beraubt sieht, diese seien organischen Ursprungs.

Verneinung der Zuständigkeit: Diese Form des Vermeidungsverhaltens wird besonders gerne von Fachärzten praktiziert. Der Urologe, der einen impotenten Mann bei unauffälligem Genitalbefund zum Andrologen weiterüberweist, ist zwar den Patienten, dieser jedoch nicht sein Problem los.

Diagnostisches und therapeutisches Mitagieren: Viele Patienten mit sexuellen Schwierigkeiten haben die Vorstellung, ihre Beschwerden seien körperlicher Art und sind dem Arzt zunächst dankbar, wenn er eine Diagnose stellt. Besonders in der Abklärung und Behandlung von Erektionsstörungen lassen sich Ärzte durch die in neuerer Zeit entwickelten diagnostischen Verfahren und medikamentösen oder chirurgischen Therapien zu nicht selten kostspieligen Maßnahmen verführen. Auch Gynäkologen greifen nach wie vor gern zum Skalpell, um durch die Spaltung eines rigiden Hymnens oder mit einer Hysterektomie vermeintliche Ursachen eines Vaginismus oder einer Dyspareunie zu therapieren. Die Erfolge solcher Behandlungen sind selten und meist von kurzer Dauer, da sie an den psychischen Schwierigkeiten des Patienten vorbeigehen.

Konfrontation mit dem Widerspruch: Sexuelle Funktionsstörungen sind psychosomatische Symptombildungen, für deren Entstehung biologische, psychische und soziale Faktoren in individuell unterschiedlichem Maße eine Rolle spielen.

Findet sich keine organische Ursache, so versprechen sich manche Ärzte von folgendem Vorgehen einen Erfolg. Sie teilen dem Patienten mit, daß bei der körperlichen Untersuchung alles in Ordnung war und ziehen daraus den Schluß: Bei Ihnen *muß* im Privatleben etwas nicht in Ordnung sein. Die Patienten fühlen sich durch solche Äußerungen meist vor den Kopf gestoßen und reagieren nicht selten mit einer Verstärkung ihrer somatischen Beschwerden, um dem Arzt die Fragwürdigkeit seiner Behauptungen zu beweisen.

Verordnung von Placebos: Die Verordnung von Hormonen, Vitaminen und Stärkungsmitteln spielt in der Behandlung von sexuellen Störungen nach wie vor eine wichtige Rolle. Der Griff zum Rezeptformular erspart Arzt und Patient weitere Fragen und gibt beiden das Gefühl, zur Behebung der Schwierigkeiten etwas getan zu haben. Sexualtherapeutische Placebos haben meist keine Wirkung, vermitteln dem Patienten jedoch den Eindruck, seine Schwierigkeiten seien körperlicher Natur und verunmöglichen ein offenes und vertrauensvolles Gespräch zwischen Arzt und Patient.

Bestrafung: Zum Psychiater werden, vergleichbar einer Strafaktion, jene Patienten geschickt, die wegen ihrer sexuellen Beschwerden ihren Hausarzt immer wieder bedrängen und sich durch die geschilderten Vermeidungsstrategien nicht beruhigen lassen. ,,Dann müssen Sie eben zum Psychiater!" Nach dieser Feststellung kann der Arzt einigermaßen sicher sein, von seinem Patienten nicht mehr wegen sexueller Probleme belästigt zu werden. Psychiater stehen jedoch der Behandlung sexueller Störungen häufig ebenso ratlos gegenüber wie ihre somatischen Kollegen. Sie verlagern das aktuelle Problem in die Vergangenheit, wo sich vielleicht allerlei belastende sexuelle Erfahrungen finden lassen. Deren Besprechung mildert jedoch kaum die momentanen Leistungs- und Versagensängste des Patienten.

Der gemeinsame Nenner der geschilderten Verhaltensweisen liegt darin, daß sie Arzt und Patient *kurzfristig* helfen, das heiße Eisen Sexualität zu vermeiden, längerfristig jedoch die den sexuellen Störungen zugrunde liegenden Ängste eher verstärken als abbauen. Manche Ärzte unterlassen Fragen nach dem Privat- und Sexualleben ihrer Patienten, da sie befürchten, ein Gespräch würde sie zu viel Zeit kosten. Sicherlich braucht ein Gespräch mehr Zeit und emotionales Engagement als das Ausfüllen eines Rezept- oder Überweisungsformulars. Eine Arzt-Patient-Beziehung ohne Zeit zum Gespräch wird auf die Dauer jedoch Arzt und Patient in gleicher Weise nicht befriedigen. Behandlung erschöpft sich nicht in der Fähigkeit des Arztes zum Handeln, sondern erfordert gelegentlich auch von beiden Partnern die Bereitschaft zu einem Gespräch.

Die wichtigsten Gesichtspunkte dieses Kapitels:

Die Ärzte

— sind von der Wichtigkeit sexualmedizinischer Kenntnisse überzeugt;
— fühlen sich bei sexuellen Fragen wegen ungenügender sexualmedizinischer Kenntnisse unsicher;

— sprechen ihre Patienten nur selten auf sexuelle Probleme an;
— vermeiden das Gespräch über sexuelle Fragen, indem sie das Thema Sexualität ausklammern, Schwierigkeiten ihrer Patienten bagatellisieren, sich als nicht zuständig deklarieren, zu fragwürdigen somatischen Behandlungsmaßnahmen oder Placeboverordnungen Zuflucht nehmen und hartnäckige Patienten mit disziplinierenden Maßnahmen wie Konfrontation oder Strafüberweisungen loswerden wollen.

Die Patienten

— sind in ihrer Einstellung zur Sexualität etwas offener und freizügiger geworden;
— nehmen rational sexuelle Störungen als mögliche Ursache ihrer Unzufriedenheit wahr;
— haben emotional jedoch nach wie vor große Hemmungen, mit ihrem Arzt über sexuelle Fragen zu sprechen;
— erwarten von ihm zunächst eher eine somatische Behandlung und sind nur teilweise an einer Sexualberatung interessiert.

Ärzte und Patienten

— ergänzen sich in ihrem wechselseitigen Vermeidungsverhalten;
— verschaffen sich dadurch kurzfristige Erleichterung;
— tragen jedoch längerfristig beide zur Chronifizierung sexueller Störungen bei.

2 Diagnostische Einteilung von Sexualstörungen

Sexuelle Funktionsstörungen sind in ihrer *Symptomatik,* in ihrer *formalen Ausprägung* und in ihren *Ursachen* sehr heterogen. Die bestehenden Klassifikationen sexueller Störungen (132, 133) gehen in unterschiedlicher Weise auf diese drei Aspekte ein. Will man eine sexuelle Funktionsstörung eindeutig beschreiben, so sollte man sie unter folgenden drei Perspektiven definieren:

— **Symptomatik**
  — welcher Abschnitt der sexuellen Interaktion ist betroffen?

— **Formale Ausprägung**
  — Bedingungen des Auftretens, der Dauer und des Schweregrades der Störung

— **Ursachen**
  — organische und / oder psychosoziale.

2.1 Symptomatik sexueller Funktionsstörungen

Hinsichtlich der diagnostischen Einteilung sexueller Funktionsstörungen ist in den letzten Jahren eine Diskussion entstanden, ob das von *Kaplan* (80) vorgeschlagene Konzept, welches sich an den Untersuchungen von *Masters* und *Johnson* orientiert (41), die geschlechtstypischen Unterschiede zwischen männlicher und weiblicher Sexualität genügend berücksichtigt (5, S. 8ff.). Eine auf genitalphysiologische Reaktionen zentrierte Sichtweise sexueller Störungen impliziert zweifellos eine vereinfachende *Parallelisierung* der Sexualstörungen von Mann und Frau. Trotz gewisser Bedenken orientiert sich das vorliegende Buch an dem Dreiphasen-Modell von *Kaplan* (80). Diese Sichtweise ist in der Anlage des Buches verankert und durch eine Bearbeitung nicht einfach zu korrigieren.

Die drei Phasen des sexuellen Interaktionszyklus sind physiologisch und vor allem auch psychologisch miteinander verbunden. Sie können jedoch voneinander abgegrenzt werden, da sie von eigenen neurophysiologischen Systemen gesteuert werden. Jede dieser drei Phasen ist somatogen und psychogen blockierbar, woraus sich eine Vielfalt von Störungsmustern ergibt.

Lust-Appetenz-Phase

Sexuelles Begehren oder Verlangen wird als Empfinden erlebt, das den Menschen zu sexueller Aktivität und sexuellem Erleben motiviert. Diese Empfindungen werden durch die Aktivierung des Sexualzentrums im Gehirn bewirkt. Das *zere-*

brale Sexualzentrum besteht aus einem *Netzwerk,* in dem hemmende und aktivierende Zentren im limbischen System, im Hypothalamus und in der präoptischen Region miteinander durch *Schaltkreise* verbunden sind. Wenn diese zerebralen Regionen durch visuelle odet taktile Reize, Phantasien oder Erinnerungen aktiviert werden, empfindet der Mensch Lust nach sexueller Betätigung. Das zerebrale Sexualzentrum beeinflußt über die beiden Sexualzentren des Rückenmarks die Reaktionen in den Genitalorganen in der Weise, daß sexuelles Verlangen die Schwelle für die Genitalreflexe herabsetzt. Bei ausgeprägter Libido, wenn sich der Mensch ,,sexy" und sinnlich fühlt, können allein durch sexuelle Phantasien sexuelle Erregung und sogar ein Orgasmus ausgelöst werden.

Erregungsphase*

Die physiologischen Zeichen der sexuellen Erregung werden bei Männern und Frauen durch eine reflektorische Erweiterung der genitalen Blutgefäße hervorgerufen. Beim Mann zeigt sich die sexuelle Erregung in der Erektion des Gliedes, bei der Frau im Anschwellen der großen und kleinen Schamlippen, der Erweiterung der Scheide und der vaginalen Lubrikation. Bei der sexuellen Erregung werden die beiden im Rückenmark auf der Höhe von Th11-L2 (*psychogenes spinales Sexualzentrum*) und S2-S4 (*reflexogenes spinales Sexualzentrum*) gelegenen Sexualzentren aktiviert. Subjektiv ist die Erregungsphase durch intensive Körperempfindungen vor allem der Haut und Schleimhäute und eine weitere Zunahme der sexuellen Lust gekennzeichnet.

Orgasmusphase

Wie die Erregung wird auch die Orgasmusphase durch die neuralen Zentren im Rückenmark gesteuert. Der Orgasmus besteht bei Männern und Frauen in reflektorisch ausgelösten Kontraktionen bestimmter genitaler Muskeln. Der männliche Orgasmus besteht aus zwei voneinander unabhängigen, aber koordinierten Subphasen, der *Emission* (Bereitstellung der Samenflüssigkeit in der hinteren Harnröhre) und der eigentlichen *Ejakulation* (Ausstoßen der Samenflüssigkeit aus dem Glied, teilweise auch Expulsion genannt). Der weibliche Orgasmus entspricht neurophysiologisch der Emissionsphase des männlichen Orgasmus. Subjektiv nimmt der Mann beim Orgasmus vor allem die Kontraktionen in den genitalen Muskeln wahr, die von lustvollen orgastischen Empfindungen begleitet sind. Von der Frau werden die Kontraktionen als Pulsieren, Pochen oder Klopfen in der Scheide wahrgenommen und sind häufig von einem Wärmegefühl begleitet, das sich vom Becken über den ganzen Körper ausbreiten kann. Die lustvollen orgastischen Empfindungen haben bei der Frau eine größere Variationsbreite als beim Mann.

---

* Nähere Einzelheiten der anatomischen, neuralen und hormonellen Faktoren der Sexualfunktionen und des Reaktionszyklus sind bei *Masters* und *Johnson* (41) und *Bancroft* (94) ausführlich beschrieben.

Die *sexuellen Funktionsstörungen* lassen sich am besten verstehen, wenn man sie den drei geschilderten Phasen zuordnet und als Ausdruck einer Störung der psychophysiologischen Reaktionen dieser Phasen auffaßt (Tabelle 2). Hemmungen der *Lust-Appetenz-Phase* äußern sich bei beiden Geschlechtern in Libidomangel oder sexueller Aversion. Eine Beeinträchtigung der *Erregungsphase* führt beim Mann zu Erektionsstörungen. Bei der Frau äußern sich Erregungsstörungen in einer Hemmung der Schwellreaktion und der Lubrikation. Die genitale Stimulation wird dann oft nur als Berührung empfunden. Störungen, die beim Einführen des Gliedes oder beim Koitus selbst in Erscheinung treten, sind der Vaginismus der Frau und die Dyspareunie. Der Vaginismus wird durch die spastische, reflektorische Verkrampfung der Muskeln des Scheideneingangs verursacht und verunmöglicht das Einführen des Gliedes. In geringerer Ausprägung können diese Genitalspasmen — bei der Frau häufig kombiniert mit einer Hemmung der Lubrikation und Schwellreaktion — eine Dyspareunie verursachen, die subjektiv als Schmerzen beim Koitus wahrgenommen wird. Vaginismus und Dyspareunie sind in der Tabelle der Erregungsphase zugeordnet. Beeinträchtigungen der Orgasmusphase führen beim Mann zum vorzeitigen (Ejaculatio praecox), verzögerten (Ejaculatio retardata) oder fehlenden Samenerguß (Ejaculatio deficiens), bei der Frau zu Orgasmusschwierigkeiten, wobei der Orgasmus nie oder nur selten eintritt.

Tabelle 2:   Diagnostische Einteilung der sexuellen Funktionsstörungen

Phase	Störungen beim Mann	Störungen bei der Frau
1. Lust-Appetenz-Phase	Libidomangel sexuelle Aversion	Libidomangel sexuelle Aversion
2. Erregungsphase	Erektionsstörungen (Impotenz) Dyspareunie	Erregungsstörungen (Frigidität) Vaginismus Dyspareunie
3. Orgasmusphase	vorzeitige Ejakulation verzögerte Ejakulation fehlende Ejakulation	Orgasmusschwierigkeiten

Die Begriffe *Frigidität* und *Impotenz,* die nach wie vor häufig gebraucht werden, haben zwei Nachteile und eignen sich deshalb nicht zur Bezeichnung von sexuellen Funktionsstörungen. Zum einen werden sie recht unterschiedlich definiert und häufig als Globalbegriffe für weibliche bzw. männliche Sexualstörungen verwendet. Zum andern werden sie in der Umgangssprache als diskriminierende und abwertende Schimpfworte benutzt. Die beiden Begriffe ,,Impotentia generandi'' und ,,Impotentia coeundi'', die nach wie vor noch verwendet werden, sind verwirrend und unsinnig. Eine ,,Impotentia generandi'' umschreibt keine Sexualstörung, sondern eine Fertilitätsstörung. Letztere steht in keinem Zusammenhang mit den physiologischen Funktionen der Erektion. *Sexualphobien* mit dem für sie typischen Vermeidungsverhalten sind an keine bestimmte

Phase der sexuellen Interaktion gebunden und können sich auf verschiedene sexuelle Verhaltensweisen oder Situationen beziehen wie z. B. oraler und analer Sex, Selbstbefriedigung, Betrachten der Geschlechtsorgane, Samen- und Vaginalabsonderungen. Nicht berücksichtigt in Tabelle 1 sind die gelegentlich vorkommenden sog. *nachorgastischen Reaktionen* wie Gereiztheit, innere Unruhe, Schlafstörungen, Weinanfälle oder Mißempfindungen im Genitalbereich. Es handelt sich dabei um psychische oder psychophysiologische Reaktionen auf das Erleben der sexuellen Interaktion.

Was die *Häufigkeit* der einzelnen sexuellen Funktionsstörungen betrifft, so liegen unterschiedliche Zahlen vor, die hier nicht im einzelnen erwähnt werden sollen. Allgemein läßt sich sagen, daß bei den Männern Ejakulationsstörungen deutlich häufiger vorkommen als Erektionsstörungen, letztere subjektiv jedoch sehr viel schwerwiegender empfunden und deshalb beim Hausarzt öfter geklagt werden. Bei den Frauen sind Libidostörungen, Orgasmusstörungen und Dyspareunie die am häufigsten vorkommenden sexuellen Funktionsstörungen. Deutlich zugenommen haben in den letzten Jahren bei Frauen und Männern Klagen über mangelnde oder fehlende Libido (5).

2.2 Formale Ausprägung

Die wichtigsten diagnostisch und therapeutisch relevanten formalen Beschreibungskriterien sexueller Funktionsstörungen beim Mann wie bei der Frau sind:

— Primär: Störungen, die von Anfang an bestehen.
— Sekundär: Störungen, die nach einer kürzeren oder längeren symptomfreien Zeit auftreten.
— Initial: Störungen, die bei den ersten sexuellen Erfahrungen auftreten, die aber mit zunehmender sexueller Erfahrung meist von selbst zurückgehen.
— Praktikbezogen: Störungen, die nur bei bestimmten Formen sexueller Betätigung auftreten, z. B. Erektionsschwäche beim Koitus, nicht jedoch bei der Masturbation.
— Praktikunabhängig: Störungen, die unabhängig von der Form der sexuellen Betätigung auftreten.
— Partnerbezogen: Störungen, die nur beim Geschlechtsverkehr mit einem bestimmten Partner auftreten.
— Situationsbezogen: Störungen, die nur unter bestimmten äußeren Bedingungen auftreten, z. B. Erektionsstörungen in der Wohnung der Freundin, jedoch nicht in der eigenen Wohnung.
— Schweregrad: Intensität und Häufigkeit des Auftretens einer Störung, z. B. bei der Dyspareunie.
— Dauer: Vorübergehendes oder längerdauerndes Bestehen der sexuellen Störung.

Die formalen Ausprägungsmerkmale einer sexuellen Funktionsstörung erlauben häufig Rückschlüsse auf die Schwere und Behandelbarkeit der Störung. So sind primäre, praktik- und partnerunabhängige und über längere Zeit bestehende Störungen im allgemeinen schwieriger zu behandeln als solche, die sekundär, praktik- und partnerbezogen sind und erst seit kurzer Zeit bestehen.

3 Ursachen sexueller Störungen

3.1 Organische Ursachen

Wie schon erwähnt, sind die meisten sexuellen Störungen psychisch bedingt. Dennoch ist es wichtig, auch mögliche organische Ursachen sexueller Störungen zu kennen. Sie spielen vor allem bei sexuellen Schwierigkeiten älterer Patienten eine Rolle. Unabhängig von der jeweiligen Ursache läßt sich für die somatisch bedingten Störungen allgemein sagen (75):

— Das Maß der Beeinträchtigung der sexuellen Funktionsfähigkeit durch bestimmte somatische Faktoren ist individuell sehr verschieden.
— Körperliche Faktoren wirken sich oft nur dann auf die sexuelle Funktion aus, wenn sie auf besondere psychische Bedingungen treffen.
— Körperliche Faktoren erhöhen die Disposition zu sexuellen Störungen.
— In der Praxis kommen als Ursachen am häufigsten schwerere Allgemeinerkrankungen, Entzündungen und Durchblutungsstörungen vor.

Tabelle 3 gibt einen Überblick über die häufigsten körperlichen Ursachen sexueller Funktionsstörungen.

Tabelle 3: Körperliche Ursachen sexueller Funktionsstörungen

Allgemeinerkrankungen
    — z. B. Malignome, chronische Krankheiten

Mißbildungen im Genitalbereich

Entzündungen

Neurale Erkrankungen und Läsionen
    — z. B. nach Traumen, Rektumamputation, Multiple Sklerose

Gefäßerkrankungen
    — v. a. Durchblutungsstörungen in den Becken- und Genitalgefäßen

Endokrine Erkrankungen
    — Hypophysen- und NNR-Erkrankungen, Diabetes mellitus

Medikamente
    — Antihypertensiva, Neuroleptika, Antidepressiva, Tranquilizer, Antihistaminika

Drogen
    — stimulierend in kleinen Dosen:
      Kokain, Haschisch, LSD, Amphetamine
    — hemmend: Barbiturate, Amphetamin in größeren Dosen
    — je nach Dosis stimulierend oder hemmend: Alkohol und Heroin

Chemikalien
    — Blei, Arsen, Benzol u. a.

Allgemeinerkrankungen

Bei chronischen und konsumierenden Allgemeinerkrankungen wie z. B. Krebserkrankungen, rheumatischen Erkrankungen, Nieren- und Lebererkrankungen kommt es — nicht selten im Rahmen einer reaktiven Depression — zu einer Abnahme der sexuellen Libido und sekundär dann auch zu eigentlichen sexuellen Funktionsstörungen. Sexuelle Störungen können dabei auf Schwierigkeiten in der psychischen Verarbeitung solcher Krankheiten hinweisen. Die Möglichkeiten der Sexualberatung sind hier sehr groß und werden häufig viel zu wenig genutzt.

Mißbildungen im Genitalbereich

Phimose, Hypo- und Epispadie können, müssen aber nicht zu sexuellen Störungen führen. Gelegentlich steht am Anfang einer Erektions- oder Ejakulationsstörung eine Phimose, wobei die Störungen auch nach der Phimose-Operation noch fortbestehen können. Nicht selten wird von Gynäkologen ein Hymen induratus als Ursache eines Vaginismus angesehen und operiert. In den meisten Fällen besteht jedoch der Vaginismus auch nach der Inzision des Hymens weiter. Mißbildungen der Vagina sind sehr selten.

Entzündungen im Ano-Genital-Bereich

Bei Frauen ist vor allem bei der Symptomatik einer Dyspareunie an eine Vaginitis, Colpitis oder Adnexitis zu denken. Bei Männern kann eine akute oder chronische Prostatitis oder Urethritis zu einer Libidoabnahme oder Schmerzen beim Koitus führen. Dabei spielt der entzündungsbedingte Schmerz die entscheidende Rolle für die Hemmung der Sexualfunktionen.

Neurale Erkrankungen

Jede entzündliche, tumoröse, traumatische oder operative Läsion der neuralen Sexualzentren oder Nervenbahnen ist in der Lage, sexuelle Funktionsstörungen zu verursachen. Fast immer bestehen dann neben der sexuellen Störung noch weitere neurologische Symptome. Von klinischer Bedeutung ist die Tatsache, daß die spinalen Sexualzentren in der Lage sind, teilweise Funktionen voneinander zu übernehmen. So können z. B. viele traumatisch *Querschnittgelähmte* mit einem völligen Ausfall des reflexogenen Sexualzentrums (S2-S4) und einem totalen Sensibilitätsverlust im Bereich des Genitale über das psychogene Sexualzentrum (Th11-L2) zu normalen Erektionen gelangen. Wichtig ist auch zu wissen, daß nach einer *Prostatektomie* mit einer retrograden Ejakulation gerechnet werden muß.

Gefäßerkrankungen

Vor allem sklerotische Veränderungen in den Becken- oder Penisgefäßen, z. B. als Spätfolge eines *Diabetes mellitus*, können beim Mann zu Erektionsstörungen führen. Charakteristisch für organisch bedingte Erektionsstörungen ist ein allmählicher Beginn und ein Ausbleiben der nächtlichen und morgendlichen Spontanerektionen sowie ein Erektionsverlust bei der Masturbation. Gefäßbedingte Erektionsstörungen können heute diagnostisch gut abgeklärt und in vielen Fällen auch operativ behandelt werden. Einfach durchzuführen ist die nächtliche *Tumeszenz-Messung*. Dabei wird beim Patienten abends vor dem Einschlafen am Penis eine kleine, subjektiv kaum störende Manschette angebracht. Diese Manschette ist an einen Polygraphen angeschlossen, mit dem während der ganzen Nacht der Füllungszustand des Gliedes aufgezeichnet werden kann (95, 96). Fehlen z. b. infolge einer arteriellen Durchblutungsstörung die nächtlichen Spontanerektionen — in der Regel 3 bis 4 pro Nacht —, so läßt sich dieser Ausfall mit der Tumeszenz-Messung gut nachweisen. Bei einem auffälligen Befund kann dann die genaue Lokalisation der Durchblutungsstörung mit weiteren Untersuchungen – Sonographie und Angiographie der Penisgefäße, Kavernosographie der Corpora cavernosa — genauer abgeklärt werden (97, 98, 128). Diese Untersuchungen erfordern allerdings eine fachärztliche Abklärung bei einem Urologen. Parallel zur Verbesserung der diagnostischen Möglichkeiten wurden auch gefäßchirurgische Operationsverfahren zur Behandlung von Erektionsstörungen entwickelt (100, 128). Nachuntersuchungen zu den Resultaten dieser Operationen weisen allerdings darauf hin, daß eine Verbesserung der arteriellen Durchblutungssituation nicht in jedem Fall auch zu einer Verbesserung der Erektionsfunktion führt (134). Die Erweiterung der diagnostischen Möglichkeiten bei Erektionsstörungen hat gezeigt, daß vor allem bei Männern jenseits des 50. Lebensjahres und bei Diabetikern gefäßbedingte Durchblutungsstörungen eine wichtige Rolle spielen. Bei diesen Patienten sollten deshalb mögliche organische Ursachen von Erektionsstörungen sorgfältig abgeklärt werden.

Endokrine Erkrankungen

Adenome oder Tumoren der Hypophyse (Prolactinom) und Nebennierenrinde, die zu Veränderungen der hormonellen Regelkreise der Sexualhormone führen, können sich durch sexuelle Störungen bemerkbar machen. Wie schon erwähnt, muß vor allem bei Diabetes mellitus mit Erektionsstörungen gerechnet werden, die überwiegend vaskulär, möglicherweise jedoch auch teilweise neurogen bedingt sind (130).

Medikamente

Von einer Vielzahl von Medikamenten ist heute bekannt, daß sie eine hemmende Wirkung auf die Sexualfunktion haben können. Allgemein sind bei der Beurteilung medikamentös bedingter sexueller Störungen folgende Gesichtspunkte zu berücksichtigen (75, 122, 123):

— Die meisten medikamentös bedingten Störungen sind reversibel und verschwinden nach Absetzen des Medikaments.

— Viele Medikamente führen nicht nur zu sexuellen Dysfunktionen, sondern auch zu Störungen der Reproduktionsfähigkeit (Zyklusstörungen, Amenorrhoen, Störungen der Spermiogenese).

— Dieselbe Substanz kann, symptomatologisch gesehen, verschiedene Störungen hervorrufen.

— Die meisten Funktionsstörungen sind dosisabhängig. So weiß man z.B. vom Melleril®, daß es zunächst zu einer Ejaculatio retardata, dann einer Ejaculatio deficiens und schließlich zum Ausbleiben von Pollutionen führt.

Die wichtigsten *Medikamentengruppen,* die eine *hemmende Wirkung* auf die Sexualfunktion haben können, sind:

— Antihypertensiva: Ganglienblocker, Diuretica und Beta-Rezeptoren-Blocker können vor allem Erektionsstörungen verursachen.

— Psychopharmaka: Neuroleptika können sowohl zu Erektions- wie Ejakulationsstörungen führen. Thymoleptika und Tranquilizer vor allem zu einer Libidoabnahme und Erektionsschwäche. Zu berücksichtigen ist allerdings, daß gerade Psychosen, aber auch viele Neurosen mit sexuellen Funktionsstörungen einhergehen.

— Sedativa und Hypnotica

— Antihistaminika

— Anticholinergika und Parasympathikolytika

— Antiandrogene: Sie werden teilweise zur Behandlung sexueller Deviationen eingesetzt.

— Drogen: Alle Rauschdrogen können, jedenfalls in bestimmten Dosen sowohl eine die Sexualität stimulierende als auch hemmende Wirkung entfalten. *Stimulierend* wirken in geringen Dosen Kokain, Haschisch, Marihuana, LSD sowie Amphetamine. *Hemmend* wirken Barbiturate, Methaqualon und Amphetamine in größeren Dosen. Heroin und Alkohol können je nach Dosis eher stimulierend oder hemmend wirken.

— Chemikalien: Vergiftungen mit Blei, Arsen, Schwefelkohlenstoff, Phosgen, Benzol, Xylol, Kohlenmonoxyd und Tetrachlorkohlenstoff führen neben anderen Symptomen auch zu sexuellen Funktionsstörungen.

Eine ausführliche Darstellung über die somatischen Ursachen sexueller Funktionsstörungen findet sich bei *Sigusch* (75), *Kaplan* (80) und *Hertoft* (130). Hier sollte nur ein kursorischer Überblick gegeben werden.

3.2 Psychosoziale Ursachen

Ähnlich wie bei anderen psychosomatischen und neurotischen Symptombildungen gibt es auch für sexuelle Funktionsstörungen *keine Konfliktspezifität*. D. h., daß die einzelnen Störungen nicht umschriebenen typischen Konflikten zugeordnet werden können. Oder anders formuliert, ähnliche Konfliktkonstellationen können zu unterschiedlichen sexuellen Funktionsstörungen führen. Die *ursächlichen Faktoren* bilden ein Kontinuum, das von oberflächlicher Erwartungs- und Versagensangst bis zu tiefgehender psychopathologischer Dynamik reicht. Entsprechend können auch die erforderlichen *therapeutischen Interventionen* als auf einem Kontinuum liegend beschrieben werden, das von Sexualerziehung und -beratung über Sexualtherapie bis zu ausgedehnter psychotherapeutischer Behandlung reicht. Sexuelle Störungen entstehen aus einer Kette unterschiedlicher Erfahrungen in verschiedenen Lebensabschnitten, von denen jede für sich nicht mehr als eine Disposition ist.

Unter praktisch therapeutischen Gesichtspunkten lassen sich bei den psychosozialen Ursachen sexueller Störungen *drei Bereiche* unterscheiden (Tabelle 4):

— *Unmittelbare,* relativ oberflächliche *Gründe* sexueller Störungen, welche mit einem Defizit an Lernerfahrung, Fertigkeiten und irrationalen Vorstellungen in Zusammenhang stehen. Hierher gehören auch bewußtseinsnahe Leistungs-, Versagens- oder Verletzungsängste. Diese Gründe sind einer *Sexualberatung* meist gut zugänglich.

Tabelle 4   Psychosoziale Ursachen sexueller Funktionsstörungen

1. Unmittelbare, oberflächliche Gründe
   — Unkenntnis des sexuellen Erlebnisbereichs auf Grund mangelnder Lernerfahrung
   — Fehlvorstellungen
   — oberflächliche Ängste

2. Intrapsychische Ursachen
   — Triebängste
   — Beziehungsängste
   — Geschlechtsidentitäts-Ängste
   — Gewissensängste

3. Partnerschaftsbezogene Ursachen
   — Sexualangst als gemeinsamer Grundkonflikt
   — sexuelle Störung als Machtmittel
   — sexuelle Störung als Ausdruck einer Nähe-Distanz-Problematik.

— *Intrapsychische Ursachen.* Hier liegt der Hauptgrund für die sexuellen Störungen in tieferliegenden unbewußten Ängsten und Konflikten *eines* Partners. Häufig finden sich dann neben den sexuellen Störungen auch andere neurotische oder psychosomatische Symptome, die am ehesten in einer *Einzelpsychotherapie* angegangen werden können.

— *Partnerschaftsbezogene Gründe.* Die sexuellen Störungen eines Partners sind hier Ausdruck eines gemeinsamen Beziehungskonfliktes eines Paares. Vordergründig erscheint nur einer der beiden Partner sexuell gestört. Das Symptom hat hier jedoch die Funktion, gemeinsame Ängste und Konflikte zu neutralisieren. Zahlenmäßig spielen die dyadischen Gründe in der Praxis die größte Rolle und sollten durch *Paarberatung* oder *Paartherapie* angegangen werden.

3.3 Unmittelbare, relativ oberflächliche Gründe

Im Gegensatz zu anderen Lebensbereichen haben die Eltern in der sexuellen Erziehung und Sozialisation ihrer Kinder nur sehr beschränkt die Funktion von Modellpersonen. Kinder beobachten in der Regel ihre Eltern nicht beim Geschlechtsverkehr, so daß die sexuelle Entwicklung überwiegend auf der kognitiven Ebene erfolgt. Viele Eltern sind jedoch in der Sexualaufklärung ihrer Kinder nach wie vor unsicher und gehemmt. In der Sexualerziehung werden nach wie vor überwiegend die biologischen Grundlagen der Sexualität vermittelt. Die Zusammenhänge zwischen psychischen Faktoren und der sexuellen Reaktionsfähigkeit bleiben dagegen Jungen und Mädchen weitgehend unbekannt. Da die Sexualität emotional hoch besetzt ist, sollte die Sexualerziehung in einem kontinuierlichen Lernprozeß und nicht in einigen wenigen Aufklärungsgesprächen erfolgen. *Mangelnde Kenntnisse* findet man bei Patienten aller sozialen Schichten vor allem hinsichtlich der Möglichkeit des Austauschs körperlicher Zärtlichkeiten und der manuellen sexuellen Stimulation.

Weit verbreitet sind *Fehlvorstellungen* über die Schädlichkeit und Richtigkeit einzelner sexueller Praktiken. Die *Masturbation* wird immer noch vor allem in konfessionell traditionell orientierten Kreisen als etwas Schädliches und Kraftverschwendendes angesehen. Der *koitale Orgasmus* ist vor allem bei Ehepaaren mittleren und höheren Alters eine weit verbreitete sexuelle Leistungsnorm. Zusätzliche *manuelle Stimulation* zur Erreichung des weiblichen Orgasmus wird von Männern und Frauen als Ausdruck sexueller Insuffizienz angesehen. Die Schuld, allein durch koitale Stimulation den Orgasmus nicht erreichen zu können, wird teils der Frau, teils dem Mann zugeschoben. Der *gleichzeitige Orgasmus* von Mann und Frau beim Koitus ist eine ebenfalls weit verbreitete sexuelle Norm. Ausbleiben des Orgasmus bei einem Partner oder zweizeitiger Orgasmus beider Partner werden häufig als Symptome eines gestörten Sexuallebens angesehen. Dabei ist seit langem bekannt, daß eine große Zahl von Paaren den nacheinander erlebten Orgasmus ebenso befriedigend findet wie den gleichzeitigen. Gelegentlich äußern Paare auch die Vorstellung, das Glied müsse ohne *manuelle Hilfe* in die Scheide eingeführt werden können. Zuhilfenahme der Hände bei der sexuellen Stimulation und beim Einführen des Gliedes werden als Unvollkommenheit betrachtet. Auch bezüglich der sogenannten *weiblichen Frigidität* halten sich bei den Männern althergebrachte Fehlvorstellungen. Eine Frau, die ohne sexuelles Vorspiel nicht auf wenige koitale Beckenstöße mit einer Lubrikation und intensiven sexuellen Lustempfindung reagiert, wird von manchen Männern als kalt und frigide betrachtet.

Eine weitere Fehlvorstellung betrifft die des *gleichartigen sexuellen Erlebens* zweier Partner. Vor allem Männer sind oft der Meinung, daß das, was ihnen sexuell Spaß macht und sie erregt, in gleicher Weise auch ihre Partnerin erregen solle. Bei den meisten Paaren haben jedoch die beiden Partner unterschiedliche und situativ sich ändernde sexuelle Wünsche. Den genannten Fehlvorstellungen ist eines gemeinsam: Sie beruhen auf der Meinung, daß Geschlechtsverkehr nur auf eine ganz bestimmte Art richtig ist und befriedigen kann. Lassen sich die starren Vorstellungen nicht verwirklichen, ist etwas falsch und nicht in Ordnung. Die Folge sind sexuelle Unzufriedenheit und gegenseitige Beschuldigungen, die schlußendlich zur Symptomatik einer sexuellen Funktionsstörung führen können.

Ängste spielen für die Entstehung von sexuellen Funktionsstörungen eine zentrale Rolle. Es ist das Verdienst von *Masters* und *Johnson* (42), daß sie nachweisen konnten, daß nicht nur tiefsitzende unbewußte Ängste, sondern auch *vergleichsweise harmlose und bewußtseinsnahe Leistungs-, Versagens- und Verletzungsangst* sexuelle Störungen verursachen können. Diese Ängste sind im Gespräch relativ leicht aufzudecken und können auch durch entsprechende Information und Beratung abgebaut werden.

3.4 Intrapsychische Ursachen

Sexuelles Verhalten und ganz besonders sexuelle Störungen und Deviationen können auch die Funktion einer *Abwehr* unbewußter Ängste haben. Vor allem *Stoller* (85) hat auf die Zusammenhänge zwischen tief verwurzelten Gefühlen von Feindseligkeit, Wut und Haß und den sexuellen Deviationen hingewiesen und sie als Ausdrucksformen von erotisiertem Haß beschrieben. Auch den sexuellen Funktionsstörungen können tiefgreifende Ängste zugrundeliegen, die allein durch eine Sexualberatung oder eine übende Sexualtherapie nicht beeinflußt werden können. Folgende Ängste finden sich immer wieder bei sexuellen Störungen, wobei neben der sexuellen Symptomatik auch häufig noch andere Symptome bestehen:

Triebängste

Die Angst, besonders beim Orgasmus die *Kontrolle* über die Gefühle und den Körper *zu verlieren,* kann zu Ejakulationsschwierigkeiten und Orgasmushemmung führen. Besonders eindrücklich fand ich diese Ängste bei Patienten mit einem epileptischen Anfallsleiden, von denen der Orgasmus als symbolisierte Form eines epileptischen Anfalls phantasiert wurde. *Schmutzängste* und *Ekelreaktionen* beziehen sich meist auf das Ejakulat und die Lubrikation und können phobisches Vermeidungsverhalten oder eine aversive Einstellung gegenüber jeglicher Form sexueller Betätigung hervorrufen. *Gewaltphantasien* und *Kastrationsängste* sind oft sehr schambesetzt und werden deshalb von Patienten lange Zeit verleugnet oder verheimlicht.

Beziehungsängste

Versagensangst und Angst vor *Ablehnung* und *Partnerverlust* sind die Wurzeln eines sexuellen Leistungsdrucks, der sich in perfektionistischen Sexualvorstellungen äußern kann. Männer, die sich z. B. damit brüsten, an einem Abend mehrmals mit verschiedenen Frauen sexuell verkehren zu können, sind in ihrem brüchigen Selbstwertgefühl auf ständige Anerkennung und Bestätigung angewiesen. Versagt ihnen ihr strapaziertes Glied einmal den Dienst, so geraten sie in panische Angst. Sexuelle Störungen können auch Ängste vor *inzestuösen Wünschen* oder *Ichauflösung* verbergen und auf unbewältigte Beziehungskonflikte der frühen Kindheit hinweisen.

Geschlechtsidentitäts-Ängste

Männer und Frauen mit einer unsicheren Geschlechtsidentität sind auch in ihrer Sexualität verunsichert und erleben ihre Genitalien als zu klein oder als unästhetisch. Das zu kleine Glied oder die zu enge Scheide können dann als vordergründige Ursachen sexueller Störungen genannt werden und die Ambivalenz gegenüber dem eigenen Geschlecht verbergen. Die Bedeutung der Geschlechtsidentität wird z. B. auch am Auftreten sexueller Störungen nach Mamma-Amputation, Hysterektomie oder Phimose-Operation und Prostatektomie sichtbar. Hier führt eine sichtbare oder empfundene Veränderung im eigenen Körperbild zu Unsicherheit und Angst, die durch sexuelle Symptombildungen abgewehrt werden.

Gewissensängste

Wenn sich auch die Sexualmoral in den letzten Jahrzehnten deutlich gelockert hat, so weisen *Strafängste* gelegentlich auf frühere Sexualverbote hin. Von Frauen kann z. B. eine Dyspareunie als gerechte Strafe für unerlaubte voreheliche sexuelle Kontakte erlebt werden. Besonders in der sexuellen Erziehung von Mädchen wurde früher Sexualität mit etwas Gefährlichem in Verbindung gebracht und sexuelles Vermeidungsverhalten oder sexuelle Hemmungen als adäquate Möglichkeit zur Abwendung der Gefahr von Schwangerschaft und Ehrverlust vermittelt. Heute findet man nicht selten sexuelle Konflikte, die aus einer Kollision zwischen sexualfreundlichem Ich-Ideal und überwiegend sexualfeindlichem Über-Ich der Kindheit resultieren (5).

Im Einzelfall sollten neben der sexuellen Störung auch andere Symptombildungen und Störungen der Persönlichkeit abgeklärt werden. Wir haben in unserer Sexualmedizinischen Sprechstunde in den letzten Jahren die Erfahrung gemacht, daß die Zahl der Patienten mit deutlichen Persönlichkeitsstörungen zunimmt. Bei diesen Patienten versagt eine übungsorientierte Sexualtherapie. Sie sollten, soweit sie ausreichend motiviert sind, eher einer eingehenden Einzelpsychotherapie zugeführt werden.

3.5 Partnerschaftsbezogene Ursachen

Die Beziehung eines Paares und die wechselseitigen Gefühle der beiden Partner spiegeln sich oft in ihren sexuellen Beziehungen wider. Diese können z. B. verschmelzend oder sich abkapselnd, liebevoll oder kämpferisch, leidenschaftlich oder kalt, mit- oder gegeneinander sein. Zwar findet man auch bei Paaren häufig gemeinsame Fehlvorstellungen und oberflächliche Leistungs- oder Versagensängste als Ursache sexueller Störungen. Der Libidomangel einer Frau oder die Erektionsstörung eines Mannes können jedoch auch Zeichen eines kollusiven Paarkonfliktes sein (93). Mit dem Begriff *Kollusion* hat *Willi* (90) das überwiegend unbewußte Zusammenspiel zweier Partner in einem gemeinsamen Grundkonflikt mit verteilten Rollen umschrieben. Die *wichtigsten Hypothesen des Kollusionskonzeptes* sind:

— Bei der Partnerwahl spielen unbewußte Motive eine entscheidende Rolle.
— Die Dynamik von Partnerbeziehungen wird wesentlich durch unbewußte gemeinsame Phantasien und Ängste bestimmt.
— Die Verhaltensweisen der Partner sind interdependent.
— Das Verhalten in einer Partnerbeziehung kann Abwehrcharakter haben.
— Belastungen (intradyadisch, extradyadisch) begünstigen eine zunehmende Polarisierung der beiden Partner in ihren Verhaltensweisen auf dem Hintergrund eines gemeinsamen Grundkonfliktes.
— Starres, polarisiertes Rollenverhalten dient häufig der Abwehr eines gemeinsamen Konfliktes.
— Paarkonflikte entwickeln sich durch die Wiederkehr von abgewehrten und auf den Partner delegierten Wünschen und Bedürfnissen.

Bei sexuellen Störungen findet man immer wieder drei *kollusive Konfliktsituationen*:

Sexualangst als gemeinsamer Grundkonflikt

Beiden Partnern gemeinsam ist bei dieser Konflikt-Konstellation die unbewußte Angst, störungsfreie Sexualbeziehungen könnten ihre Beziehung gefährden. Solange einer der beiden eine sexuelle Störung hat, muß er froh sein, vom andern nicht im Stich gelassen zu werden. Der symtomfreie Partner sieht dagegen seine Aufgabe darin, dem Symptomträger bei der Überwindung seiner Störung zu helfen. Die sexuelle Problematik ist also beiden Partnern gemeinsam, wird jedoch im Sinne einer Rollenpolarisierung nur von *einem* Partner — meist dem in der regressiven Position — präsentiert.

Beispiel: Ein 35jähriger Bauingenieur ist seit 3 Jahren mit einer um 1 Jahr jüngeren Krankenschwester verheiratet. Seit Beginn der Ehe besteht bei ihm eine Ejaculatio praecox, die zu zunehmenden ehelichen Spannungen geführt hat. Im Verlauf einer Sexualtherapie konnte er innerhalb weniger Wochen eine bessere Ejakulationskontrolle erlernen. Mit der Besserung der sexuellen Problematik des Mannes trat bei der Frau ein Libidoverlust ein. In den weiteren gemeinsamen Gesprächen ergab sich schließlich, daß beide Partner wechselseitige Ängste hatten, der andere könne außereheliche Beziehungen aufnehmen und ihn im Stich lassen. Anfänglich hatte die Frau ihre eigenen Ängste auf ihren Mann delegiert. Mit der Besserung seiner Ejakulationsstörung wechselten beide Partner ihre Rollenpositionen, indem der Mann nun seine Ängste auf seine Frau übertrug. Erst nachdem die Trennungsängste beider Partner besprochen waren, konnten beide ihre Störungen aufgeben und ihre sexuellen Beziehungen angstfrei erleben.

Sexuelle Funktionsstörung als Machtmittel

Hier wird die sexuelle Funktionsstörung eingesetzt, um sich gegenüber dem Partner durchzusetzen und ihn zu dominieren. Männer drücken ihre Machtansprüche eher durch sexuelle Forderungen aus mit dem Ziel, sich die Partnerin zu unterwerfen. Frauen setzen eher sexuelle Störungen ein, welche als Grund für die sexuelle Zurückweisung des Mannes dienen. *Bei zunehmender Polarisierung gerät der Mann in eine sexuelle Offensive, der sich die Frau durch sexuelle Defensive zu widersetzen versucht.* Beide merken dabei nicht, wie sie sich in ihrem gegenseitigen Verhalten beeinflussen und fixieren.

Beispiel: Eine Arbeiterfrau berichtet, daß sie seit Jahren nur unter größten Schmerzen mit ihrem Mann sexuell verkehren könne. Während sie kaum noch sexuelle Bedürfnisse verspüre, fordere der Mann von ihr jeden Abend den Geschlechtsverkehr. Auf ihre Zurückweisung reagiere er mit demonstrativem Masturbieren und beschimpfe sie. Sie empfinde dann dem Mann gegenüber Schuldgefühle, könne sich jedoch ihm trotzdem nicht sexuell hingeben.

Dieses Ehepaar schilderte seine Beziehung mit Ausnahme der Sexualität als harmonisch und problemlos. Der gegenseitige Machtkampf wurde in versteckter Weise über das sexuelle Symptom ausgetragen. Während beim *latenten ehelichen Machtkampf* die Auseinandersetzung um Dominanz und Unterwerfung über das sexuelle Symptom ausgetragen wird, hat die Sexualität beim *offenen ehelichen Machtkampf* die Funktion eines Versöhnungsrituals, mit dem sich beide Partner nach vorausgegangenem Streit ihre Zuneigung bekunden.

Sexuelle Funktionsstörung als Ausdruck einer Nähe-Distanz-Problematik

Angst vor körperlicher Nähe und Abhängigkeit kann auch zu sexuellen Störungen führen. Hier besteht bei beiden Partnern eine Unsicherheit, wieviel Nähe sie angstfrei ertragen können und wieviel Schwäche sie sich zugestehen können, ohne sich dem andern auszuliefern. Die Frage, wieviel Abhängigkeit jeder zulassen kann, ohne seine Autonomie zu verlieren, ist ebenso ungeklärt wie die Frage, wieviel Selbständigkeit jeder entfalten kann, ohne daß beide den Eindruck haben, nicht mehr ein Paar zu sein. Auch bei diesem Konflikt polarisieren sich die beiden Partner in komplementäre Positionen. Der eine agiert seine Wünsche nach Nähe oft in intensiven außerehelichen Beziehungen, dem anderen dient seine fehlende sexuelle Appetenz oder Reaktionsfähigkeit als Versuch, sich vom Partner zu distanzieren.

Beispiel: Ein 42jähriger Psychologe klagt über Schmerzen im Glied nach dem Verkehr mit seiner um sieben Jahre jüngeren Frau. Diese beschuldigt ihn, zuwenig zärtlich zu sein und sie hinsichtlich ihrer Orgasmusfähigkeit unter Leistungsdruck zu setzen. In der Behandlung ergibt sich, daß der Mann seit fünf Jahren eine außereheliche Beziehung hat und teils bei seiner Freundin, teils bei seiner Frau schläft. In der Beziehung zu seiner Freundin hat der Mann keine sexuellen Probleme. Er sucht in der außerehelichen Beziehung Bestätigung und Bewunderung zur Kompensation seiner Minderwertigkeitsgefühle, die mit einer schwer belasteten Kindheitsentwicklung in Zusammenhang stehen.

Unabhängig davon, welche auslösende Ursache einer sexuellen Funktionsstörung zugrunde liegt, spielen *Erwartungsangst* und *Vermeidungsverhalten* eine wichtige Rolle für die *Fixierung* und *Chronifizierung* sexueller Funktionsstörungen. Auf diesen Sachverhalt haben schon *Masters* und *Johnson* (42) hingewiesen. Die Erwartungsangst wird durch ängstliche Selbstbeobachtung verstärkt. Das Vermeiden sexueller Aktivität vermindert zwar kurzfristig die Ängste, führt jedoch längerfristig zu einer Zunahme der Erwartungsängste und schließlich zu einer Fixierung der sexuellen Störung.

4 Was ist Sexualität — Körperreaktion, Triebkraft oder Erlebnisbereich?

Wer wegen sexueller Schwierigkeiten oder Störungen Beratung sucht, erwartet vom Arzt, daß er ihm Empfehlungen geben kann, die seine Schwierigkeiten mildern oder beseitigen. Fettsüchtige, Diabetiker oder Magenkranke, die zur Ernährungsberatung gehen, erhalten nicht alle die gleichen Ratschläge. Was für den einen gut ist, ist für den andern schädlich. Eltern, die wegen aggressiver Verhaltensweisen ihres Sohnes zum Erziehungsberater gehen, müssen anders beraten werden als die Mutter eines Kindes, das wegen Schulangst nicht mehr die Schule besuchen will. So unterschiedlich Ratschläge im konkreten Fall sind, so stehen hinter diesen Empfehlungen doch Vorstellungen darüber, was Ernährung oder Erziehung eigentlich ist. Der Berater braucht ein *Konzept* als Rahmen für seine *Beurteilung* des Problems und seine *Vorschläge* zur Lösung des Problems. Gibt es Konzepte, die uns erklären und verständlich machen, was Sexualität ist?

Die Sexualwissenschaft hat sich bisher vor allem mit Fragen des sexuellen Verhaltens und sexueller Einstellungen befaßt und unsere Kenntnisse darüber wesentlich erweitert. Im Gegensatz dazu ist unser Wissen über die Sexualität und ihre Stellung in der psychischen Organisation des Menschen beschränkt geblieben. Psychodynamische Konzepte der Sexualität, welche auch entwicklungspsychologische Aspekte des Lebenszyklus berücksichtigen, sind nach wie vor selten (135). Ich möchte hier nicht die verschiedensten Sexualtheorien referieren, die seit Anfang dieses Jahrhunderts formuliert wurden. Mir geht es vielmehr darum, deutlich zu machen, welches Konzept von Sexualität mir in der Beratung von Patienten als Bezugsrahmen dient. Dieses Konzept liegt auch mehr oder weniger offen den Ausführungen dieses Buches zugrunde. Bevor ich auf dieses Konzept der „*Sexualität als eines Erlebnisbereiches*" näher eingehe, möchte ich zunächst zwei andere Konzepte der Sexualität skizzieren, die heute weit verbreitet sind und deren Kenntnis für die Sexualberatung auch von Bedeutung ist.

4.1 Sexualität als Körperreaktion

Eine meiner ersten Patientinnen in der Sexualmedizinischen Sprechstunde war eine 18jährige Verkäuferin, die mir von ihrem Hausarzt wegen zunehmender sexueller Schwierigkeiten zugewiesen wurde. Sie berichtete, daß sie seit 1 ½ Jahren fest befreundet sei. Zwar wohne sie noch bei ihren Eltern, die Abende und Wochenenden verbringe sie jedoch gemeinsam mit ihrem 22jährigen Freund in dessen 2-Zimmer-Wohnung. Seit einem halben Jahr habe sie nun zunehmende Schwierigkeiten beim Vögeln. Es sage ihr nichts mehr und sie könnte eigentlich darauf verzichten. Bei der genaueren Abklärung ergab sich folgendes Bild über die sexuellen Beziehungen des Paares: Nach der Arbeit traf sie sich jeden Abend mit einigen Kollegen in einer Quartierbeiz zu einem Glas Bier. Um halb acht Uhr ging sie mit ihrem Freund in dessen Wohnung, wo beide jeweils gleich nackt auszogen und ins Bett legten. Der Freund stellte den Fernsehapparat ein und während dort Werbespots und Tagesschau abliefen, wurde erst einmal gebumst. Das Bumsen, so die Worte der Patientin, laufe so ab, daß sie nach einigen heftigen Zungenküssen die Beine breit mache, der Freund noch ein wenig an ihr herumfummle und dann seinen Schwanz reinstecke. Während sie am Fernsehapparat die Reklame verfolge, turne er auf ihr herum, bis es ihm schließlich komme. Sie empfinde dabei gar nichts und befürchte, ihr Freund würde sie bald abhängen, wenn sie nicht wieder auf Touren käme.

Soweit die Schilderungen der Patientin. Was sich in diesem Beispiel recht eindrücklich zeigt, ist die Änderung in der gesellschaftlichen Stellung der Sexualität, welche sich in den letzten Jahrzehnten vollzogen hat. Sex ist heute für einen Teil junger Erwachsener eine Art Genußartikel geworden, dessen man sich bedient, um seine Bedürfnisse zu befriedigen. Die sogenannte *sexuelle Liberalisierung* hat ohne Zweifel sehr viel Gutes gebracht. Sexualität wird heute von der jüngeren Generation nicht mehr als destruktive Triebkraft angesehen, die durch Vorschriften kanalisiert werden muß. Die Sexualmoral der heutigen Jugend — so könnte man es stichwortartig sagen — ist freizügig und sexualfreundlich, partner- und liebesorientiert, tolerant und auf Gleichheit der Geschlechter bedacht (71, 136). Diese permissivere Einstellung zur Sexualität ist sicher als Fortschritt zu werten, als Überwindung einer Sexualität, in welcher die sexuellen Triebe bekämpft, die Lust unterdrückt und Unerlaubtes bestraft werden mußten. Die Befreiung von den sexuellen Ängsten ihrer Eltern hat nun aber bei einem Teil von Jugendlichen und jungen Erwachsenen zu einer Art *Oberflächen-Sexualität* geführt. Sexualität scheint dabei als Fummelei an der Außenwand des Körpers, als hastiges Hantieren ohne Zeit zum Empfinden, als beliebig auslösbare Körperreaktion oder als flotte Sache, die zu jedem aufgestellten Typ dazu gehört. Diese Form von Sexualität ist nur vordergründig problemlos, da sie dem einzelnen keinen Spielraum für die Gestaltung seines Sexuallebens läßt. Sexualität wird dabei auf ein Verhaltensmuster reduziert, zu dessen Erfüllung sexuelle Reaktionen programmartig eintreten müssen und es nicht stören darf, wenn gleichzeitig noch andere Programme ablaufen. Das Ausbleiben einer Reaktion wird dann als Störung erlebt, die möglichst schnell beseitigt werden muß. Ängste entstehen dann, wenn trotz allem Bemühen die erwarteten Leistungen nicht erbracht werden können. Der *sexuelle Versager* ist heute an die Stelle des sexuellen Muffels getreten.

In der Sexualberatung ist die Verhaltensebene vor allem in der Phase der *Abklärung* von sexuellen Störungen von großer Bedeutung. Wie wir noch sehen werden, können anhand einer genauen Exploration des Verhaltens zweier Partner beim Geschlechtsverkehr die verschiedenen psychosozialen Ursachen sexueller Funktionsstörungen recht gut festgestellt werden. Das Gespräch über Normvorstellungen, Phantasien, Wünsche, Befürchtungen und Ängste ist dann jedoch das Kernstück einer Sexualberatung. Erst wenn der Berater, ausgehend vom *sexuellen Verhalten* auch einen Eindruck vom *sexuellen Erleben* seiner Patienten gewonnen hat, ist er in der Lage, die richtigen Empfehlungen zu geben. Sexualberatung, die sich nur auf die Verhaltensebene beschränkt, geht an der psychodynamischen und biographischen Dimension des sexuellen Symptoms vorbei und ist nur in wenigen Fällen erfolgreich.

4.2 Sexualität als Triebkraft

Wäre der Freund der oben geschilderten Patientin bei seinem Arzt erschienen und hätte über seinen sexuellen Drang berichtet, jeden Abend mit seiner Freundin zu schlafen, dann hätte dieser vielleicht in seiner Krankengeschichte die Notiz „starker sexueller Trieb" vermerkt. Abhandlungen über Sexualität werden gelegentlich damit eingeleitet, daß Sexualität an bestimmte anatomische Strukturen, hormonelle Regelkreise, vaskuläre Mechanismen und neurale Steuerungen gebunden sei. Obwohl heute zahlreiche Erkenntnisse vorliegen, die deutlich belegen, daß die Sexualität des Menschen im Gegensatz zur Sexualität der Tiere durch psychosoziale Einflüsse geprägt und beeinflußt wird, orientieren sich die gängigen Sexualtheorien überwiegend an den biologischen Grundlagen der Sexualität. *Schorsch* (68 S. 456) bemerkt in Übereinstimmung mit *Schmidt* (63) dazu: „Theorien von Sexualität gehen fast ausnahmslos von einem biologisch vorgegebenen, konstanten, autochthonen, endogenen Sexualtrieb aus, der als ein mehr oder weniger vehementes Energiebündel vorgestellt wird. Diese *Dampfkesseltheorie* geht davon aus, daß biologische Prozesse im Körper ständig sexuelle Spannungen erzeugen, die von selbst immer wieder stärker werden, auf Abfuhr und Entladung drängen und so den Menschen zu sexueller Aktivität treiben. Diese Dampfkesselvorstellung von Sexualität liegt den Vulgäranschauungen von Sexualität ebenso zu Grunde wie explizit biologischen Konzepten bis hin zur klassischen Psychoanalyse. Das spezifisch Menschliche liegt danach allein darin, wie mit diesem vom Tier ererbten Energiequantum, welches als primär asozial und gefährlich angesehen wird, umzugehen ist, wie es veredelt werden kann."

Dieses Konzept von Sexualität kann allenfalls manche Erscheinungsformen der männlichen Sexualität erklären. Auf die Sexualität der Frau ist es nicht übertragbar, da der Drang nach sexueller Aktivität im sexuellen Erleben der meisten Frauen eine recht untergeordnete Rolle spielt. In den Vorstellungen, die sich Männer über die Ursachen ihrer sexuellen Aktivität machen, trifft man jedoch häufig auf psychohydraulische Modellvorstellungen von Sexualität, wie folgendes Beispiel zeigt.

Ein 42jähriger Italiener, der seit vielen Jahren in der Schweiz lebt, berichtet über Erektionsstörungen, die seit einigen Monaten in der Beziehung zu seiner 38jährigen, zweimal geschiedenen Freundin aufgetreten sind. Auf die Frage, was er selbst über die Ursache seiner sexuellen Schwierigkeiten denke, äußert er, daß wahrscheinlich die Produktion der Samenflüssigkeit in seinen Hoden nicht mehr in Ordnung sei. Früher habe er beim Samenerguß viel größere Mengen produzieren können. Heute reiche die Samenproduktion nur noch für einen Geschlechtsverkehr alle 14 Tage. Er erwartete als Behandlung ein Medikament zur Steigerung seiner Samenproduktion, von der er sich eine Besserung seiner Erektionsstörung erhoffte.

Die Vorstellungen dieses Patienten entsprachen dem Modell eines Stausees, dessen Wasser bei der Entleerung Kraft erzeugen kann. In den Phantasien von Männern spielen solche mechanischen Kraftvorstellungen eine Rolle und müssen in der Beratung berücksichtigt werden. Erklärungen und Empfehlungen werden vom Patienten am ehesten angenommen, wenn sie an seinen eigenen Vorstellungen anknüpfen. Im geschilderten Beispiel versuchte ich, dem Patienten seine Störung anhand der Zuflüsse zum Stausee verständlich zu machen. Da seien die Eifersucht auf die fünf Kinder seiner Freundin und ihre Erwartung, ihn auf keinen Fall zu verlieren, von Bedeutung.

4.3 Sexualität als Erlebnisbereich

Aus der eigenen Erfahrung ist uns allen bekannt, daß sexuelle Bedürfnisse in Zeiten psychischer Labilität und Krisen ansteigen oder auch abnehmen können. Libido und sexuelle Erregbarkeit können je nach Lebenssituation, Partner und sexueller Praktik schwanken. Eine Frau, die gegenüber ihrem alkoholsüchtigen Ehemann eine sexuelle Aversion hat und ihm den Geschlechtsverkehr verweigert, kann gegenüber einem verständnisvollen außerehelichen Freund durchaus sexuelle Bedürfnisse empfinden und am Geschlechtsverkehr Freude haben. Ein junger Mann, der mit seiner Freundin in deren Zimmer Geschlechtsverkehr haben möchte, kann impotent sein, weil er befürchtet, von den Eltern seiner Freundin überrascht zu werden. Außerhalb des Elternhauses, wo sich beide ungestört fühlen, können diese Schwierigkeiten völlig fehlen. Eine Frau, die aufgrund ihrer sexualfeindlichen Erziehung Selbstbefriedigung ablehnt, kann die manuelle Stimulation ihrer Klitoris durch ihren Partner als unangenehm und schmerzhaft erleben und beim Koitus die indirekte Stimulation ihrer Klitoris durch den Penis als angenehm und lustvoll.

Für das sexuelle Erleben als eines psychosomatischen Vorgangs sind frühere Erinnerungen, Wünsche und Sehnsüchte ebenso von Bedeutung wie momentane Phantasien, Hoffnungen und Ängste. Sexualität ist nicht reduzierbar auf Verhalten oder biologische Faktoren. Sexualität ist, wie es *Schorsch* (68, S. 457) formuliert hat, eine „im Biologischen verankerte, aber nicht notwendig manifest werdende Möglichkeit des Erlebens". In der sexuellen Erregung sind die momentanen Empfindungen und Gefühle Ausdruck einer Vermischung von früheren und aktuellen Lebenserfahrungen. Dabei können Ängste und Verletzungen ebenso anklingen wie Zustände von Glück und Erfüllung. In der Sexualität kommen die Besonderheiten, aber auch die Schwierigkeiten eines Menschen deutlich zum Ausdruck. Ein weiteres Beispiel soll dies verdeutlichen.

Eine 57jährige Frau berichtet nach zweijähriger erfolgloser Psychotherapie wegen einer schweren Depression folgende sexuelle Schwierigkeiten. Seit acht Jahren habe sie mit ihrem Mann keinen Verkehr mehr, da sie das Einführen des Gliedes als überaus schmerzhaft erlebe. Ihr Mann habe zwar sehr viel Verständnis für ihre Schwierigkeiten, suche jedoch von Zeit zu Zeit in außerehelichen Beziehungen sexuelle Befriedigung. Als Kind fühlte sie sich von ihrer Mutter, die sich einen Sohn gewünscht hatte, abgelehnt und vernachlässigt. Zu ihrem Vater hatte sie dagegen eine sehr intensive Beziehung. Sexuell war sie nie aufgeklärt worden. In der Adoleszenz wurde sie wegen ihrer voluminösen Brüste gehänselt und scheute deshalb den Kontakt mit Männern. 20jährig heiratete sie und hatte in den ersten fünf Jahren ihrer Ehe ein befriedigendes Sexualleben ohne Schwierigkeiten. Nach der Geburt ihrer ältesten Tochter nahm ihr sexuelles Interesse plötzlich ab. Aus Pflichtgefühl ihrem Mann gegenüber hatte sie jedoch weiterhin regelmäßigen Geschlechtsverkehr und akzeptierte auch entgegen ihrem ästhetischen Empfinden oralen Sex. Der Geschmack des männlichen Ejakulates führte bei ihr jedoch zunehmend zu einem Ekelgefühl. Nach einer Entfernung der Gebärmutter wegen eines Myoms nahm die sexuelle Aversion so zu, daß sie ihrem Mann während sechs Jahren jegliche körperliche Annäherung verweigerte. Nach dem Weggang ihrer beiden Töchter wurde sie depressiv, empfand aber gleichzeitig ihrem Mann gegenüber wieder Zuneigung und Liebe. Von sich aus hatte sie in den letzten Monaten vor der ersten Konsultation wieder die Initiative zum Geschlechtsverkehr ergriffen und war bei manueller Stimulation gut orgasmusfähig.

In diesem Beispiel zeigt sich recht anschaulich, wie die Sexualität dieser Frau durch frühere und augenblickliche Ereignisse beeinflußt wird. Von ihrer Mutter abgelehnt, empfand sie ihre voluminösen Brüste in der Adoleszenz als Bestätigung der Meinung ihrer Mutter: Du bist ein häßliches Kind. In den ersten Ehe-jahren fühlte sie sich von ihrem Mann akzeptiert und verstanden und hatte keine sexuellen Probleme. Nach der Geburt ihrer Tochter — auch die Patientin hatte sich ebenso wie ihre Mutter einen Sohn gewünscht — sah sie sich mit einer Mutter-Tochter-Konstellation konfrontiert, die in ihr Erinnerungen an ihre Kindheit wachriefen. Der Libidoverlust brachte zum Ausdruck, daß sie sich überwiegend als Mutter und nicht mehr als Liebespartnerin ihres Mannes erleben konnte. Erst mit dem Weggang ihrer Töchter und ihrer Entlastung von der Mut-terrolle konnte sie sich wieder ihrem Mann als Partnerin zuwenden und seine kör-perliche Annäherung akzeptieren.

4.4 Sexualität und Lebenszyklus

Stephen B. Levine hat vor allem auf die lebensgeschichtlichen Aspekte der Sexuali-tät hingewiesen und auf die Frage: Was ist Sexualität? acht Antworten formuliert. In diesen werden die Bedeutungsmöglichkeiten der Sexualität im Lebenslauf eines Menschen angesprochen. Seine Formulierungen zeigen die Viel-falt der menschlichen Sexualität. Nachfolgend eine freie Übersetzung seiner Gedanken (135, S. 3).

Sexualität ist ...
— eine *psychologische Kraft* für Freude, Selbsterleben, Bindung und Selbstwert-gefühl;
— eine *persönliche Erfahrung* unserer Identität basierend auf dem Erleben unse-rer Anatomie, Physiologie, Geschlechtsidentität und unseren Lebenszielen;
— eine *Möglichkeit*, die im günstigen Fall zu Lebenszufriedenheit, psychischer Gesundheit, Selbst- und Partnerliebe und im ungünstigen Fall zu Verzweiflung, unerwünschter Schwangerschaft, Krankheit und Tod führen kann;
— unser *Repertoire* intimen körperlichen Verhaltens gegenüber Partnern und ein Spiegel der Bedeutungen, welche wir, unsere Partner und unsere Kultur einer Zweierbeziehung geben;
— ein *emotionales Reaktionssystem* für uns und andere Menschen. Sie ist eine Art innere Stimme, ein fortlaufender Dialog mit uns selbst. Diese Stimme orientiert uns über unsere Wünsche nach Beziehung und unsere Zufriedenheit mit einer Beziehung;
— ein *Instrument zur Versöhnung* mit der Fähigkeit, schmerzliche Erfahrungen der Vergangenheit hinter uns zu lassen und unseren Körper und uns selbst wieder als liebenswert zu erleben;
— ein *Fenster*, durch welches man die Psychologie von Individuen und Paaren beobachten kann. Sie ist ein Fenster zum Drama unseres Innenlebens, beson-ders unseres Strebens nach Liebe.

Diese Formulierungen machen deutlich, daß sich Sexualität immer gleichzeitig im *Verhalten*, im *Fühlen* und im *Denken* ereignet. Sexualität hat sowohl eine aktiv gestaltende als auch eine passiv erfahrende Dimension. In beiden inszenieren und erleben wir unsere jeweilige biographisch geprägte Identität.

Teil II

Methodik der Sexualberatung

5 Sprachliche Schwierigkeiten bei der Sexualberatung

Angenommen, ein 16jähriger Jugendlicher kommt in Ihre Sprechstunde und möchte von Ihnen wissen, wie die körperlichen Reaktionen beim Geschlechtsverkehr sind. Welche der folgenden drei Erklärungen würden Ihnen am ehesten zusagen?

Variation 1: Umarmungen und Küsse versetzen Jungen und Mädchen in sexuelle Erregung. Das Mädchen wird naß, der Junge kriegt einen Steifen. Durch Fummeln mit den Fingern und der Zunge kann man die Erregung noch steigern. Auch Schwanz und Möse sind Geschlechtswerkzeuge, die einen in Fahrt bringen. Beim Höhepunkt sind dann beide in Gedanken etwas weg. Das Mädchen spürt ein Klopfen in der Möse, der Junge spürt den Höhepunkt am Samenerguß.

Variation 2: Die Umarmung und der Kuß führen bei den Partnern zu sexuellen Reaktionen. Beim Mädchen tritt vaginale Lubrikation ein, beim Jungen Erektion. Beide Reflexe sind im Sakralmark lokalisierbar. Manuelle oder orale Stimulation können die sexuellen Reaktionen noch steigern. Auch Penis und Vagina eignen sich zur sexuellen Stimulation. Beim Orgasmus tritt dann bei beiden eine leichte Bewußtseinsverschiebung ein. Das Mädchen spürt die Muskelkontraktionen der Vaginalmanschette, der Junge nimmt die Expulsion des Ejakulates wahr.

Variation 3: Die innige Umarmung zwischen Junge und Mädchen läßt beide ihr Verbundensein spüren. Wenn es dann unten feucht wird, wissen beide, daß sie zur körperlichen Vereinigung bereit sind. Beim Höhepunkt des Liebesspieles empfinden Junge und Mädchen sexuelle Lust, die sie aus gegenseitiger Verantwortung nicht bekämpfen müssen, sondern dankbar annehmen dürfen.

Wahrscheinlich wird Ihnen keine der drei Variationen zusagen. Sie werden eher von Geschlechtsverkehr zwischen Glied und Scheide reden, die erogenen Zonen beschreiben und den Orgasmus als natürliche, jedoch nicht notwendige Folge sexueller Zärtlichkeiten erklären. Wie *Lang* (40) in einer Untersuchung über die Sprache der Sexualerziehung feststellt, besteht eine große Schwierigkeit der Sexualerziehung — und dies gilt ebenso für die Sexualberatung — darin, daß in unserer Alltagssprache Worte und Bezeichnungen fehlen, mit denen wir über Sexualität sprechen können. Dies ist ein Hinweis dafür, daß die jahrhundertelange Tabuisierung der Sexualität nach wie vor besteht und durch die sexuelle Liberalisierung der letzten Jahrzehnte nur teilweise überwunden wurde. Gerade beim sexualmedizinischen Erstgespräch machen sich diese sprachlichen Schwierigkeiten immer wieder bemerkbar. Wie benennt der Patient oder die Patientin ihre Geschlechtsorgane? Hat ein Paar einen gemeinsamen Wortschatz, mit dem sich die Partner über ihre sexuellen Beziehungen verbal verständigen können? Welche Ausdrücke sind dem Arzt vertraut?

Immer wieder fragen mich Kollegen, mit welchen Worten sie mit ihren Patienten über sexuelle Fragen sprechen sollen. Meine Antwort: ,,Benützen Sie doch die gleichen Ausdrücke, mit denen Sie mit Ihrer Frau Fragen Ihrer gemeinsamen sexuellen Beziehungen besprechen‘‘, löst meist zunächst Schmunzeln, dann jedoch eher Ratlosigkeit und betretenes Schweigen aus. Selten eignet sich die eigene Familie besser zur medizinischen Fortbildung wie beim Erlernen eines sprachlichen Vokabulars für die Sexualberatung. Sie können sich die Lektüre von vielen sexualwissenschaftlichen Publikationen ersparen, wenn Sie sich die Zeit nehmen, mit Ihrem Mann, Ihrer Frau oder Ihren Kindern ohne den Gebrauch der medizinischen Fachsprache über sexuelle Fragen zu sprechen.

5.1 Die sexuellen Sprachen

Wie soll man sich nun im sexuellen Sprachgewirr von Koitus, Geschlechtsverkehr, Beischlaf, Bumsen oder Vögeln orientieren? *Lang* (40) unterscheidet aufgrund ihrer Analyse von Aufklärungsbüchern sechs Sprachen, die in der Sexualerziehung Verwendung finden:

Die medizinische Fachsprache:

— Die Ausdrücke sind meist lateinische oder griechische Fremdworte, die in medizinischen Lehrbüchern und in der Sexualwissenschaft Verwendung finden.
— Sie zielt auf Genauigkeit und Objektivität und legt großen Wert auf präzise Sachinformation.
— Sie ist jedoch abstrakt, emotional steril und eine Art Geheimsprache für Fachleute, die sich unter Abspaltung des affektiven Erfahrungsbereiches über Sexualität verständigen wollen.
— *Beispiele:* Penis, Vagina, Klitoris, Lubrikation, Ejakulation, Koitus.

Die Bürokratensprache:

— Die Ausdrücke finden im Bereich der öffentlichen Kommunikation, in Gesetzestexten, im behördlichen Verkehr und im Schulunterricht Verwendung. Es sind die deutschen Bezeichnungen von Fachworten.
— Sie zielt auf Sachlichkeit, Neutralität und Klarheit.
— Sie ist emotional kühl, jedoch leicht verständlich und allgemein akzeptiert, wird von allen Sprachen am häufigsten gebraucht und in schriftlichen Texten ebenso verwendet wie im privaten Gespräch.
— *Beispiele:* Glied, Scheide, Kitzler, Samenerguß, Geschlechtsverkehr.

Die Alltagssprache:

— Sie besteht aus Worten, die ohne Vorbehalt täglich in der zwischenmenschlichen Kommunikation gebraucht werden können. Für die Benennung der Geschlechtsorgane und des Geschlechtsverkehrs fehlen Ausdrücke. Dies macht deutlich, daß der Bereich der Sexualität in der Gesellschaft nach wie vor tabuisiert ist.
— Sie zielt auf Neutralität und Verständlichkeit.
— Sie ist in ihrer Emotionalität nicht einseitig festgelegt und beschränkt sich auf diejenigen Randgebiete der Sexualität, die nicht der Tabuisierung unterliegen.

— *Beispiele:* Ausdrücke für die Geschlechtsorgane und den Geschlechtsverkehr fehlen! Typische Begriffe dieser Sprache sind z. B. Hintern, Popo, Binden, Regel, Pille.

Die Kindersprache:

— Sie umfaßt jene Ausdrücke, die Erwachsene für Kinder erfunden haben, nicht eigentlich das Vokabular, das Kinder im Gespräch untereinander benutzen.
— Sie verschleiert und vermittelt stark verminderte Sachinformation. Im sexuellen Bereich finden sich nur Ausdrücke für die sichtbaren Geschlechtsorgane.
— Sie ist verniedlichend, zielt auf Ablenkung und wird überwiegend in Gesprächen verwendet, die Erwachsene mit Kindern führen. Im Gespräch zwischen Erwachsenen wirkt sie inadäquat.
— *Beispiele:* Pimmel, Pfifli, Zipfel, Schwänzchen, Weggli, Pipi, Müschelchen, Muschi, (Ausdrücke für den Geschlechtsverkehr fehlen).

Die blumige Sprache:

— Auch ihr Vokabular ist im sexuellen Bereich stark eingeschränkt. Ihre Ausdrücke klingen feierlich und pathetisch.
— Sie zielt auf verhüllende und indirekte Umschreibungen.
— Sie ist emotional übersättigt und findet vor allem in konfessionellen Aufklärungsschriften Verwendung.
— *Beispiele:* da unten, Liebesakt, Schlüsselchen, Spalte, körperliche Vereinigung, Höhepunkt.

Die Vulgärsprache:

— Sie besteht aus Worten mit hohem Bekanntheitsgrad, die jedoch in der Öffentlichkeit teilweise verpönt sind.
— Sie ist emotional derb, abwertend und frauenfeindlich.
— Sie zielt auf Direktheit, Peinlichkeit und Lächerlichkeit und wird vor allem von Jugendlichen, Arbeitern, Zuhältern und Prostituierten verwendet.
— *Beispiele:* Schwanz, Schwengel, Riemen, Möse, Fotze, bumsen, ficken, vögeln, bürsten, nageln, mausen, orgeln.

Die Ausdrücke der erwähnten Sprachen unterscheiden sich vor allem in ihrer *inhaltlichen* und *affektiven Information.* Während die Fach- und Bürokratensprache vorwiegend sachliche Information vermitteln und die Emotionalität vernachlässigen, rufen die blumige Sprache, die Kinder- und Vulgärsprache stärkere Gefühle hervor, sind jedoch in ihrem inhaltlichen Informationsgehalt unklar und mehrdeutig. *Watzlawick, Beavin* und *Jackson* (88) haben mit ihrer grundlegenden Analyse der menschlichen Kommunikation deutlich gemacht, daß jede Mitteilung einen *Inhaltsaspekt* und einen *Beziehungsaspekt* hat. Der Inhaltsaspekt übermittelt Faktenwissen, der Beziehungsaspekt wird durch averbale Parameter wie Tonfall, Mimik und Körpersprache vermittelt. Daß diese beiden Aspekte nicht nur für das unmittelbare mündliche Gespräch Bedeutung haben, sondern auch für die Reaktionen des Lesers eines geschriebenen Textes, sollte mit den drei Textvariationen am Anfang dieses Kapitels deutlich gemacht werden.

5.2 Sprachliche Möglichkeiten und Notwendigkeiten in der Sexualberatung

Für die Sexualberatung ist eine gewisse sprachliche Flexibilität eine der wichtigsten Voraussetzungen. Ein Gespräch, bei dem die inhaltliche Information und die Atmosphäre, in welcher die Gesprächspartner miteinander reden, nicht übereinstimmen, schafft eher Verwirrung, als daß es zur Überwindung von Schwierigkeiten beiträgt. Will der Arzt mit seinem Patienten über sexuelle Fragen sprechen, so sollte er sich mit ihm erst über eine gemeinsame Sprache einigen. Wenn ein Patient berichtet, er habe keinen Steifen mehr und der Arzt zurückfragt, seit wann er denn mit seiner Erektion Schwierigkeiten habe, gerät das Gespräch schnell ins Stocken.

Stellt der Patient von sich aus sexuelle Fragen, wird er im Regelfall das ihm vertraute Vokabular benutzen. Nicht selten habe ich jedoch bei einfachen Leuten oder Angehörigen der Unterschicht erlebt, daß sie sich für das Gespräch mit dem Arzt einige Fachausdrücke erwerben, weil sie sich noch am ehesten Rat und Hilfe erhoffen, wenn sie versuchen, die Sprache des Arztes zu sprechen. Wesentlich besser und offener ist das Gespräch aber dann, wenn der Arzt die Sprache des Patienten sprechen kann. Er erhält dann neben der sachlichen Information die mindestens ebenso wichtige Information, welche Gefühle der Patient seinen sexuellen Schwierigkeiten gegenüber hat. Eine gute Möglichkeit, sich zu vergewissern, ob man mit dem Patienten auf der gleichen Wellenlänge spricht, besteht darin, den Patienten zu fragen, wie er üblicherweise seine Geschlechtsorgane benennt. Ausgehend von diesem Vokabular kann man dann mit ihm über sein Sexualleben und seine sexuellen Schwierigkeiten sprechen.

Ich benutze überwiegend die deutschen Worte Glied, Scheide, Eichel, Kitzler, Samenerguß und Geschlechtsverkehr, da diese Ausdrücke am leichtesten verständlich sind und im emotionalen Bereich je nach den Reaktionen des Patienten einen Spielraum lassen. Bekommt eine Frau bei der Frage, wie ihre Empfindungen am Kitzler seien, wenn ihr Mann sie mit dem Finger dort streichle einen roten Kopf, so versuche ich es im nächsten Satz einmal mit dem Ausdruck Klitoris. Schaut dagegen ein junger Mann gelangweilt, wenn ich ihn frage, welche Schwierigkeiten er beim Geschlechtsverkehr habe, so komme ich ihm mit der Formulierung entgegen, was denn beim Bumsen oder Vögeln nicht mehr klappe. Im ersten Gespräch passe ich mich weitgehend den Sprachgewohnheiten der Patienen an. Zeigt sich jedoch, daß z. B. Mann und Frau unterschiedliche Worte benutzen, so besteht ein Ziel der Sexualberatung darin, ihnen dabei behilflich zu sein, eine gemeinsame Sprache zu finden, mit der jeder seine Wünsche und Ängste ausdrücken kann. Die Vulgärsprache entwertet die Frau und wird deshalb besonders von Frauen als peinlich und abstoßend empfunden. Die oft deftigen Ausdrücke — bumsen, rammen, bürsten, umlegen — schreiben der Frau nur die Rolle eines passiven Sexualobjektes zu und lassen ihr keine Ausdrucksmöglichkeiten für eigene Wünsche und Aktivitäten. Ich bemühe mich deshalb, den Wortschatz eines Paares dahingehend zu erweitern, daß auch die Frau die Ausdrücke ohne Zögern benutzen kann.

Gar nicht selten fehlen den Patienten jedoch ganz einfach die Worte, mit denen sie sich verständlich machen können. Die *Sprachlosigkeit der Alltagssprache* breitet sich als beklemmendes Schweigen im Sprechzimmer aus und führt zu feuchten Händen, roten Köpfen und verlegenen Blicken ins Leere. Der folgende Ausschnitt aus einem Erstgespräch mit einem jüngeren Ehepaar, das mich wegen eines Vaginismus der Frau aufsuchte, soll verdeutlichen, wie der Arzt in einer solchen Situation vorgehen kann. Nachdem der Mann recht offen und genau über seine Erfahrungen beim letzten Geschlechtsverkehr gesprochen hatte, wende ich mich mit der Frage an die Frau:

A :   Wie ist das denn für Sie, Frau Marti, wenn Ihr Mann Sie an der Brust streichelt?

Frau : . . . normal.

A :   Haben Sie das gerne oder stört es Sie?

Mann : (Nach kurzem Schweigen seiner Frau) Das haben alle Frauen gern, das gefällt auch meiner Frau.

A :   (Zur Frau) Wissen Sie, das erleben die meisten Frauen nicht immer gleich. Manchmal haben sie es sehr gern, wenn der Mann sie an den Brüsten streichelt oder küßt, manchmal spüren sie weniger oder es ist ihnen, z. B. kurz vor der Periode oder in der Schwangerschaft, eher unangenehm. Wie war das denn bei Ihnen beim letzten Geschlechtsverkehr mit Ihrem Mann?

Frau : Ich hab' eigentlich gar nichts an der Brust gespürt, erst als . . . (blickt ihren Mann fragend an).

Mann : Nur zwischen den Beinen ist es meiner Frau unangenehm, wobei sich das schon ein wenig gebessert hat.

A :   (Zur Frau) Wie ist das denn, wenn Sie duschen oder in der Badewanne die Brüste waschen? Welche Empfindungen haben Sie da an Ihren Brüsten? Haben Sie es gern, wenn das Wasser aus der Dusche auf die Haut prasselt oder empfinden Sie es angenehmer, wenn Sie mit der Hand oder dem Waschlappen recht fein über ihre Brust fahren?

Frau : Ich seife mich immer mit den Händen ein. Das macht mir an der Brust nichts aus.

A :   Und an den Brustwarzen?

Frau : Die wasche ich eigentlich nicht besonders.

A :   Dann würde ich Ihnen empfehlen, daß Sie beim nächsten Duschen oder Baden sich mal richtig Zeit nehmen und mit Ihren Händen über Ihre Brüste streicheln, oben, seitlich und auch vorn an den Brustwarzen. Und daß Sie sich ganz darauf konzentrieren, was Sie dabei an Ihren Brüsten und an Ihren Händen spüren.

Kommentar zu diesem Gesprächsausschnitt:

Die Frau hat sich in ihrer ganzen Aufmerksamkeit und in ihrem Empfinden auf ihren Scheideneingang konzentriert. Schon bei den kleinsten Zärtlichkeiten ihres Mannes denkt sie daran, daß es heute mit dem Einführen des Gliedes wohl wieder nicht klappen wird. In ihrer Sensibilität ist sie ganz auf die Verkrampfung ihrer Scheidenmuskulatur fixiert und nimmt gar nicht wahr, welche Körperempfindungen sie beim Vorspiel hat. Ich versuche ihr verschiedene Möglichkeiten des Empfindens mit Worten anzubieten. Als der Mann auf die Schwierigkeiten seiner Frau, meine Fragen zu beantworten, mit einer Flucht ,,zum eigentlichen Problem'' reagiert, gehe ich einen Schritt zurück und stelle Fragen zu Empfindungen an der Brust in nicht sexuell gefärbten Situationen wie beim Duschen oder Baden. Hier kann die Frau etwas leichter Worte finden und antworten.

Sexualberatung ist bisweilen Sprachunterricht für Patienten, denen vor lauter ängstlichem Hantieren noch nicht aufgefallen ist, daß sie die Körperregionen und Organe, die sie zärtlich berühren wollen, nicht einmal mit Worten benennen, geschweige denn ihre Empfindungen ausdrücken können. In solchen Fällen ist es wichtig, dort anzufangen, wo man seinen Körper ungestört alleine betrachten und betasten kann, und das ist z. B. eher im Bad oder unter der Dusche möglich als bei einem ängstlichen Geschlechtsverkehr-Versuch mit dem Partner im Bett.

Zusammenfassung der wichtigsten Gesichtspunkte dieses Kapitels:

— In unserer Alltagssprache fehlen Ausdrücke zur Benennung der Geschlechtsorgane und des Geschlechtsverkehrs.
— Die zur Verfügung stehenden Sexualsprachen — medizinische Fachsprache, Bürokratensprache, blumige Sprache, Kindersprache und Vulgärsprache — haben alle Vor- und Nachteile.
— In der Sexualberatung ist es vor allem im Erstgespräch wichtig, die Sprache des Patienten sprechen zu können, da sonst wichtige Informationen über das emotionale Erleben des Patienten verloren gehen.
— Die deutschen Worte Glied, Scheide, Eichel, Kitzler, Samenerguß, Geschlechtsverkehr u. a. sind klar verständlich und nicht entwertend und deshalb für ein Sexualberatungs-Gespräch am ehesten geeignet.
— Patienten, die noch kein Vokabular zur Benennung ihrer Geschlechtsorgane und ihres Erlebens beim Geschlechtsverkehr haben, sollte zunächst geholfen werden, die ihnen entsprechenden Worte zu lernen und im Gespräch zu gebrauchen.

6 Bevor Sie die erste Frage stellen . . .

6.1 Wer ist für sexuelle Fragen zuständig?

Mit welchem Arzt würden Sie am ehesten über Ihre Sexualität sprechen? Könnten Sie Ihre Schwierigkeiten und Probleme leichter Ihrem Hausarzt sagen, der Sie und Ihre Familie schon seit vielen Jahren kennt oder würden Sie es vorziehen, mit einem Frauenarzt, einem Urologen oder Dermatologen, bei dem Sie zum ersten Mal zu einer Untersuchung sind, über Ihre fehlende Libido oder Ihre Erektionsschwäche zu sprechen? Diese Frage wird der eine so, der andere so beantworten. Manchen Patienten fällt es leichter, mit einem ihnen bekannten Arzt über sexuelle Fragen zu sprechen, andere haben in einer eher anonymen und distanzierten Arzt-Patient-Beziehung weniger Hemmungen. Daraus folgt, daß die Sexualberatung nicht als Aufgabe nur des Allgemeinarztes, des Internisten, des Gynäkologen oder Urologen betrachtet werden kann, sondern daß prinzipiell *jeder Arzt* seine Patienten in sexuellen Fragen beraten kann. Er wird sich einem solchen Beratungsgespräch um so eher gewachsen fühlen, wenn er:

— über ein ausreichendes sexualmedizinisches Grundwissen verfügt;
— einige Kenntnisse und Fähigkeiten in der Gesprächsführung hat;
— selbst die Überzeugung hat, daß ein befriedigendes Sexualleben eine gewisse Bedeutung für das Wohlbefinden eines Menschen hat;
— bereit ist, gegenüber dem Patienten eigene Hemmungen und Schwierigkeiten nicht zu überspielen, sondern diese als Ausdruck seines Nichtwissens, seiner mangelnden Erfahrung oder anderen Einstellung zur Sexualität zu erklären;
— seine eigene Einstellung zur Selbstbefriedigung, zum oralen Sex, zur Empfängnisverhütung, zu außerehelichen Beziehungen und anderen wichtigen Fragen der Sexualität kennt;
— die Möglichkeit hat, Sexualität als einen Bestandteil der individuellen Persönlichkeit seines Patienten und dessen Paarbeziehung zu sehen und die Fragen unter Berücksichtigung der psychosozialen Lebenssituation des Patienten beantwortet;
— überzeugt ist, daß man psychogene Sexualstörungen eher mit den Mitteln eines ärztlichen Gesprächs als mit irgendwelchen Tabletten oder Kräutern behandeln sollte.

Auch das *Geschlecht* des Arztes spielt eine Rolle. Manche Patienten wollen Fragen ihrer Sexualität nur mit einem Arzt ihres Geschlechtes besprechen. Für andere spielt es keine Rolle, ob der ärztliche Gesprächspartner ein Mann oder eine Frau ist.

6.2 Wann sollten Fragen nach dem Sexualleben gestellt werden?

Im Grunde genommen gehören zu jeder eingehenden ärztlichen Anamnese Fragen nach der Sexualität. Die Fragen eignen sich jedoch weder für den Anfang noch das Ende einer Anamneseerhebung, sondern können am besten in der *Mitte des Gesprächs* gestellt werden. Fragen am Anfang der Anamnese können dem Patienten den Eindruck vermitteln, die Sexualität sei in bezug auf sein Gesundheitsproblem von vorrangiger Bedeutung. Fragen am Ende des Gesprächs können den Eindruck erwecken, Sexualität sei für das Wohlbefinden des Patienten nebensächlich oder der Arzt habe keine Zeit mehr, allfällige Fragen des Patienten zu beantworten. Wenn dagegen die Fragen im Verlauf des Anamnesegesprächs gestellt werden, hat der Arzt die Möglichkeit, auf die Reaktionen des Patienten näher einzugehen. Welche Möglichkeiten ihm dabei zur Verfügung stehen, soll noch eingehend dargestellt werden.

Nun ist es selbstverständlich nicht sinnvoll und wohl auch zeitlich kaum möglich, wenn ein Hausarzt einen Patienten, den er seit vielen Jahren kennt, bei jeder Konsultation auf sein Sexualleben anspricht. Fragen nach der Sexualität sind jedoch in *gewissen Lebensphasen* des Patienten und bei *bestimmten Krankheiten* von nicht zu unterschätzender Bedeutung und sollten dann auch gestellt werden.

Sexuelle Schwierigkeiten oder Störungen treten vor allem in *den* Lebensphasen auf, in denen *biologische Entwicklungsvorgänge oder Veränderungen und Änderungen in den familiären oder partnerschaftlichen Beziehungen* den Menschen vor die Notwendigkeit stellen, sein Sexualverhalten oder seine Einstellung zur Sexualität zu ändern. Solche *Lebensphasen* sind:

— Pubertät und Adoleszenz
— während der festen Bindung an einen Partner
— nach der Heirat
— während der Schwangerschaft und nach der Geburt von Kindern
— in den mittleren Lebensjahren (Klimakterium der Frau)
— bei Ehe- oder Familienkonflikten
— nach Trennung, Scheidung oder Tod eines Partners.

Krankheitsbedingte Änderungen in der Einstellung zur Sexualität, der sexuellen Funktionsfähigkeit und dem Sexualverhalten sind gegeben oder möglich:

— bei chronischen Erkrankungen
— vor und nach urologischen und gynäkologischen Operationen
— bei Erkrankungen der Geschlechtsorgane
— bei Verletzungen oder Erkrankungen an Organsystemen und Regelkreisen, welche die sexuellen Funktionen beeinflussen
— bei längerdauernder Behandlung mit Medikamenten, die die sexuelle Funktionsfähigkeit beeinflussen können
— bei funktionellen Beschwerden, insbesondere unklaren Bauchschmerzen, Schmerzen im kleinen Becken, Kopfschmerzen, Schwindelzuständen, Schlafstörungen und klimakterischen Beschwerden
— bei psychischen Erkrankungen.

Gemeinsam ist den geschilderten Lebensphasen und Erkrankungen der Umstand, daß der Mensch aufgrund innerer oder äußerer Faktoren seine Sexualität an eine neue Situation anpassen muß.

6.3 Welche Arten von Fragen eignen sich?

Nehmen wir an, Sie wollen einen Patienten nach seinem Verhältnis zur Selbstbefriedigung fragen. Dies könnten Sie etwa mit folgenden Fragen tun:

1. Wie sehen Sie die Selbstbefriedigung, welche Einstellung haben Sie dazu?
2. Wie oft machen Sie Selbstbefriedigung und welche Schwierigkeiten haben Sie damit?
3. Machen Sie Selbstbefriedigung?
4. Machen Sie etwa nicht gelegentlich Selbstbefriedigung?
5. Ich versuche mir vorzustellen, welche Einstellung Sie zur Selbstbefriedigung haben?

Die Antworten, die Sie auf diese Fragen von ein und demselben Patienten erhalten würden, würden Ihnen recht unterschiedliche Informationen bringen und möglicherweise ein uneinheitliches Bild von der Einstellung des Patienten zur Selbstbefriedigung geben. Wichtig ist zu wissen — und dies gilt nicht nur für das Gespräch über sexuelle Fragen, sondern ganz allgemein —, daß durch die Art der Fragestellung die Antworten des Patienten mit beeinflußt werden. Wie kann man die oben formulierten Fragen charakterisieren (20, 81)?

Frage 1 ist eine *offene* und *ungerichtete Frage,* die dem Patienten die größte Freiheit läßt, sich in irgendeiner Weise zu äußern. Sie verlangt jedoch die Möglichkeit und Bereitschaft, die Frage zu beantworten.
Frage 2 ist eine *offen gerichtete* Frage oder *Üblichkeitsfrage.* Dem Patienten wird dabei durch die Fragestellung vermittelt, daß Selbstbefriedigung etwas allgemein Übliches ist bzw. daß viele Leute mit der Selbstbefriedigung Schwierigkeiten haben. Der Arzt geht bei dieser Art der Fragestellung davon aus, daß der Patient Hemmungen hat, seine Einstellung offen zu äußern.
Frage 3 ist eine *geschlossene* und *gezielte* Frage. Der Patient kann auf diese Frage nur mit Ja oder Nein antworten, so daß der Informationsgehalt der Antwort relativ gering ist.
Frage 4 ist eine *Suggestivfrage.* Mit dieser Art von Fragen gibt der Arzt dem Patienten verbal oder averbal zu verstehen, welche Antwort er erwartet. In der oben formulierten Frage wäre die vom Patienten erwartete Antwort: doch, selbstverständlich.
Frage 5 ist eine *indirekte Frage.* Die indirekte Frage läßt offen, wer zunächst weitersprechen soll, der Arzt oder der Patient. Sie eignet sich für das Gespräch mit Patienten, die Hemmungen haben oder wenig gewillt sind, zu antworten.

Für die Sexualanamnese und Sexualberatung eignen sich am besten offene und ungerichtete Fragen für eine erste Orientierung über die grundsätzliche Bereitschaft und die Möglichkeiten des Patienten, über sexuelle Fragen zu sprechen. Üblichkeitsfragen und indirekte Fragen sollten verwendet werden, wenn der Patient Hemmungen und Widerstände hat, über seine Sexualität zu sprechen, dem Arzt ein Gespräch darüber aber wichtig erscheint. Wir werden darauf in Kaptiel 10 noch näher eingehen. Geschlossene und gezielte Fragen können bei·der Erhebung genauer zeitlicher Daten angebracht sein, liefern aber ansonsten ebenso wie die Suggestivfragen wenig oder gar falsche Information.

Wichtige Gesichtspunkte dieses Kapitels

Wie ein Gespräch über sexuelle Fragen abläuft und welche Schwierigkeiten dabei auftauchen, hängt nicht nur vom Patienten, sondern im gleichen Maße auch vom Arzt ab. Er beeinflußt den Ablauf und Inhalt des Gesprächs durch:

— seine *persönliche* Einstellung, seine Fähigkeit, sein Wissen, seine Rolle und sein Geschlecht;
— durch den *Zeitpunkt,* an dem er seinen Patienten auf seine Sexualität anspricht, sowohl was den Moment im Ablauf eines Gesprächs betrifft, wie die Lebenssituation des Patienten;
— durch die *Art* von Fragen, die er dem Patienten stellt.

Allgemein gilt, daß sich im Verlauf eines Gespräches die beteiligten Personen darüber verständigen und klären müssen: *Wer* redet *wann, wie,* mit *wem* über *was?*

7 Die Sexualanamnese: Wie zufrieden sind Sie mit Ihrer Sexualität?

7.1 Sexuelle Zufriedenheit und sexuelle Funktionsfähigkeit

Müssen alle Patienten, die eine sexuelle Störung haben, beraten werden? Hier stellt sich die Frage nach dem *Zusammenhang zwischen sexueller Funktionsfähigkeit und sexueller Zufriedenheit.* Wären alle Patienten, die sexuelle Störungen haben, mit ihrer Sexualität auch unzufrieden, würde die Sexualberatung in der ärztlichen Praxis eine zentrale Rolle spielen, da man — wie wir in Kapitel 1 gesehen haben — davon ausgehen kann, daß etwa jeder 4. Patient in der allgemeinärztlichen Praxis längerdauernde sexuelle Störungen hat. Gegenwärtig ist die Lage jedoch noch so, daß *wesentlich weniger Patienten sexuell unzufrieden als gestört sind.* Oder anders formuliert, viele Patienten mit sexuellen Störungen sind mit ihrem Sexualleben trotzdem nicht unzufrieden (49). Der Arzt wird — und dies gilt nicht nur für den Bereich der Sexualität — zunächst am *Wohlbefinden* seiner Patienten interessiert sein. Der Anspruch, eine Störung behandeln zu wollen, unter der der Patient nicht leidet, geht an der Realität der ärztlichen Praxis vorbei. Patienten sind im allgemeinen nur dann bereit, Ratschläge anzunehmen und genügend motiviert, bei einer Behandlung mitzumachen, wenn ein gewisser Leidensdruck vorhanden ist. Deshalb wird sich die Sexualberatung vorwiegend auf diejenigen Patienten konzentrieren müssen, die sexuelle Probleme haben *und* sich deshalb in ihrem Befinden beeinträchtigt fühlen. Es ist zu erwarten, daß die Zahl dieser Patienten in den nächsten Jahren zunehmen wird, da sich der Informationsstand der Bevölkerung über die Sexualität und die Möglichkeiten in der Behandlung sexueller Störungen verbessern wird. Bei Jugendlichen und jungen Erwachsenen läßt sich dieser Trend schon längere Zeit beobachten. Von ihnen werden sexuelle Störungen sensibler wahrgenommen, subjektiv als Schwierigkeit erlebt und als zu behandelndes Problem dem Arzt gegenüber vorgebracht.

Der Einwand, man sollte nicht *künstlich Behandlungsbedürftigkeit* erzeugen, wo keine besteht, ist für den Bereich sexueller Schwierigkeiten *nicht berechtigt.* Viele Patienten, die Probleme in ihrer Sexualität oder in ihren zwischenmenschlichen Beziehungen haben, präsentieren dem Arzt in der Sprechstunde zunächst Beschwerden, die nicht auf eine sexuelle Problematik hinweisen (54). Würden die Ärzte bei der Abklärung und Behandlung vor allem von sogenannten funktionellen Beschwerden häufiger mit ihren Patienten über deren Sexualleben sprechen, ließen sich die Dauer und damit auch die Kosten für die Behandlung dieser *Präsentiersymptome* wahrscheinlich wesentlich verringern.

Die *sexualmedizinischen Aufgaben* des Arztes beschränken sich jedoch nicht nur auf die Beratung und Behandlung bereits eingetretener Störungen. Sieht der Arzt seine Aufgabe auch in der *Information* und *Aufklärung* seiner Patienten über *mögliche Entstehungsbedingungen* von Störungen und Krankheiten, so sollte er dem Thema Sexualität sehr viel mehr Beachtung schenken. Auf diesen

Punkt, die Rolle des Arztes in der *Sexualaufklärung* und *Sexualinformation,* werden wir später noch näher eingehen.

7.2 Ausgangssituation und Zielsetzung eines sexualanamnestischen Gesprächs

Fragen zur Sexualität können im ärztlichen Gespräch entweder vom Patienten oder vom Arzt gestellt werden. Wie schon erwähnt, kommen nur ungefähr 4 % aller Patienten primär wegen eines sexuellen Problems in die Sprechstunde. Diese Patienten stehen unter einem Leidensdruck und sind meist genügend motiviert, mit ihrem Arzt über ihr Sexualleben zu sprechen. Die überwiegende Zahl der Patienten, die sexuelle Schwierigkeiten haben, suchen den Arzt jedoch wegen anderer mehr oder weniger schwerwiegender Krankheiten auf. Sie erwähnen in ihren Beschwerdeschilderungen ihre sexuellen Probleme nicht. Hier muß die Initiative zu Fragen nach der Sexualität vom Arzt ergriffen werden. In der ärztlichen Praxis ist folgende *Ausgangssituation* relativ häufig: Ein Patient kommt wegen irgendwelcher nichtsexueller Beschwerden. Der Arzt hat für die Konsultation — Gespräch und Untersuchung — im Ablauf seiner Sprechstunde eine beschränkte Zeit vorgesehen, nehmen wir an 20 Minuten. Stellt sich dabei heraus, daß der Patient mit seiner Sexualität unzufrieden ist, so kann der Arzt in der ihm zur Verfügung stehenden Zeit nur einen *ersten Eindruck* vom sexuellen Problem des Patienten gewinnen. Er sollte ihn, entweder alleine oder mit seiner Partnerin, noch einmal zu einer weiteren Konsultation vormerken, bei der er sich für das Gespräch 30-60 Minuten Zeit nehmen kann. Hat der Arzt für die erste Untersuchung des Patienten schon ausreichend Zeit zur Verfügung, so kann er im Rahmen seiner Anamneseerhebung ausführlicher auf die Sexualität des Patienten eingehen. Je nach Schwere des Problems kann die Erhebung der Anamnese auch mehrere Konsultationen erfordern.

Die Anamneseerhebung sollte sich besonders auf das *sexuelle Erleben* und auf die *Zufriedenheit mit dem Sexualleben* konzentrieren. Die Abklärung der *sexuellen Funktionsfähigkeit* sollte dabei nicht vergessen werden, aber nicht ausschließlich Inhalt des Gespräches sein. Das subjektive Erleben des Patienten, die Beziehung zu seinem Partner, die Situation in der Familie, sein Verhältnis zu seiner Herkunftsfamilie und seine außerfamiliären Kontakte sind wichtige Fragen, um den Stellenwert einer sexuellen Störung und die Möglichkeiten zu ihrer Behandlung beurteilen zu können (20, 92). Durch die Gewichtung und Ausrichtung seiner Fragen kann der Arzt dem Patienten indirekt zu verstehen geben, was nach seiner Meinung für ein befriedigendes Sexualleben wichtig ist. Dies ist nach meiner Auffassung in weit höherem Maße die sexuelle Erlebnisfähigkeit als die sexuelle Funktionsfähigkeit.

Im folgenden soll anhand eines sexualanamnestischen Gesprächs mit einer 28jährigen Patientin, die keine besonderen Hemmungen hatte, über ihre Sexualität zu sprechen, der mögliche Ablauf einer Sexualanamnese veranschaulicht werden. Die Patientin hatte sich wegen Bauch- und Kopfschmerzen bei ihrem Hausarzt zu einer eingehenden Untersuchung angemeldet. Das Gespräch ist in *einzelne*

Phasen unterteilt, die nach dem jeweiligen Gesprächsabschnitt eingehender erläutert werden.

7.3 Die Anfangsphase des Gesprächs

A.: Frau Huber, Sie haben sich zu einer Untersuchung bei mir angemeldet. Könnten Sie mir schildern, welche Beschwerden Sie haben?

Pat.: Seit längerer Zeit habe ich immer wieder Bauchschmerzen und Kopfschmerzen, die mir Sorge machen.

A.: Könnten Sie mir etwas eingehender schildern, wo Sie die Schmerzen haben und seit wann sie aufgetreten sind.

Pat.: Kopfschmerzen hatte ich immer schon gelegentlich, vor allem über der Stirn. Aber seit ungefähr zwei Jahren habe ich fast täglich Kopfschmerzen und jede Woche auch noch zwei oder drei Tage Bauchschmerzen.

Der Arzt erkundigt sich dann genau nach der Symptomatik sowohl der Kopf- als auch der Bauchschmerzen und wesentlicher Vorerkrankungen. (Falls Anhaltspunkte für eine organische Genese der Beschwerden bestehen, könnte z. B. hier die *somatische Untersuchung* eingeschoben werden). In diesem Fall hat er die Vermutung, die Beschwerden könnten im Zusammenhang mit ehelichen Schwierigkeiten der Patienten stehen und fährt deshalb im Gespräch fort.

A.: Wie ist das denn für Ihren Mann, wenn Sie immer wieder diese Schmerzen haben?

Pat.: Anfänglich hatte er noch Verständnis und hat mir im Haushalt ab und zu geholfen, aber seit er sich selbständig gemacht hat, hat er dafür keine Zeit mehr.

A.: Was arbeitet Ihr Mann?

Pat.: Er ist Schreiner und hat jetzt seit zwei Jahren einen eigenen kleinen Betrieb mit zwei Lehrlingen.

A.: Seit wann sind Sie verheiratet?

Pat.: Seit 6 Jahren.

A.: Haben Sie Kinder?

Pat.: Ja, zwei Buben. Stephan, der wird im nächsten Monat 5 Jahre alt und Markus ist 2 Jahre.

A.: Wie geht es den Kindern, sind sie gesund?

Pat.: Gesund sind sie schon, aber vor allem Markus ist sehr lebhaft und kommt häufig auch während der Nacht.

A.: Wie kommen Sie mit den Kindern sonst zurecht?

Pat.: Die Kinder, das ginge ja noch. Aber ich mache meinem Mann die Buchhaltung und da sitze ich häufig bis spät in die Nacht.

A.: Haben Sie denn dann noch etwas Zeit, wo sie mit Ihrem Mann einmal ungestört sein können?

Pat.: Seit er den Betrieb hat, praktisch nicht mehr.

A.: Ich könnte mir vorstellen, daß diese Belastungen mit den Kindern und der Arbeit Ihres Mannes *auch Auswirkungen auf Ihr Intimleben haben. Wie ist es denn mit der Sexualität, sind Sie damit zufrieden?*

Pat.: Das klappt nicht mehr so gut.

A.: Könnten Sie mir das etwas genauer schildern, was im Sexuellen nicht mehr so gut klappt?

Pat.: Ich habe praktisch gar kein Bedürfnis mehr zum Geschlechtsverkehr. Mein Mann könnte jeden Abend mit mir schlafen, aber es tut mir jedesmal weh, wenn wir Liebe machen.

Kommentar zur Anfangsphase:

Zunächst erkundigt sich der Arzt nach der genauen Symptomatik und der Dauer der Beschwerden. Aufgrund der Schilderungen der Patientin hat er den Verdacht, die Beschwerden könnten funktioneller Genese sein und stellt Fragen zur Ehe- und Familiensituation der Patientin. Dabei erfährt er, daß die Zunahme der Beschwerden zeitlich mit zwei wichtigen Familienereignissen zusammenfallen: der Geburt des zweiten Kindes und der Eröffnung des eigenen kleinen Handwerkbetriebs. Beide Ehepartner haben kaum mehr Zeit füreinander. Die erste Frage nach der Sexualität wird so gestellt, daß die Patientin den Eindruck hat, ihre sexuellen Schwierigkeiten werden von ihrem Arzt nicht als etwas Außergewöhnliches angesehen. Die Frage nach ihrer sexuellen Zufriedenheit beantwortet sie recht genau: In der sexuellen Appetenz bestehen zwischen ihren Bedürfnissen und denen des Mannes deutliche Unterschiede. Zusätzlich hat sie wahrscheinlich eine Dyspareunie.

Ziele der Anfangsphase eines Anamnesegespräches sind:

— eine genaue Exploration der Vorerkrankungen und der Symptomatik und Dauer der nichtsexuellen Beschwerden, die den Patienten zum Arzt geführt haben;
— falls Anhaltspunkte für eine psychogene Genese der Beschwerden bestehen, Orientierung über die persönlichen Beziehungen des Patienten;
— eine erste recht allgemein formulierte Frage zur Sexualität mit dem Ziel, dem Patienten die Möglichkeit zu geben, seine sexuellen Schwierigkeiten in seiner Sprache darzustellen. Fragen zur Sexualität können bei Frauen z.B. im Zusammenhang mit der gynäkologischen, beim Mann mit der urologischen Anamnese gestellt werden. Auch Fragen nach der familiären Situation des Patienten, besonders seiner Beziehung zu seinem Partner eignen sich zum Einstieg in die eigentliche Sexualanamnese.

7.4 Inhalt und Gliederung der eigentlichen Sexualanamnese

Auf die ersten Äußerungen der Patientin über ihre sexuellen Schwierigkeiten fährt der Arzt im Gespräch fort:

A* A.: Für viele Patienten ist es gar nicht so einfach, mit ihrem Arzt über ihre Sexualität zu sprechen. Teilweise haben sie Hemmungen oder es fehlen ihnen ganz einfach die Worte, um ihre sexuellen Schwierigkeiten genau schildern zu können. Für mich ist es aber wichtig, mit Ihnen ausführlich und sehr genau über Ihre sexuellen Beziehungen zu sprechen, damit ich mir ein Bild von Ihren Schwierigkeiten machen kann. Wenn Sie dabei Mühe haben, die eine oder andere Frage zu beantworten, macht das gar nichts. Ich glaube, daß es uns gemeinsam schon gelingen wird, die wichtigen Punkte zu klären. Vielleicht wäre es auch sinnvoll, wenn wir in einem weiteren Gespräch mit Ihrem Mann seine Meinung zu den Schwierigkeiten in Ihren sexuellen Beziehungen hören könnten. Was mich jetzt zunächst interessieren würde, ist eigentlich das, was Ihnen in den körperlichen Beziehungen zu Ihrem Mann Spaß macht?

B* Pat.: Was ich immer gern habe, ist, wenn mich mein Mann einfach in die Arme nimmt und wir dann

---

* Die Buchstaben am linken Rand des Gesprächstextes kennzeichnen die wesentlichen Schritte bei der genauen Abklärung der sexuellen Störung. Sie werden im Anschluß an den Gesprächstext erläutert.

ruhig nebeneinanderliegen. Auch wenn er mich am Rücken massiert, empfinde ich das als sehr angenehm. Nur ist das in letzter Zeit kaum mehr vorgekommen.

A.: Was hat Sie daran gehindert, daß Sie das nicht mehr so häufig machen?

Pat.: Meistens sind wir beide abends so müde, daß wir uns dafür keine Zeit mehr nehmen.

A.: Seit wann haben sich denn Ihre sexuellen Beziehungen verschlechtert, waren Sie am Anfang Ihrer Ehe mit Ihren sexuellen Beziehungen zufriedener?

Pat.: Wir hatten schon vor der Heirat sexuelle Kontakte. Das ging eigentlich von Anfang an sehr gut. Die ersten Schwierigkeiten kamen während der ersten Schwangerschaft.

A.: Was hat sich damals verändert?

Pat.: Ich war sehr müde, manchmal war es mir auch schlecht und dann hatte ich keine Lust mehr zum Verkehr. Mein Mann hatte zwar dafür Verständnis, aber irgenwie war er doch unzufrieden.

A.: Konnten Sie damals miteinander über die Veränderung in Ihrem Sexualleben sprechen?

Pat.: Nein, ich dachte auch, daß sich das nach der Geburt wieder bessern würde.

A.: Wie war das denn nach der Geburt Ihres ersten Sohnes?

Pat.: Es wurde wieder besser. Wir hatten zwar nicht mehr so häufig Verkehr wie davor, aber wir waren eigentlich beide damit zufrieden.

A.: Und während der zweiten Schwangerschaft, wie war es da?

Pat.: Da hatten wir gar keinen Verkehr. Mein Mann war damals abends häufig weg, da er viel Arbeit mit der Eröffnung seiner eigenen Schreinerei hatte. Ich war darüber ganz froh und er hat den Verkehr damals wahrscheinlich auch nicht so vermißt.

A.: Und nach der Geburt von Markus?

Pat.: Da ging es eigentlich mit den Schwierigkeiten richtig los. Ich kann mich noch genau erinnern, als wir zum ersten Mal wieder Verkehr hatten, da hat es mir ziemlich weh getan.

A.: Wann war das?

Pat.: Ungefähr drei Monate nach der Geburt.

A.: Was hat Ihnen damals weh getan, das Einführen des Gliedes oder das Hin- und Herbewegen in der Scheide?

Pat.: Vor allem das Einführen des Gliedes war schmerzhaft. Danach ging es einigermaßen.

A.: Haben sich die Schmerzen dann wieder verloren?

Pat.: Nein, eigentlich nicht mehr seither. Es tut mir praktisch bei jedem Verkehr weh, deshalb habe ich auch keine Lust mehr, mit meinem Mann zu schlafen.

A.: Wie häufig haben Sie denn durchschnittlich Geschlechtsverkehr?

Pat.: Ein- bis zweimal pro Woche.

C* A.: Da wäre für mich sehr wichtig, ganz genau zu wissen, wie das eigentlich abläuft, wenn Sie mit Ihrem Mann Verkehr haben. Vielleicht ist das für Sie ungewohnt, so genau über Ihre sexuellen Beziehungen zu sprechen. Aber ich kann mir ein besseres Bild machen, wenn ich weiß, wie die sexuellen Beziehungen zwischen Ihnen genau sind. Am besten kann man das anhand des letzten Geschlechtsverkehrs besprechen. Wann haben Sie das letzte Mal mit Ihrem Mann Verkehr gehabt?

Pat.: Gestern abend.

A.: Wie war das denn gestern abend? Haben Sie zusammen zu Nacht gegessen, wie war die Stimmung?

Pat.: Nein, mein Mann kam erst nach 22 Uhr nach Hause. Dann hat er noch etwas gegessen und noch eine Zeitlang Fernsehen geschaut.

A.: Was haben Sie in dieser Zeit getan?

Pat.: Ich hatte noch mit der Wäsche zu tun und war beim Bügeln.

A.: Und wie ging es dann weiter?

Pat.: Ja dann sind wir so gegen 23 Uhr ins Bett gegangen.

A.: Miteinander?

Pat.: Ja.

A.: Wie ist Ihr Schlafzimmer, fühlen Sie sich darin wohl, haben Sie zwei Betten oder ein französisches Ehebett?

Pat.: Wir haben zwei Betten nebeneinander.

A.: Hat sich dann jeder alleine ausgezogen oder haben Sie sich gegenseitig ausgezogen?

Pat.: Nein, jeder hat sich alleine ausgezogen.

A.: Und dann?

Pat.: Dann sind wir ins Bett gegangen.

A.: Kam dann Ihr Mann zu Ihnen ins Bett oder gingen Sie zu Ihrem Mann ins Bett?

Pat.: Mein Mann kam zu mir.

A.: Wie war das für Sie?

Pat.: Ich dachte, hoffentlich will er nichts mehr von mir.

A.: Wer hat dann mit Zärtlichkeiten angefangen?

Pat.: Mein Mann.

A.: Wo hat er Sie gestreichelt?

Pat.: Zuerst an der Brust . . .

A.: Hat er Sie davor auch im Gesicht, an den Schultern oder am Rücken gestreichelt?

Pat.: Nein, ich merkte dann schon, daß er mit mir schlafen wollte. Und dann ist es mir am liebsten, wenn das möglichst schnell vorbeigeht . . .

A.: Haben Sie Ihren Mann auch gestreichelt?

Pat.: Nein, eigentlich nicht.

A.: War das gestern nur zufällig so oder ist Ihr Mann immer derjenige, der die Initiative ergreift?

Pat.: Eigentlich immer mein Mann.

A.: Hat es Ihr Mann nicht gern, wenn Sie ihn streicheln?

Pat.: Doch, er hat es eigentlich ganz gern, aber ich war einfach zu müde.

A.: Können Sie das Ihrem Mann sagen, wenn Sie müde sind und keine Lust mehr haben zum Verkehr?

Pat.: Meistens sage ich nichts.

A.: Weshalb nicht?

Pat.: Mein Mann ist dann etwas sauer, wenn ich ihn abweise.

A.: Können Sie eigentlich mit Ihrem Mann über Ihre Sexualität sprechen?

Pat.: Nein, eigentlich haben wir das bisher noch nicht getan. Aber es liegt ja an mir, daß es nicht mehr klappt.

A.: Ich habe den Eindruck, daß das mit Ihnen beiden zusammenhängt und auch mit den Belastungen, die Sie im Augenblick haben. Aber wie ging das dann weiter, gestern abend? Ihr Mann hat Sie an der Brust gestreichelt, war das für Sie angenehm?

Pat.: Das habe ich ganz gern, aber ich wußte dann schon, daß er wieder Verkehr haben will und dann dachte ich, hoffentlich geht das schnell und tut nicht so weh.

A.: Hat Ihr Mann Sie dann auch noch am Scheideneingang gestreichelt?

Pat.: Nur kurz, mir ist das dann eher unangenehm.

A.: Was ist Ihnen unangenehm?

Pat.: Wenn er mich am Kitzler streichelt, das habe ich nicht so gern.

A.: Und wenn Sie sich selbst an den Schamlippen und am Kitzler berühren, wie ist es dann für Sie?

Pat.: Das ist eigentlich recht angenehm. Das mache ich manchmal, wenn ich Selbstbefriedigung mache.

A.: Wie oft machen Sie Selbstbefriedigung?

Pat.: Ein- oder zweimal im Monat.

A.: Haben Sie dabei auch Schmerzen?

Pat.: Nein.

A.: Welche Einstellung haben Sie zur Selbstbefriedigung, haben Sie da irgendwie Hemmungen oder ein schlechtes Gewissen?

Pat.: Nein, das habe ich nicht.

A.: Und wie ging das dann gestern abend weiter mit Ihrem Mann?

Pat.: Ja, er hat dann eigentlich recht bald das Glied eingeführt.

A.: Hat es Ihnen weh getan?

Pat.: Ja.

A.: Wann genau tut es Ihnen weh?

Pat.: Wenn mein Mann das Glied einführt.

A.: Haben Sie dann den Eindruck, daß Sie sich verkrampfen?

Pat.: Ein bißchen schon.

A.: Kann denn Ihr Mann das Glied einführen?

Pat.: Ja, es geht schon, aber es tut eben weh am Anfang.

A.: Und wenn Ihr Mann das Glied dann hin- und herbewegt, tut es dann auch noch weh?

Pat.: Weniger.

A.:   Kommen Sie dann zum Orgasmus?
Pat.:   Den hab ich mit meinem Mann schon lange nicht mehr gehabt.
A.:   Und Ihr Mann, wie schnell kommt er zum Orgasmus?
Pat.:   Das ist normal.
A.:   Was meinen Sie damit?
Pat.:   Ja, nach einer Weile, wenn er genügend erregt ist.
A.:   Also das heißt, daß er nicht relativ schnell nach dem Einführen des Gliedes zum Orgasmus kommt?
Pat.:   Nein.
A.:   Woran denken Sie denn beim Verkehr?
Pat.:   Wie meinen Sie das?
A.:   Womit beschäftigen Sie sich in Gedanken, denken Sie an Ihren Mann, an einen andern Mann oder an was denken Sie?
Pat.:   Ich denke nur, hoffentlich ist es bald vorbei.
A.:   Und nach dem Orgasmus Ihres Mannes, wie war das dann gestern abend?
Pat.:   Dann ist mein Mann in sein Bett gegangen.
A.:   Und Sie, wie war das denn für Sie?
Pat.:   Ich bin auch schnell eingeschlafen.
A.:   Was sagt denn Ihr Mann zu Ihren Schwierigkeiten?
Pat.:   Anfangs hatte er noch Verständnis, aber seit einigen Monaten macht er mir Vorwürfe, ich hätte ihn nicht mehr gern.
A.:   Wie sieht das von Ihnen her aus, haben Sie Ihren Mann gern?
Pat.:   Ich mag ihn sehr, aber das mit der Sexualität belastet unsere Beziehung schon.
A.:   Haben Sie oder hat Ihr Mann in letzter Zeit eine außereheliche Beziehung gehabt?
Pat.:   Nein, da bin ich sicher, das würde mein Mann nicht tun.
D* A.: Vielleicht lassen wir das mal jetzt mit Ihren augenblicklichen Schwierigkeiten. Bevor ich Ihnen meinen Eindruck sage, würde mich eigentlich noch interessieren, wie das bei Ihnen mit der sexuellen Aufklärung und Entwicklung war. Haben Sie als Kind Dökterlesspiele gemacht?
Pat.:   Ja, das habe ich mit einigen Nachbarskindern verschiedentlich gemacht.
A.:   Was meinten Ihre Eltern dazu?
Pat.:   Die wußten davon nichts.
A.:   Wie wurden Sie sexuell aufgeklärt?
Pat.:   Meine Mutter hat mir das mit der Monatsblutung gesagt, als ich 12 Jahre alt war, aber sonst habe ich das meiste von meiner älteren Schwester erfahren.
A.:   Wann hatten Sie die erste Periode?
Pat.:   Mit 14 Jahren.
A.:   Und wann haben Sie mit Selbstbefriedigung angefangen?
Pat.:   Eigentlich erst nach der Heirat. Davor dachte ich, daß man das als Frau nicht tut.
A.:   Wie war denn die Beziehung Ihrer Eltern zueinander? Haben sie in Anwesenheit der Kinder Zärtlichkeiten ausgetauscht?
Pat.:   Das nicht, aber gestritten haben sie sich auch nicht, wenn wir dabei waren.
A.:   Haben Sie in Ihrer Kindheit oder Jugend irgendwelche unangenehmen sexuellen Erfahrungen gemacht, daß Sie jemand belästigt oder betastet hat oder Sie verführen wollte?
Pat.:   Beim ersten Geschlechtsverkehr wurde ich von meinem damaligen Freund schon etwas überrumpelt. Ich habe das nicht als angenehm erlebt, aber so schlimm war es auch nicht.
A.:   Wie alt waren Sie damals?
Pat.:   18 Jahre.
A.:   Haben Sie dann vor Ihrem späteren Mann auch noch mit anderen Männern Beziehungen gehabt?
Pat.:   Nein, ich habe meinen Mann mit 19 Jahren kennengelernt.
A.:   Vor der Heirat, wie waren da die sexuellen Beziehungen mit Ihrem jetzigen Mann?
Pat.:   Es ging eigentlich recht gut. Er hatte wesentlich mehr Erfahrung als ich, aber er war mir gegenüber immer sehr rücksichtsvoll.
A.:   Welche Art von Empfängnisverhütung machen Sie?
Pat.:   Ich nehme die Pille und vertrage sie eigentlich recht gut.

Kommentar zu diesem Gesprächsabschnitt

Bevor der Arzt die erste Frage stellt, gibt er der Patientin einige wichtige Mitteilungen *(Abschnitt A):* Wenn Sie beim Gespräch über Ihre sexuellen Probleme Schwierigkeiten haben, ist das nichts Ungewöhnliches. Ich werde Ihnen helfen, Ihre Probleme zu schildern. Möglicherweise wird es notwendig sein, Ihren Mann in die Beratung mit einzubeziehen. Durch diese Äußerungen versucht der Arzt, mögliche *Ängste* und *Hemmungen* vor dem Gespräch *abzubauen* und bietet der Patientin für das Gespräch seine Hilfe an. Darüberhinaus gibt er bereits hier zu verstehen, daß er sexuelle Schwierigkeiten nicht als individuelles, sondern als ein Beziehungsproblem ansieht. Schließlich erkundigt er sich zunächst nach dem, was der Patientin in ihrer Beziehung zu ihrem Mann Freude macht. Diese Gesprächsführung zielt darauf ab, mögliche *Widerstände* der Patientin zu *umgehen* und sie für die Exploration ihrer sexuellen Probleme zu *motivieren.*

Abschnitt B beinhaltet die *partnerbezogenen sexuellen Erfahrungen* der Patientin: Was macht ihr heute Freude, gab es eine Phase in der Beziehung ohne sexuelle Schwierigkeiten? Wann haben diese angefangen? Welche Ereignisse und welche Verhaltensweisen haben die sexuellen Probleme begünstigt? Wie ist das Paar mit den sexuellen Schwierigkeiten bisher umgegangen?

Im *Abschnitt C* versucht der Arzt anhand einer genauen *Exploration des Ablaufs* und des *Erlebens des letzten Geschlechtsverkehrs* die gegenwärtige Situation der sexuellen Beziehungsstörungen zu klären: In welcher Situation ergreift welcher der beiden Partner die Initiative zum Geschlechtsverkehr? Wie ist die Atmosphäre im Schlafzimmer? Wie verständigen sich beide Partner, ob sie zum Geschlechtsverkehr Lust haben? Wie tauschen sie Zärtlichkeiten aus? Wie reagieren die Partner auf sexuelle Zurückweisung? Können beide über ihre sexuellen Schwierigkeiten miteinander sprechen? Nehmen sie ihre Empfindungen im Verlauf der sexuellen Interaktion wahr? Welche Phase der sexuellen Interaktion ist gestört? Welche sexuellen Phantasien hat die Patientin während des Geschlechtsverkehrs? Welche Auswirkungen haben die sexuellen Schwierigkeiten auf die übrigen Bereiche der Paarbeziehung? Hat einer der beiden Partner eine außereheliche Beziehung?

Ziel dieser genauen Exploration ist das Auffinden von Faktoren, welche die Entstehung und Aufrechterhaltung der sexuellen Störung begünstigt haben (Ängste, Kommunikationsschwierigkeiten, Verhaltensweisen, Einstellungen). In einem weiteren Schritt wird dann der Stellenwert der sexuellen Störung für die Paarbeziehung zu klären versucht.

Schließlich erkundigt sich der Arzt in *Abschnitt D* nach der *sexuellen Entwicklung* der Patientin: Wie waren die sexuellen Kindheitserlebnisse, die sexuelle Aufklärung, die ersten sexuellen Erfahrungen? Liegen sexuell traumatisierende Erfahrungen vor? Wie waren die sexuellen Erfahrungen mit andern Partnern? In dieser Gesprächsphase geht es vor allem um *Erfahrungen, welche die sexuelle Entwicklung geprägt und eventuell behindert haben.*

Kurz zusammengefaßt *umfaßt die Sexualanamnese* die Klärung

— der augenblicklichen sexuellen Beziehungsstörung aus der Sicht des Patienten ;

— der sexuellen Entwicklung in der Partnerschaft/Ehe;
— der individuellen sexuellen Entwicklung in der Kindheit und Jugend.

Nach meiner Erfahrung fällt es vielen Patienten leichter, über ihre sexuellen Schwierigkeiten zu sprechen, wenn sie sich zunächst über ihre positiven sexuellen Erfahrungen geäußert haben. Auch sollte die Reihenfolge der Besprechung der positiven und negativen sexuellen Erfahrungen im Einzelfall flexibel gehandhabt werden.

7.5 Die Abschlußphase des Gesprächs

Am Ende der Sexualanamnese sollte der Arzt versuchen, die *wesentlichen Punkte des Gesprächs* zusammenzufassen und eine *erste Beurteilung der sexuellen Probleme* aus seiner Sicht geben und einen *Vorschlag* für das *weitere Vorgehen* machen. Hierzu die Abschlußphase unseres Gesprächsbeispiels:

A.: Nachdem Sie mir Ihre augenblicklichen Schwierigkeiten und die Beziehung zu Ihrem Mann so ausführlich geschildert haben, möchte ich versuchen, einige Punkte zusammenzufassen, die mir wichtig erscheinen. Wenn ich es recht sehe, haben Ihre sexuellen Schwierigkeiten mit den Schwangerschaften und vor allem nach der Geburt Ihres 2. Kindes angefangen. Offenbar ist damals in der Beziehung zu Ihrem Mann eine Änderung eingetreten. Wahrscheinlich hat auch die berufliche Belastung Ihres Mannes durch die Eröffnung des eigenen Betriebes eine Rolle gespielt. Ich habe den Eindruck, daß Sie in Ihrer Beziehung vielleicht in eine Krise geraten sind und Ihre Kopf- und Bauchschmerzen zum Ausdruck bringen, daß Ihnen dabei nicht so ganz wohl ist. Ich möchte zwar durch einige Untersuchungen noch eine organische Ursache Ihrer Beschwerden ausschließen. Aber ich könnte mir gut vorstellen, daß die sexuellen Schwierigkeiten mit Ihren Kopf- und Bauchschmerzen in Zusammenhang stehen. Was Ihnen offenbar bisher nicht möglich gewesen ist, ist mit Ihrem Mann über Ihre sexuellen Probleme zu sprechen. Ich würde es gut finden, wenn wir einmal zu dritt, gemeinsam mit Ihrem Mann, über Ihre augenblickliche Beziehung sprechen würden. Ich denke, daß es auch wichtig ist, die Ansicht Ihres Mannes zu hören. Wir könnten uns dann gemeinsam überlegen, was Sie allenfalls in Ihrer Beziehung ändern könnten. Glauben Sie, daß Ihr Mann bereit wäre, zu einem Gespräch vorbeizukommen.

Pat.: Ich könnte mir schon vorstellen, daß er einmal zu einer Besprechung mitkommt. Aber ist das denn nötig, die Schwierigkeiten habe ja nur ich?

A.: Die Schmerzen und mangelnde Lust zum Geschlechtsverkehr haben Sie, das stimmt. Aber ich vermute, daß Ihr Mann mit dem augenblicklichen Sexualleben in Ihrer Ehe ebenfalls nicht zufrieden ist.

Pat.: Das stimmt, das hat er immer mal wieder gesagt.

A.: Nach meiner Erfahrung ist es viel leichter, sexuelle Schwierigkeiten eines Ehepaares zu behandeln, wenn ich mit beiden Partnern sprechen und sie beraten kann. Ich würde vorschlagen, daß Sie mit Ihrem Mann am . . . . noch einmal vorbei kommen.

Kommentar zur Abschlußphase:

Die Äußerungen des Arztes beinhalten einerseits eine *vorläufige Hypothese über die Entstehung* der sexuellen Schwierigkeiten: Die Geburt der beiden Kinder und die berufliche Entwicklung des Mannes haben zu Änderungen in der Paarbeziehung geführt, die das Paar noch nicht bewältigt hat. Zum andern gibt der Arzt eine *Beurteilung der sexuellen Schwierigkeiten* aus seiner Sicht: Es handelt sich nicht um ein individuelles Problem der Frau, sondern um ein *Beziehungspro-blem,* welches nur unter Einbeziehung des Mannes gelöst werden kann. Die Frau äußert zwar leichte Zweifel an der Auffassung des Arztes, ist jedoch zu einem gemeinsamen Gespräch bereit.

Ohne Zweifel ist es eher ungewöhnlich, daß ein Patient bei der Erhebung einer Sexualanamnese so wenig Hemmungen und Widerstände hat wie diese Frau. In diesem Kapitel sollte aber vor allem der *Inhalt* und *Ablauf* einer Sexualanamnese dargestellt werden. Wie der Arzt mit den verschiedensten *Widerständen* seiner Patienten umgehen kann, wird zusammenfassend in Kapitel 9 dargestellt.

Zusammenfassung: Inhalt und Gliederung einer Sexualanamnese

Anfangsphase:

— Klärung möglicher anderer oder zusätzlicher Beschwerden;
— Orientierung über die Lebenssituation (Beruf, Ehe- oder Partnerschaftsdauer, Kinder, soziale Belastungen).
— Eröffnungsfrage: Wie sind Sie mit Ihrem Sexualleben zufrieden? Der Patient soll hier die Möglichkeit haben, die sexuellen Schwierigkeiten mit seinen Worten zu formulieren. Der Arzt erhält den ersten Eindruck über Hemmungen und Widerstände des Patienten.

Mittelphase: Augenblicklicher Zustand der sexuellen Schwierigkeiten

— nicht gestörte und gestörte Bereiche der Paarbeziehung;
— Exploration der sexuellen Interaktion anhand des letzten Geschlechtsverkehrs (Atmosphäre bei der Annäherung, verbale und averbale Kommunikation, Empfindungen, Phantasien, Störungen in den sexuellen Körperreaktionen, Antikonzeption, Hemmungen, Ängste, Ekelgefühle, Normvorstellungen, Tabus, religiöse Skrupel, Vermeidungsverhalten);
— Einstellung zur Masturbation, oralem Sex, außerehelichen Beziehungen;
— Auswirkungen der sexuellen Störung auf die Paarbeziehung.

Entstehung der sexuellen Schwierigkeiten

— sexuelle Beziehung vor Auftreten der Störung
— Lebenssituation und Paarbeziehung beim erstmaligen Auftreten der sexuellen Störungen
— Dauer der Störung
— Auslösende Faktoren
— Reaktion beider Partner auf die Störung
— die Aufrechterhaltung oder Zunahme der sexuellen Symptomatik begünstigende Faktoren
— bisherige Versuche des Paares, das sexuelle Problem zu lösen.

Sexuelle Entwicklung beider Partner

— sexuelle Atmosphäre im Elternhaus (Tabus, verführerisches Verhalten)

— Beziehung der Eltern zueinander
— sexuelle Kindheitserlebnisse (Dökterles-Spiele, Masturbation, traumatisierende Erfahrungen)
— sexuelle Aufklärung
— erste hetero- und homosexuelle Erfahrungen
— sexuelle Erfahrungen und Schwierigkeiten mit anderen Partnern.

Abschlußphase:

— Zusammenfassung der wichtigsten Aussagen durch den Arzt
— erste Beurteilung der augenblicklichen Störung und deren Entstehung
— Motivierung für weitere Einzel- und Paargespräche

8 Vom Einzel- zum Paargespräch

8.1 Ausgangssituation vor einem Paargespräch

Beziehungsstörungen sind besser zu beurteilen und leichter zu behandeln, wenn man beide Partner in die Beratung einbezieht. Auch wenn häufig nur der Mann oder die Frau die Symptomatik einer sexuellen Funktionsstörung entwickeln, drückt sich darin doch ein *gemeinsames Problem* in der Beziehung der Partner zueinander aus. Wie wir in Kapitel 3 bei der Besprechung der *dyadischen Gründe* sexueller Funktionsstörungen gesehen haben, sind sexuelle Symptombildungen häufig Ausdruck einer *Kollusion* (90), d. h. eines überwiegend unbewußten Zusammenspiels zweier Partner in einem gemeinsamen Grundkonflikt. Einer übernimmt dabei die Rolle des *Symptomträgers*, der andere die Rolle des *Symptompflegers*. Oder anders formuliert, der Partner ohne manifeste Störung kann durch sein Verhalten dazu beitragen, daß die sexuellen Symptome beim andern entstehen und bestehen bleiben.

Sowohl bei Patienten wie Ärzten ist heute noch die Vorstellung weit verbreitet, Krankheiten und Symptombildungen seien Ausdruck einer *Störung im Individuum*. Der Gedanke, daß der Symptomträger durch seine Beschwerden eine *Störung in einem Beziehungssystem* (Paarbeziehung, Familienbeziehungen) signalisiert, ist vielen Ärzten trotz der Entwicklung der Paar- und Familientherapie noch fremd und unvertraut. Selbst wenn Beziehungsstörungen als Ursache von Symptombildungen akzeptiert werden, können viele Ärzte dieser Überzeugung in ihren Gesprächen und Behandlungen nicht Rechnung tragen. Ihre Fragen richten sich überwiegend an Einzelpersonen und nicht an ein gemeinsames Paar. Auch bei Patienten ist die Vorstellung noch tief verwurzelt, Krankheitsursachen müsse man im Individuum suchen und nicht auf der Ebene der zwischenmenschlichen Beziehungen. Deshalb sieht sich der Arzt, der mit einem Paar ein gemeinsames Gespräch über sexuelle Störungen führen will, verschiedenen Schwierigkeiten gegenüber.

Mit welchen *Erwartungen* kommt ein Paar in die Sprechstunde? Jeder der beiden befürchtet, ihm werde die *Schuld* am Auftreten der Störung zugeschoben. Unausgesprochen haben beide Partner die Erwartung, in einem Paargespräch gehe es vor allem darum, den Sündenbock zu finden. Jeder rechnet damit, er werde vom Arzt mehr kritisiert als der andere und stehe am Ende als der Dumme da. Unterschwellig fürchten beide, sie könnten vom Partner verlassen werden, wenn der Arzt den Schuldigen ausfindig gemacht hat. Letztlich empfinden viele Patienten die Einladung zu einem Paargespräch zunächst einmal als Vorladung zu einer Art Gerichtsverhandlung, in welcher der Arzt über jeden sein Urteil spricht. Für den Arzt ist es sehr wichtig, in seiner Gesprächsführung diese möglichen Befürchtungen der beiden Partner zu berücksichtigen.

Auch für den Arzt ist die Ausgangssituation vor einem Paargespräch nicht einfach. Gegenüber den beiden Partnern ist er in der Minderzahl, also von der Zahl der Anwesenden her in der *unterlegenen Position*. Ist ihm diese Rolle unangenehm, so läuft er Gefahr, sich mit *einem* der beiden Partner *gegen den andern* zu verbünden. Vor allem, wenn er schon mit einem der Partner ein erstes Gespräch geführt hat, besteht die Gefahr, daß er sich offen oder indirekt mit dessen Auffassungen solidarisiert. Die Folge einer solchen *einseitigen Parteinahme* ist jedoch, daß der Arzt in die offenen oder unterschwelligen Auseinandersetzungen eines Paares einbezogen wird und seine Möglichkeiten als Berater *beiden* zu helfen, vergibt. Deshalb ist von seiten des Arztes eine *neutrale Haltung* beiden Partnern gegenüber eine der wichtigsten Voraussetzungen für das Gelingen eines Paargesprächs. Er sollte *beiden das gleiche Vertrauen, die gleiche Zuwendung und Aufmerksamkeit schenken* und die meist unterschiedlichen Schilderungen des gleichen Problems als wichtig und wesentlich werten. Nur aus dieser *Haltung einer gleichparteilichen Neutralität* (84) heraus bieten sich dem Arzt in der Beratung die Möglichkeiten, einem Paar bei der Bewältigung eines sexuellen Problems zu helfen.

8.2 Ziele eines sexualanamnestischen Paargesprächs

Beziehungsstörungen und damit auch sexuelle Störungen werden von Mann und Frau meist unterschiedlich erlebt. Beide Partner meinen jedoch, der andere müsse die sexuelle Schwierigkeit in gleicher Weise erleben wie er selbst. Eine Frau z. B., die eine Orgasmusstörung hat, empfindet sich vielleicht deshalb als minderwertig. Ihr Mann kann jedoch ihre Anorgasmie als Folge seiner eigenen Insuffizienz und Minderwertigkeit erleben. Das Deutlichmachen des *unterschiedlichen sexuellen Erlebens der beiden Partner* ist deshalb ein wichtiges Ziel eines Paargespräches. Haben beide von ihrem Problem dieselbe Sichtweise, so kann es für das Paar wichtig sein, vom Arzt zu hören, daß andere Paare dieselbe sexuelle Störung ganz anders erleben.

Da die wenigsten Menschen gelernt haben, über ihre sexuellen Empfindungen mit ihrem Partner zu sprechen, ist für sie das *gemeinsame Gespräch* über ihre Sexualität oft eine *neue Erfahrung*. Diese kann für sie Modellcharakter haben und vielleicht ermuntern, auch ohne den Arzt über ihre sexuellen Beziehungen miteinander zu sprechen. Wie wir noch sehen werden, ist eine der zentralen Aufgaben der Sexualberatung der *Abbau von Hemmungen*, über sexuelle Fragen offen miteinander zu sprechen. Diese Aufgabe sollte der Arzt schon beim Erstgespräch im Auge haben.

Die *wechselseitige Abhängigkeit (Interdependenz) des Verhaltens beider Partner* (90) ist ein weiteres Ziel, das in einem Paargespräch wenigstens ansatzweise deutlich gemacht werden sollte. Einzelne Verhaltensweisen sind sowohl als *Reaktion* auf vorausgegangenes Verhalten des Partners als auch als *neuer Impuls* zu sehen, auf den der andere dann wieder reagiert. Veränderungen sind deshalb in einer Paarbeziehung nur dann möglich, wenn *beide Partner* bereit sind, eingeschliffene Verhaltensmuster aufzugeben. Ein Mann, der seine Erektionsstörung verlieren will, ist darauf angewiesen, daß nicht nur er, sondern auch seine Frau sich in ihrem Sexualverhalten ändert. Dasselbe gilt für sexuelle Störungen von Frauen.

Die meisten Paare, die längere Zeit eine sexuelle Störung haben, erleben den Geschlechtsverkehr überwiegend als *Enttäuschung*. Ihre eigenen Bemühungen, das sexuelle Problem zu lösen, sind gescheitert, so daß beide ratlos und teilweise auch resigniert sind. Der Arzt sollte deshalb alles daransetzen, daß das gemeinsame Gespräch nicht zu einer weiteren Enttäuschung für beide Partner wird, sondern zu einer *ersten positiven Erfahrung*. Dies erfordert von ihm eine *aktive Gesprächsführung,* bei der er alle Versuche der Partner, sich gegenseitig zu beschuldigen, zu beschimpfen oder zu verletzen, im Ansatz unterbinden sollte. Eine *abwartende Haltung* des Arztes kann im Einzelgespräch richtig und hilfreich sein. Im Paargespräch führt sie meist zu einem Mißerfolg, indem das Gespräch entweder gar nicht in Gang kommt oder zu einem Streit entartet, bei dem sich beide Partner verteidigen und den andern beschuldigen.

8.3 Die Anfangsphase des Paargesprächs

Anhand des im letzten Kapitel geschilderten Beispiels soll jetzt der Ablauf eines sexualanamnestischen Paargesprächs verdeutlicht werden. Entsprechend dem Vorschlag des Arztes findet 8 Tage nach dem Erstgespräch mit der Frau ein Ehepaargespräch statt:

A.: Ich bin froh, Herr Huber, daß Sie sich die Zeit nehmen konnten, heute mit Ihrer Frau zu einem Gespräch zu kommen. Ihre Frau hat mir erzählt, daß Sie es beruflich recht streng haben. Deshalb wird es Ihnen nicht leicht gefallen sein, sich für dieses Gespräch frei zu machen. Nun weiß ich nicht, was Ihnen Ihre Frau von unserem ersten Gespräch erzählt hat. Vielleicht kann ich kurz sagen, was mir in Erinnerung geblieben ist. Ihre Frau hat mir berichtet, daß sie schon seit einiger Zeit wenig Lust zum Geschlechtsverkehr hat und beim Verkehr selbst Schmerzen empfindet. Ich hatte dann den Eindruck, daß Sie wahrscheinlich beide mit der augenblicklichen Situation Ihres Sexuallebens nicht so ganz zufrieden sind. Für mich ist es nun wichtig, auch von Ihnen zu hören, wie Sie die sexuellen Schwierigkeiten erleben und welche Meinung Sie darüber haben. Zunächst würde mich aber noch kurz interessieren, ob Sie im Augenblick unter irgendwelchen Beschwerden leiden oder schon schwerere Erkrankungen durchgemacht haben.

Die Fragen zur augenblicklichen Gesundheit und zu früheren Erkrankungen des Mannes ergeben keine wichtigen Informationen.

A.: Nun könnte ich mir vorstellen, daß Sie beide so etwas mit gemischten Gefühlen hierher gekommen sind?

M.: Meine Frau hat mir von Ihrem Gespräch mit Ihnen nicht viel erzählt. Eigentlich war sie ja wegen der Kopf- und Bauchschmerzen zu Ihnen gekommen.

A.: Bei der Untersuchung Ihrer Frau konnte ich keine organische Ursache für Ihre Beschwerden finden. Ich hatte den Eindruck, daß die Beschwerden mit inneren Verspannungen im Zusammenhang stehen. Aber wahrscheinlich haben Sie sich auch Gedanken über die Beschwerden Ihrer Frau gemacht.

M.: Sie hat in letzter Zeit nicht mehr richtig gegessen und auch schlecht geschlafen. Vielleicht kommen die Bauch- und Kopfschmerzen daher.

A.: Wie sehen Sie das, Frau Huber, Sie haben sich vielleicht seit unserem ersten Gespräch noch einige Gedanken darüber gemacht?

F.: Es stimmt schon, daß ich seit einigen Monaten schlecht schlafe und wenig Appetit habe.

A.: Vielleicht zeigen diese Beschwerden zusammen mit den sexuellen Schwierigkeiten, daß Sie, Frau Huber, und vielleicht sogar Sie beide in den letzten Monaten durch die Belastung mit den beiden Kindern und dem Betrieb manchmal überfordert sind?

F.: Ferien täten uns schon mal gut (der Mann nickt zustimmend).
A.: Wie sehen Sie das mit den augenblicklichen Belastungen, Herr Huber?
M.: Ich hoffe, daß es mit der Zeit etwas besser wird.
A.: Und wie sehen Sie das mit der Sexualität, sind Sie damit zufrieden?
M.: Schon nicht ganz. Meine Frau hat kaum Lust zum Verkehr und gibt mir häufig einen Korb, wenn ich mit ihr schlafen will.

Kommentar zu diesem Abschnitt

Der Arzt drückt dem Mann gegenüber zunächst seine Anerkennung für sein Kommen aus und informiert ihn dann kurz über die von der Frau geschilderten sexuellen Beschwerden. Der Mann versucht zunächst auf die Kopf- und Bauchschmerzen auszuweichen, lenkt dann aber bei der Frage nach seiner sexuellen Zufriedenheit ein. Die wichtigste *Aufgabe der Anfangsphase ist die Herstellung eines Gleichgewichtes* zwischen allen drei am Gespräch Beteiligten. Dazu ist es notwendig, daß der Arzt zunächst mehr auf den Mann eingeht und ihn kurz über das vorausgegangene Einzelgespräch mit seiner Frau informiert. Indirekt gibt er damit dem Paar zu verstehen: Hier wird mit offenen Karten gespielt. Sexuelle Schwierigkeiten kann man nur dadurch lösen, wenn man offen darüber spricht.

8.4 Die Mittelphase des Gesprächs

A* A.: Wie empfinden Sie solche Zurückweisungen von Ihrer Frau?
M.: Oft werde ich ärgerlich und mache dann eben Selbstbefriedigung.
A.: (Zur Frau) Wie wirkt das auf Sie, wenn Ihr Man neben Ihnen im Bett Selbstbefriedigung macht?
F.: Ich bekomme dann Schuldgefühle und mache mir Vorwürfe, daß ich ihm nicht entgegengekommen bin.
A.: (Zum Mann) Wissen Sie von diesen Schuldgefühlen Ihrer Frau?
M.: Davon höre ich heute zum ersten Mal. Das kann ich auch nicht ganz glauben. Sie dreht sich immer auf die andere Seite und schläft dann schnell ein.
A.: Ihre Frau hat mir schon ein wenig erzählt, wie ein Geschlechtsverkehr zwischen Ihnen üblicherweise stattfindet. Könnten Sie mir vielleicht auch noch erzählen, wie das von Ihrer Seite her aussieht?
M.: Ich habe den Eindruck, daß sich meine Frau in Gedanken ständig mit den Kindern beschäftigt und sich gar nicht mehr für mich interessiert.
A.: Wie sehen Sie das (zur Frau)?
F.: Der Kleine ist aber auch nicht einfach und hält mich ständig auf Trab.
A.: Haben Sie in der Nachbarschaft niemanden, dem Sie die Kinder mal für ein paar Stunden anvertrauen können?
M.: Das ist ein wunder Punkt. Ich weiß nicht, ob Ihnen meine Frau erzählt hat, daß ein Bruder von ihr im Alter von drei Jahren unter ein Auto kam, als sie mit ihm unterwegs war. Jetzt hat sie ständig Angst, unserem Buben könnte so etwas auch zustoßen.
A.: Sehen Sie das ähnlich wie Ihr Mann?
F.: Vielleicht spielt das schon etwas mit. Aber wenn ich jemanden hätte, dem ich die Kinder mit gutem Gewissen anvertrauen könnte, wäre ich manchmal ganz froh.
A.: Wohnen Ihre Eltern oder Schwiegereltern in der Nähe?
F.: Nein.

---

* Die einzelnen Gesprächsphasen sind wieder mit Buchstaben gekennzeichnet.

A.: Vielleicht können wir diese Frage noch ein wenig zurückstellen. Mich würde jetzt noch einmal interessieren, wie das jeder von Ihnen erlebt, wenn Sie miteinander Liebe machen.

M.: Mir stinkt es, immer die Initiative ergreifen zu müssen und dann oft abgewiesen zu werden.

A.: Kommen Sie denn auf Ihre Kosten, wenn Sie dann gelegentlich miteinander schlafen?

M.: Das läuft immer nach Schema F ab. Wenn meine Frau mal einwilligt, dann sagt sie: Mach schnell, mir tuts sowieso weh.

A.: Wie hätten sie es denn gern?

M.: Meine Frau könnte mich ruhig auch einmal streicheln und nicht nur passiv daliegen.

F.: Wenn Du nicht gleich so draufgängerisch wärst, würde ich das gerne machen.

B* A.: Offenbar erleben Sie das beide recht unterschiedlich. Sie, Herr Huber, haben den Eindruck, Ihre Frau drängt beim Geschlechtsverkehr auf Eile. Und Sie, Frau Huber, haben den Eindruck, Ihr Mann sei so hastig. Im Endeffekt sieht das dann so aus, daß die ganze Initiative und Aktivität von Ihnen (Mann) ausgeht und Sie (Frau) eher die Abwartende und Passive sind. Offenbar sind Sie aber beide mit diesen eingespielten Rollen nicht zufrieden. Wie war das denn am Anfang Ihrer Beziehung?

M.: Ich war immer der Aktivere, aber meine Frau hat dann ganz gerne mitgemacht.

A.: Was hat Ihnen denn früher Spaß gemacht, Frau Huber?

F.: Vor allem das Schmusen vor dem eigentlichen Verkehr, die Zungenküsse und das Massieren des Rückens meines Mannes haben mir Spaß gemacht.

A.: Weshalb haben Sie diese Aktivitäten aufgegeben?

F.: Ich bin abends einfach zu müde.

M.: Ich habe eher den Eindruck, daß Du die ganze Schmuserei mit den beiden Kindern machst und dann gar kein Bedürfnis mehr hast, mit mir zu schmusen.

F.: Bist Du eifersüchtig?

A.: Ich kann mir gut vorstellen, daß es bei drei Männern gar nicht so einfach ist, mit wem Sie wie häufig schmusen.

M.: Sie übertreibt das schon mit den Kindern ein wenig.

A.: Wahrscheinlich will Ihre Frau für die Kinder das Beste und spürt dabei nicht, daß Ihre gegenseitige Beziehung dabei zu kurz kommt.

F.: Du bist ja abends fast immer noch in der Werkstatt. Wenn ich dann mal Lust hätte, mit Dir zu schmusen, hast Du immer keine Zeit. Und auf Kommando kann ich dann nicht zärtlich sein.

C* A.: Mir scheint, daß Sie eigentlich beide ein Bedürfnis nach Zärtlichkeit haben, jeder von Ihnen aber zu kurz kommt. (Zur Frau) Sie geben sich alle Mühe, Ihren Kindern Liebe und Zuneigung zu schenken und sind dabei ständig in der aktiven Rolle. In Ihrer Paarbeziehung ist es dann gerade umgekehrt, da ist Ihr Mann der Aktive und Sie die Passive. Sie können aber die Zuwendung Ihres Mannes gar nicht richtig genießen. Ich weiß nicht, ob es Ihre Kinder manchmal nicht ähnlich empfinden könnten wie Sie, daß es für sie einfach zuviel des Guten ist. Wie ist denn Ihre (Mann) Beziehung zu Kindern?

M.: Die kommen momentan schon etwas zu kurz. Der Große kommt zwar schon ab und zu in die Werkstatt, aber mit den Maschinen muß ich dann ziemlich aufpassen.

A.: Wie sieht das denn aus mit Ihrer Schreinerei? Ließe sich da nichts ändern?

M.: Was meinen Sie damit?

A.: Daß Sie vielleicht noch jemanden einstellen oder etwas weniger Arbeit annehmen. Dann wäre möglicherweise auch Ihre Frau etwas entlastet und wäre nicht mehr so müde.

F.: Das haben wir auch schon überlegt, aber finanziell ist das im Augenblick schwierig.

A.: Da sollten Sie sich gut überlegen, was Ihnen wichtiger ist. Mehr Geld und mehr Unzufriedenheit in Ihrer Beziehung oder weniger Geld und etwas mehr Zeit füreinander?

M.: Meinen Sie wirklich, daß die sexuellen Probleme meiner Frau damit zusammenhängen könnten? Ist da nicht von der letzten Geburt her in der Scheide etwas nicht in Ordnung?

Kommentar zu diesem Abschnitt

Der Arzt versucht, durch seine Fragen — wie ist das . . . . . , wie wirkt das auf Sie . . . . , wie reagieren Sie darauf . . . . — die *Interdependenz des partnerschaftlichen Verhaltens* deutlich zu machen. Die Passivität der Frau zwingt den Mann, die Initiative zu ergreifen. Die Annäherung des Mannes löst bei der Frau häufig eine Zurückweisung aus. Diese wiederum veranlaßt den Mann, Selbstbefriedigung zu machen. Im *Abschnitt A* versucht der Arzt vor allem den beiden Partnern diese Wechselseitigkeit ihres sexuellen Verhaltens zu zeigen. *Selvini* et al. (70) haben diese Art der Gesprächsführung als *zirkuläres Explorieren beschrieben.* Neben der Klärung des partnerschaftlichen Verhaltens zielen die Fragen des Arztes auf *das Erleben* beider Partner. Wie erlebt und empfindet jeder sein eigenes Verhalten und das des Partners. Das *unterschiedliche Erleben* derselben Verhaltenssequenz — z. B. das Abwenden der Frau während der Selbstbefriedigung des Mannes ist in ihrem Erleben ein Ausdruck ihrer Schuldgefühle, im Erleben des Mannes ein Zeichen der Müdigkeit seiner Frau — soll den Partnern ihre bisher voreinander verheimlichten Gefühle und Empfindungen deutlich machen. Mit seinen Fragen versucht der Arzt gleichzeitig zu erfahren, welche Möglichkeiten der Lösung des sexuellen Problems vom Paar bisher erprobt wurden. Diese Exploration der *bisherigen Problemlösungsversuche* liefert ihm erste Anhaltspunkte, in welcher Weise er das Paar möglicherweise beraten kann. Dabei kann er davon ausgehen, daß diejenigen Lösungsversuche, die das Paar bisher ohne Erfolg selbst versucht hat, von ihm nicht mehr vorgeschlagen zu werden brauchen.

Im *Abschnitt B* weist der Arzt zunächst auf die *Polarisierung* des gegenseitigen Verhaltens hin. Er ist der sexuell Aktive, sie die Passive. *Willi* (90) hat die *progressiv-regressive Polarisierung zwischen zwei Partnern als das wichtigste Merkmal von partnerschaftlichen Beziehungskonflikten beschrieben.* Je aktiv-progressiver der eine Partner wird, desto passiv-regressiver wird der andere. Gleichzeitig werden jedoch von beiden Partnern die vom andern ausgelebten Bedürfnisse im eigenen Verhalten vermißt: Der Mann sehnt sich auch nach Zärtlichkeit und Aktivität seiner Frau, die Frau hat wegen ihres regressiven Verhaltens Schuldgefühle und erinnert sich gerne an die erste Zeit der Ehe, als sie beim Austausch von Zärtlichkeiten auch noch aktiv war. Wie wir noch sehen werden, ist die *Lockerung* der regressiv-progressiven Polarisierung eines der wichtigsten Ziele der Sexualberatung. In dieser Gesprächsphase versucht der Arzt auch noch nähere Einzelheiten über den *Zeitpunkt* und die *auslösenden Faktoren* für die jetzige Störung in Erfahrung zu bringen. Wie war die Beziehung des Paares vor Auftreten der sexuellen Störung? Und wie war die Situation in der Familie beim Auftreten der Störung? Er erfährt hier von beiden Partnern ihre Hypothesen für die Entstehung der sexuellen Schwierigkeiten: Der Mann vermutet, daß seine Frau ihre Zärtlichkeitsbedürfnisse in der Beziehung zu den Kindern befriedigt. Sie hat den Eindruck, der Mann kümmere sich mehr um seinen Handwerksbetrieb als um sie.

Im Abschnitt C des Gespräches versucht der Arzt erstmals, den *gemeinsamen Nenner der sexuellen Funktionsstörung, die Unzufriedenheit beider Partner* direkt anzusprechen. Nicht nur die Frau, sondern auch ihr Mann ist mit der augenblicklichen Situation der sexuellen Beziehungen unzufrieden. Wie schon zuvor bei der Frau — zeitweise Entlastung von den Kindern — spricht er jetzt den Mann auf *mögliche Verhaltensänderungen* an: Beschränkung seines beruflichen Engagements. Der Mann reagiert zwar auf diese Frage mit Skepsis und bringt noch einmal eine Erklärung für eine organische Ursache der Beschwerden seiner Frau. Diese Reaktion ist verständlich, da der Arzt in diesem Gesprächsabschnitt ihn schließlich auch als Patient und Symptomträger — Arbeitseifer auf Kosten der Familie — anspricht.

Im ganzen Gespräch wurde vom Arzt *keine Warum-Frage* gestellt. Wie schon erwähnt, befürchten beide Partner in einem Paargespräch, zum Schuldigen gestempelt zu werden. Warum-Fragen stellen die Schuldfrage ins Zentrum des Gesprächs und lenken die Aufmerksamkeit einseitig auf die möglichen Ursachen der jetzigen Störung in der Vergangenheit. Gleichzeitig mobilisieren sie bei beiden Partnern Widerstände, die es dem Arzt sehr schwer machen, gemeinsam mit dem Paar alternative Lösungsmöglichkeiten für ihre sexuellen Schwierigkeiten zu suchen. Für den Arzt ist es viel wichtiger, den *Anteil jedes Partners* an der augenblicklichen Krise zu klären als die Frage, ob der eine vielleicht etwas mehr zum Entstehen der Probleme beigetragen hat als der andere.

In diesem Gesprächsabschnitt wird deutlich, daß ein gelungenes Paargespräch *gleichzeitig Abklärung des Problems und ein Stück Beratung ist.* Durch die Art und Weise, wie der Arzt seine Fragen stellt, vermittelt er dem Paar eine neue, ihm bisher unbekannte Perspektive des individuellen Symptoms: Das *gemeinsame Grundproblem* des Paares, im geschilderten Fall der unbefriedigte Wunsch beider Partner nach Zärtlichkeit. Dieser gemeinsame Nenner wird noch einmal zum Thema in der Abschlußphase des Gesprächs.

8.5 Die Abschlußphase des Gesprächs

Auf die Bemerkung des Mannes, ob nicht eine Schädigung der Scheide seiner Frau Ursache der sexuellen Störung sein könne, fährt der Arzt fort.

A.: An diese Möglichkeit hatte ich auch gedacht. Die gynäkologische Untersuchung hat jedoch gezeigt, daß am Scheideneingang und in der Scheide alles in Ordnung ist. Ich habe den Eindruck, daß die sexuellen Schwierigkeiten, ebenso wie die Kopf- und Bauchschmerzen ein Hinweis darauf sind, daß Sie beide schon seit einiger Zeit überlastet sind. Ich kenne einige Ehepaare, die in einer ähnlichen Lebenssituation wie Sie noch viel größere gesundheitliche und sexuelle Probleme hatten. Die Erweiterung der Familie durch die Geburt von Kindern fordert von Mann und Frau eine Änderung in ihrer gegenseitigen Beziehung. Wenn gleichzeitig noch im Beruf wichtige Änderungen eintreten, ist es einfach manchmal zuviel. Vor der Geburt Ihrer Kinder und der Eröffnung Ihres Handwerkbetriebes hatten Sie viel mehr Zeit für einander. Jetzt braucht jeder von Ihnen die wenigen Stunden in der Nacht, wo die Kinder und die Kunden nichts wollen, um sich zu erholen. Mir scheint, daß wir uns überlegen sollten, wie Sie beide einen Teil Ihrer augenblicklichen Belastungen abbauen können.

F.: Das ist kaum möglich. Finanziell haben wir Schulden und die Kinder kann ich auch nicht irgend jemandem anvertrauen.

M.: Das wird jetzt noch einige Zeit so gehen, bis ich beruflich etwas besser stehe.

A.: Mir scheint es wichtig, daß wir in unserem heutigen Gespräch recht genau gesehen haben, von welchen Seiten her Sie beide unter Druck stehen. Vielleicht sollten wir uns alle drei mal überlegen, ob nicht doch diese oder jene kleine Änderung in Ihrem Tagesablauf eine gewisse Erleichterung bringen könnte. Ich würde vorschlagen, daß wir uns in 14 Tagen noch einmal zu einem gemeinsamen Gespräch treffen. Sind Sie damit einverstanden?

M. + F.: Irgendwie sollte es schon gehen.

Kommentar zu diesem Gesprächsabschnitt

Der Arzt bietet dem Paar noch eine weitere Variation einer *gemeinsamen Problemdefinition* an: die Erwartungen der Kinder und Kunden, denen sich beide Partner nicht entziehen können. Der Hinweis auf andere Ehepaare, die noch größere Schwierigkeiten haben, soll es dem Paar erleichtern, die Problemdefinition des Arztes zu akzeptieren. Für beide Partner ist es am Ende des Gesprächs noch zu schwierig, sich eine Änderung in ihrer Beziehung vorzustellen. Deshalb schlägt der Arzt ein weiteres Gespräch vor. Die Äußerung, daß sich bis dahin alle drei Gedanken über mögliche Änderungen machen sollen, vermittelt dem Paar unausgesprochen die persönliche Meinung des Arztes: Ihr Problem ist jetzt auch irgendwo mein Problem, aber gemeinsam werden wir schon eine Lösung finden.

Zusammenfassung: Inhalt und Methodik eines sexualanamnestischen Paargespräches

Anfangsphase:

— Kontaktaufnahme mit beiden Partnern.
— Anerkennung für den neu hinzugekommenen Partner.
— Herstellen eines Gleichgewichtes zwischen allen am Gespräch Beteiligten durch Vermittlung des gleichen Informationsstandes.
— der Arzt gibt in dieser Phase durch seine Gesprächsführung ein Modell, wie er sich das weitere Gespräch wünscht.

Mittelphase:

(Die Reihenfolge der einzelnen Punkte kann frei gewählt werden)
— Warum-Fragen möglichst vermeiden, da sie die Schuldfrage zum Hauptthema machen und Widerstände hervorrufen.
— Wie-Fragen zur Exploration der gegenwärtigen wechselseitigen Beeinflussung (Interdependenz) des partnerschaftlichen Verhaltens: Wie ist die augenblickliche Situation in der Paarbeziehung.
— Klärung des Erlebens und Empfindens beider Partner.
— Bisherige partnerschaftliche Lösungsversuche des sexuellen Problems.
— Progressiv-regressive Polarisierung der beiden Partner.
— Paarbeziehung vor Auftreten der Störung: Wie war die Beziehung vor Auftreten der sexuellen Störung?
— Paarbeziehung beim Auftreten der Störung: Wie war die Beziehung, als die Schwierigkeiten erstmals auftraten? Auslösende und begünstigende Faktoren.
— Definition der individuellen Symptome eines Partners als Ausdruck eines gemeinsamen Problems.
— Allenfalls Ergänzung der individuellen Sexualanamnese.

Abschlußphase

— Finden einer gemeinsamen Problemdefinition.
— Andeuten der Notwendigkeit zu Alternativen zum bisherigen Problemlösungsverhalten.

9 Kriterien zur Beurteilung eines Paarkonfliktes

9.1 Betrachtungsebenen von Beziehungskonflikten

In sexualmedizinischen Fortbildungsveranstaltungen mit Ärzten wird häufig die Frage gestellt, wie man Beziehungskonflikte von Paaren im Verlauf eines Gesprächs diagnostizieren kann. Für die Abklärung von körperlichen Beschwerden stehen dem Arzt verschiedene diagnostische Möglichkeiten zur Verfügung: Die Anamnese, die körperliche Untersuchung, Laborwerte und − falls erforderlich − medizinisch-technische Spezialuntersuchungen. *Wie aber soll man einen Beziehungskonflikt diagnostizieren?* Die Hemmungen vieler Ärzte vor einem Paargespräch sind u. a. darauf zurückzuführen, daß ihnen so etwas wie ein *diagnostisches Raster* für die Beurteilung von Beziehungskonflikten fehlt. In diesem Kapitel möchte ich versuchen, Ihnen vier grundlegende Perspektiven für die diagnostische Beurteilung von Paarkonflikten zu verdeutlichen. Mit Hilfe dieser Perspektiven kann man die Qualität zwischenmenschlicher Beziehungen anhand konkreter Kriterien erfassen und beurteilen

Das im folgenden dargestellte Raster hat sich in paar- und familientherapeutischen Ausbildungskursen der Abteilung für Psychosoziale Medizin am Universitätsspital Zürich in den letzten Jahren sehr bewährt. Es basiert nicht auf Fragebogen oder speziellen Interaktions-Tests, sondern es ist eine Art theoretischer Bezugsrahmen, mit dem man die vielfältigen Informationen eines Paargesprächs ordnen und bewerten kann, um am Ende zu einem diagnostischen Gesamteindruck zu gelangen. Dieses Raster kann auch für die Beurteilung von Familienkonflikten verwendet werden. Es liefert wichtige Hinweise auf den Schweregrad eines Beziehungskonfliktes und für die Wahl des geeigneten Therapieverfahrens. Da sexuelle Funktionsstörungen nicht selten Ausdruck eines Beziehungskonfliktes sind (siehe Kapitel 3.5 und 14.1), ist es für den sexualmedizinisch tätigen Arzt notwendig, die Art und den Schweregrad solcher Konflikte beurteilen zu können.

9.2 Perspektive 1: Familiäre Entwicklungsphasen

Ehen werden häufiger unter der Vorstellung geschlossen, sie seien ein statisches Gebilde, welches mehr oder weniger gleich bleibe und gleich bleiben müsse. In Wirklichkeit ist eine Ehe aber nicht ein Zustand, sondern ein Prozeß. Viele Paarkonflikte entstehen dadurch, daß einer oder beide Partner zögern oder nicht in der Lage sind, sich in diesen Entwicklungsprozeß einzulassen. Sie klammern sich an die Ausgangskonstellation ihrer Beziehung und wagen nicht, diese in Frage zu stellen und zu verändern. Eine Ehe erfordert den Mut, sich mit Konflikten und Krisen auseinanderzusetzen. Nicht das Auftreten von Krisen ist etwas Auffälliges. Pathologische Phänomene in einer Beziehung treten oft erst dadurch auf, daß zwei Partner solchen an sich normalen und unumgänglichen Entwicklungskrisen ausweichen. *Die Entwicklung von Paarbeziehungen und Familien kann man in einzelne Phasen unterteilen, welche durch typische Anforderungen und Belastungen gekennzeichnet sind* (90).

Phase der Paarbildung

In der Phase des Kennenlernens spielt die *wechselseitige Idealisierung* beider Partner eine wichtige Rolle. Das bekannte Sprichwort ,,Liebe macht blind" weist auf die Gefahren einer überschiessenden Idealisierung hin. Bedingt durch intensive Zuneigungs- und Liebesgefühle sieht man den Partner ,,durch die rosarote Brille". Die äußere Erscheinung, die Intelligenz, die Zuverlässigkeit, die sexuelle Attraktivität und vieles andere mehr werden dabei als so einzigartig erlebt, daß daneben Gegensätze und Meinungsunterschiede verblassen. Die intensive emotionale Bindung zwischen Mann und Frau in dieser Anfangsphase ihrer Beziehung ist eine wichtige Voraussetzung für die Bewältigung der Aufgaben, denen sich beide Partner gegenübersehen: Jeder muß die *Beziehung zu seiner Herkunftsfamilie* neu gestalten, indem er im Verhältnis zu seinen Eltern und Geschwistern das notwendige Maß an Selbständigkeit und Unabhängigkeit entwickelt. Als Paar müssen beide lernen, mit zwei sozial vielleicht recht unterschiedlichen Familiensystemen umzugehen, deren Mitglieder sie auch als Erwachsene bleiben. Das Finden *eigener Normen und Wertmaßstäbe* sowie die Verständigung über ein gemeinsames *Ehe- und Familienleitbild* sind weitere wichtige Aufgaben dieser Phase. Schließlich muß das Paar hinsichtlich der *Frage eigener Kinder* zu einer Entscheidung gelangen. *Beziehungskonflikte in der Phase der Paarbildung* resultieren häufig aus einer inkompatiblen Partnerwahl. Eine solche liegt z. B. dann vor, wenn zwei Partner schwerwiegende Unterschiede in ihrer sozialen oder kulturellen Herkunft, ihren ethischen und religiösen Überzeugungen oder bezüglich ihrer Vorstellungen über ihre Rollen als Ehegatten nicht wahrnehmen oder verleugnen und sich Hals über Kopf in eine Ehe stürzen. Das im Eingangskapitel dieses Buches geschilderte Beispiel des 70jährigen ehemaligen Bauunternehmers und seiner 45jährigen, aus Rußland stammenden Partnerin ist ein typisches Beispiel für eine inkompatible Partnerwahl.

Phase der Familiengründung

Die Erweiterung einer Zweierbeziehung zu einer familiären Dreierbeziehung durch die Geburt eines Kindes kennzeichnet die zweite Phase im familiären Lebenszyklus. Schwangerschaft und Geburt verändern eine Paarbeziehung in grundlegender Weise. Die Übernahme der *Mutter- und Vaterrolle* eröffnet zwar beiden Partnern einen durch vielerlei positive Erfahrungen gekennzeichneten neuen Lebensbereich. Gleichzeitig müssen jedoch beide von manchen Freiheiten ihrer ungestörten Zweisamkeit Abschied nehmen. Die Familiengründung führt häufig zu einer *Polarisierung zwischen beiden Partnern,* indem die Frau aus dem Berufsleben ganz oder teilweise aussteigt und die Rolle der Mutter und Hausfrau übernimmt, während der Mann sich auf außerfamiliäre Aufgaben im Beruf konzentriert. *Rollen- und Wertekonflikte* können in dieser Entwicklungsphase zu schweren Beziehungskrisen führen, wenn sich z. B. beide Partner über die Verteilung ihrer Aufgaben in der Familie und im Beruf uneinig sind. Gleichzeitig werden in der Regel die *Beziehungen zu den Herkunftsfamilien* wieder intensiver, indem den eigenen Eltern als Großeltern eine neue Bedeutung und Funktion zukommt. Die Sexualität ist in der Phase der Familiengründung ein sehr störungsanfälliger Bereich, da sich vor allem bei der Frau durch Schwangerschaft und Geburt die sexuelle Reaktions- und Erlebnisfähigkeit deutlich verändern können (siehe Kapitel 14.3).

Phase der mittleren Jahre

Das Heranwachsen der Kinder konfrontiert Mann und Frau mit vielerlei *Erziehungsfragen*. Wieviel Strenge und Autorität sind notwendig, um den Kindern eine Orientierung in ihrer Entwicklung zu geben? Und wieviel Spielraum benötigen sie, um ihre Fähigkeiten entfalten zu können? Besonders wenn zwischen einzelnen Kindern eines Ehepaares hinsichtlich Intelligenz, Leistungsfähigkeit und körperlicher oder physischer Gesundheit große Unterschiede bestehen, können gegensätzliche Auffassungen in Erziehungsfragen zu Konflikten zwischen den Eltern führen. Die *Ablösung der Kinder in der Adoleszenz* ist ein weiterer Meilenstein in der Entwicklung einer Familie. Nicht selten fällt sie zeitlich mit den *Wechseljahren der Frau* oder einer *beruflichen Krise des Mannes* zusammen. Beide Partner geraten zwischen dem 40. und 50. Lebensjahr in eine mehr oder weniger schwere Identitätskrise. Bisher erzielte Erfolge, berufliches Prestige und materieller Besitz verlieren an Bedeutung angesichts der Suche nach sinnvollen Lebenszielen für die zweite Lebenshälfte. Die *Neuorientierung in der Lebensmitte* hat angesichts der in den letzten Jahrzehnten deutlich angestiegenen durchschnittlichen Lebenserwartung an Bedeutung gewonnen, da Mann und Frau nach dem Auszug der Kinder vor einer häufig noch recht langen gemeinsamen Wegstrecke stehen.

Phase der Altersehe

Der Beginn des Alters läßt sich nicht ohne weiteres mit einer Jahreszahl festlegen. Im Beruf gerät man schon jenseits des 50. Lebensjahres immer häufiger aufs Abstellgleis. Zum 60. Geburtstag wird man zwar noch einmal für seine Leistungen und Verdienste geehrt. Gleichzeitig werden jedoch die Weichen in Richtung Pensionierung gestellt: Man gehört zu den ,,älteren Herrschaften''! 70jährige betonen zwar gerne, wie aktiv und rüstig sie noch sind. Jenseits dieser Altersgrenze zählt man jedoch entgültig zu den Alten. Die speziellen Anforderungen, vor die sich ein älter werdendes Ehepaar gestellt sieht, sind vergleichsweise wenig bekannt, da Ehen in füherer Zeit durch die geringere Lebenserwartung wesentlich weniger lang dauerten. *Sorgen um die Gesundheit* nehmen mit zunehmendem Alter bei vielen Paaren einen wichtigen Platz ein. Die *Regulierung von Nähe und Distanz* ist eine Aufgabe, deren Bewältigung durch bescheidene Wohn- und finanzielle Verhältnisse oft erschwert werden. Im hohen Alter können *wechselseitige Fürsorge* und allenfalls gegenseitige *Abhängigkeit durch Gebrechlichkeit* zu zentralen Punkten in der Beziehung eines Paares werden. Den gemeinsamen Nenner für viele Erfahrungen älterer Ehepaare kann man in der Verarbeitung und *Bewältigung von Verlusterlebnissen* sehen. In kaum einer anderen Lebensphase findet man eine ähnliche Vielfalt von Entwicklungen von Paarbeziehungen wie im

Alter. Diese Tatsache ist wohl einer der Gründe, weshalb die Beratung von älteren Ehepaaren häufig nicht einfach ist. Ich erinnere mich noch gut, wie ratlos und unsicher ich mich fühlte, als sich vor einigen Jahren ertmals ein über 70jähriges Ehepaar wegen sexueller Probleme an mich wandte. Inzwischen hat sich meine Einstellung zur Sexualberatung älterer Paare verändert: Sie ist eine nicht einfache aber höchst interessante Aufgabe.

Die Kenntnisse der typischen Anforderungen und Belastungen während den einzelnen familiären Entwicklungsphasen ist für die Einschätzung von Beziehungskonflikten äußerst hilfreich. Man kann diese Phasen mit Bühnenbildern vergleichen, vor denen sich die besondere Beziehungsgeschichte eines Paares abspielt. Die einzelnen Bühnenbilder können dabei für das Verständnis von konkreten Ehekonflikten wichtige Anregungen und Hinweise geben.

9.3 Perspektive 2: Kommunikation

Kommunikation ist eine grundlegende Bedingung zwischenmenschlicher Beziehungen. Sie umfaßt averbale und verbale Vorgänge, durch welche sich zwei oder mehrere Personen verständlich machen und gegenseitig beeinflussen können. Bei zwischenmenschlichen Kommunikationsvorgängen kann man zwischen dem *Sender* und dem *Empfänger* einer Mitteilung unterscheiden. Ein Gespräch zwischen zwei Ehepartnern kann man sich deshalb modellhaft als eine wechselseitige Sender-Empfänger-Beziehung vorstellen. Grundlegende Eigenschaften der menschlichen Kommunikation wurden von *Watzlawick, Beavin* und *Jackson* (88) in einem äußerst interessanten und lesenswerten Buch beschrieben. Die im folgenden dargestellten *Kriterien zur Beurteilung der Kommunikation* eines Paares − *Inhalt des Gesprächs, Kommunikationsfertigkeiten, Ich-Du-Definitionen, averbale Kommunikation und Kongruenz bzw. Inkongruenz von verbaler und adverbaler Kommunikation* − beziehen sich auf die in diesem Buch ausführlich dargestellten kommunikationstheoretischen Grundlagen.

Wie würden Sie die Kommunikation im folgenden Fallbeispiel beurteilen? Es handelt sich um die Anfangsphase eines Abklärungsgespräches mit einem Ehepaar mittleren Alters. Die Frau ist wegen angstneurotischen Symptomen, u. a. mit einem sekundären Vaginismus vor wenigen Tagen zu einer stationären Psychotherapie eingetreten. Das Gespräch dient der Abklärung der ehelichen Beziehung. Kurz nachdem beide Partner im Therapiezimmer Platz genommen haben, eröffnet der Mann das Gespräch:*

1 M.: (Zum Arzt) Das war nett von Ihnen, daß meine Frau so schnell kommen konnte. Ich will Ihnen nichts in den Weg legen, ich will es Ihnen nicht schwer machen. Ich meine, wenn Sie das Gefühl haben, Sie könnten mir etwas sagen, was nützlich ist, dann dürfen Sie das ruhig machen. Sie müssen nicht Rücksicht nehmen und denken: Der wird dann verrückt, oder das darf man nicht sagen, nachher läßt er den Kopf hängen (krempelt sich die Hemdärmel hoch). Und wenn es etwas Schockierendes wäre, dann sagen Sie es mir einfach, und wenn es meine Frau nicht hören soll, dann sagen Sie es mir alleine.

---

* Die Äusserungen der drei Gesprächspartner sind fortlaufend numeriert, um sie im nachfolgenden Kommentar genau bezeichnen zu können.

 2 F.: Nein, nein ...

 3 A.: Ich glaube einfach, daß wir miteinander einmal die augenblickliche Situation besprechen sollten.

 4 F.: Ja, ja ... (schaut unterwürfig den Arzt an)

 5 A.: (Zum Mann) Ich könnte mir vorstellen, daß es für sie im Augenblick gar nicht so einfach ist, daß ihre Frau jetzt bei uns auf der Station ist und daß sie mit den Kindern alleine zu Hause sind?

 6 M.: Alleine bin ich nicht ganz, meine Mutter ist jetzt ja da.

 7 A.: Aber daß Ihre Frau nicht zu Hause ist ...

 8 M.: (Unterbricht den Arzt) Meine Mutter ist eine gute Haushälterin. So ist wenigstens ein guter Geist im Haus. Aber sonst hat sie natürlich schon ...., aber man kann das verantworten. Ich meine, wenn ich in regelmäßigen Abständen wieder zu Hause bin − ich bin ja nicht jeden Abend zu Hause −, dann geht das. Wenn später mal meine Frau das Gefühl hat, daß sie regelmäßig nach Hause gehen und schauen könnte, daß ...

 9 A.: Also das werden wir dann am Schluß regeln.

10 M.: (Mit lebhafter Gestik) Wissen Sie, einfach in dem Sinn. Wenn meine Frau später wieder mal gesund ist, dann will ich nicht mit meinen Kindern zum Psychiater gehen. Verstehen Sie? Ich glaube nicht, daß die Kinder jetzt einen Schaden davontragen könnten. Sie haben sich schnell angepaßt.

11 A.: So daß es von den Kindern her eigentlich keine Probleme gibt. Die Frage wäre, wie es von Ihnen her aussieht?

12 M.: Ja, manchmal habe ich das Gefühl, meine Mutter mag nicht alles machen, sie hat einen guten Willen, aber ich meine ...

13 A.: Ich meine die Beziehung zu Ihrer Frau. Man könnte sich doch vorstellen, daß es für einen Mann gar nicht so einfach ist, wenn seine Frau nicht zu Hause und im Spital ist und ...

14 M.: Ja, es ist ja keine akute Krankheit. Ich hoffe es ja wenigstens nicht. Es scheint ja definitiv sicher zu sein, daß es nur psychosomatisch ist. (Zur Frau gewandt) Mit Ausnahme von deinen Beinen und den Augen hat man vielleicht doch den Einruck ...

15 F.: Ja, ich habe auch schon manchmal Schuhe gekauft, die ich nachher nie vertragen habe.

16 M.: Sie hat ja immer ein wenig Probleme gehabt mit den Beinen.

17 A.: (Zur Frau) Wir haben ja gesagt, daß Sie auch mal in die Augenpoliklinik gehen.

18 M.: Ja, als Mann vermisse ich schon auf eine Art und Weise meine Frau. Aber es ist mir lieber, meine Frau ist da und ich sehe, daß die Möglichkeit zur Heilung besteht, als daß sie zu Hause weint und die ganze Umgebung leidet. Daß es dann soweit kommt, daß die Kinder plötzlich sagen: Mit der Mami stimmt etwas nicht, die kann man ja nicht mehr brauchen, die ist ja ... (lacht)

19 A.: Fühlen Sie sich nicht überfordert, wenn Ihre Frau weint? Es ist ja offenbar in letzter Zeit häufiger vorgekommen?

20 M.: Nein, nein, das nicht. Ich bin kein Krankenpflegertyp. Ich bin nicht der, der sagen kann: Ja, jetzt weinst Du eben. Ich sage dann: ,,Gopfriedstutz'', Du hast doch keinen Grund, mach doch kein Theater, jetzt höre doch mal auf zu weinen! Es fehlt dir ja nichts, Du hast alles, was Du brauchst. Es ärgert mich irgendwie, ich fühle mich irgendwie so ...

21 F.: ... hilflos, Du bist dann hilflos! (lächelnd, aber sehr bestimmt)

22 M.: Es verwirrt mich. Ich sage dann immer, ich begreife, daß man einmal weinen muß, Frauen sowieso. Aber wenn ein Mann weint, dann ist er wirklich ein Fall für den Psychiater.

23 F.: Aber Du könntest eigentlich auch weinen, das habe ich auch schon gedacht.

24 M.: Ja gut, als ich vernommen habe, daß mein Vater gestorben ist. Man hatte gedacht, er sei jetzt wieder über den Berg. Er war allerdings schon über 80, das war ja zu erwarten. Da packte es mich so, daß ich im Moment wirklich Tränen hatte. Aber das hat sich schnell wieder ... Gut, das hat ja noch lange zugesetzt. Aber wenn eine Frau weinen muß und sie merkt, daß es auf ihre Umwelt irgendwie einen negativen Einfluß hat, dann kann sie das vielleicht auf der Toilette machen. Das ist so meine Meinung.

25 A.: (Zur Frau) Wie wirkt das auf Sie, wenn Ihr Mann sagt: Wenn Sie weinen, dann hat er die Einstellung: Tu nicht so, oder wenn Du schon weinen mußt, dann geh hinaus auf die Toilette. Wie wirkt das auf Sie?

26 F.: Ich muß eben manchmal weinen.

27 M.: Das ist klar. Ich meine, Du weißt ja ganz genau, daß das von mir nicht bösartig ist, daß ich einfach ...

28 F.: (Spricht dazwischen) Ich habe probiert, mich zusammenzureißen und habe geweint, wenn er fort war. Mein Sohn hat mich dann getröstet, der kann das eher als mein ... Manchmal ist es mir gelungen und manchmal ist es mir nicht gelungen. Es war für mich eigentlich schon eine Belastung, wenn ich dann wirklich geweint habe.

29 A.: Sie haben sich dann selbst Vorwürfe gemacht daß sie sich nicht besser zusammenreißen konnten?

30 F.: Ich bin eben eine ,,Heulsuse''. Die Vernunft sagt mir ja schon, daß es nicht nötig ist zu weinen, weil ich weiß, daß mein Mann zu mir steht. Aber es passiert eben doch, weil es einfach eine lange Zeit am Abend ist. Und es war schon immer so, daß ...

31 M.: (Unterbricht sie) Das ist schön, daß Du das sagst. Da muß ich es nicht sagen.

32 A.: (Zur Frau) Es wäre aber auch eine Möglichkeit, daß sie den Eindruck haben, daß Ihr Mann sie nicht versteht. (Zum Mann) Wenn Sie der Auffassung sind, eine Frau sollte eigentlich nicht weinen, und wenn sie weint, dann soll sie das auf der Toilette machen. Das heißt eigentlich ...

33 M.: (Spricht dazwischen) Das klingt jetzt ein wenig stark.

34 A.: Vielleicht schon. Aber das Weinen, oder wenn man es allgemein ausdrücken will, Gefühle scheinen etwas zu sein, was in ihrer Beziehung einfach nicht so Platz hat.

35 F.: Ich habe eigentlich selbst gemerkt, daß mein Mann hilflos ist, wenn ich weine. Und das belastet einen, wenn man merkt, daß ein Mann hilflos ist.

36 M.: Ja, es verunsichert mich vielleicht auf eine Art und Weise. Was mache ich als Mann, als Vater meiner Familie? Es ist mein Ehrgeiz, daß ich meiner Frau die möglichst angenehmsten Lebensbedingungen bieten kann. Es ist vielleicht irgend eine Art Rivalität in der Verwandschaft vorhanden. Vielleicht kommt es daher, daß wir die ersten waren, die ein Haus hatten, daß es z.T. Mißgunst war.

Soweit der Gesprächsausschnitt. Versuchen wir nun, die Kommunikation zwischen den drei Personen unter inhaltlichen und formalen Gesichtspunkten zu analysieren.

Inhalt der Kommunikation

Der *Mann* spricht zunächst von seiner Stärke und Belastbarkeit (1), dann äußert er sich über die Situation zu Hause (6, 8, 12). Seine Bemerkungen über die Beschwerden seiner Frau sind bagatellisierend (14, 16), über ihre Gefühlsausbrüche äußert er sich sehr abschätzig (20, 24). Schließlich deutet er an, daß er sich durch die Symptome seiner Frau verunsichert fühlt (36). Die *Frau* ist zunächst sehr zurückhaltend und beteiligt sich kaum am Gespräch (bis 20). Erst als die Rede auf die Gefühlsausbrüche kommt, greift sie aktiv ein. Sie gibt mit der Äußerung 21 einen sehr wichtigen Hinweis auf die Bedeutung ihrer Gefühle für die Paarbeziehung: Damit kann sie ihren Mann verunsichern und hilflos machen. Schließlich entwertet sie aber ihre Emotionalität (30). Insgesamt kommen in dem Gespräch wichtige persönliche und partnerschaftliche Aspekte zur Sprache. Dies ist nicht immer der Fall. Bei manchen Paargesprächen weichen die Partner heiklen Fragen aus, indem sie immer wieder auf belanglose Nebensächlichkeiten zu sprechen kommen.

Kommunikationsfertigkeiten

Die Frage, ob und wie jeder der beiden Partner seine Gefühle, Meinungen und Absichten ausdrückt und zu welchem Zeitpunkt des Gespräches er dies tut, ist für die Beurteilung des Gesprächsablaufes sehr wesentlich. Gefühle können z. B. weitgehend verdrängt oder aber ausagiert werden. Meinungen und Absichten können verschwommen, indirekt oder permanent und penetrant vertreten werden. Die Beobachtung von Unterschieden zwischen den Partnern kann Hinweise darauf geben, mit welchen Mitteln sich jeder bei Meinungsverschiedenheiten durchzusetzen versucht.

Im geschilderten Fallbeispiel äußert der *Mann* seine Meinungen anfänglich klar und direkt. Als der Arzt das Gespräch auf die Bedeutung der Symptome der Frau für die Paarbeziehung lenkt, werden seine Äußerungen ungenauer. An einigen Stellen kann man seine Meinung und seine Absichten nur vermuten (20, 24, 27). Mit dem Ausdruck von Gefühlen scheint er Mühe zu haben, vor allem dann, wenn es sich um schmerzliche Gefühle und Gefühle von Schwäche und Hilflosigkeit handelt (24, 36). Ganz anders die *Frau:* Sie äußert nur wenig eigene Meinungen und kommuniziert zu Hause offenbar überwiegend emotional. Insgesamt gesehen scheint zwischen beiden Partnern eine Polarisierung dahingehend zu bestehen, daß der Mann vorwiegend rational und mit Argumenten, seine Frau hingegen überwiegend emotional kommuniziert.

Ich-Du-Definitionen

Was ist mit diesem Begriff gemeint? Um die Bedeutung dieses sehr wichtigen Aspektes zu verstehen, sind zunächst einige theoretische Bemerkungen notwendig.

Im Verlaufe eines Gesprächs hat jede einzelne Mitteilung eine doppelte Bedeutung: Sie ist einerseits ein *Reiz,* d. h. der Ausgangspunkt für die nachfolgende Reaktion des Gesprächspartners, und andererseits eine *Reaktion* auf den vorangegangenen Reiz des Gesprächpartners. *Grundsätzlich gibt es drei Möglichkeiten, auf die Äußerungen eines anderen zu reagieren: Man kann sie bestätigen, verwerfen oder entwerten.* Bei einem Gespräch zwischen zwei Personen teilen sich beide Gesprächspartner unterschwellig ständig wechselseitig mit, wie jeder sich selbst und den anderen sieht. *Mitteilungen enthalten somit wechselseitige Ich-Du-Definitionen.* Zwischen den Selbstdarstellungen beider Partner und den Bildern, wie sie sich gegenseitig sehen, kann die Übereinstimmung unterschiedlich groß sein, je nachdem, ob ihre Reaktionen vorwiegend Bestätigungen, Verwerfungen oder Entwertungen sind.

Bestätigung bedeutet, daß eine Person B auf die Äußerung einer Person A mit der Botschaft reagiert: ,,Ich sehe die Angelegenheit und Dich auch so, wie Du es siehst.'' Auf die Mitteilung des Arztes: Wir sollten die augenblickliche Situation miteinander besprechen (3), reagiert die Frau mit einer Bestätigung: Ja, ja ... (4). Durch ihre Reaktion bestätigt sie sowohl die Aussage des Arztes als auch den Arzt als Gesprächspartner. Die Bestätigung findet somit sowohl auf der inhaltlichen als auch auf der Beziehungsebene statt. *Bestätigungen sind eine wich-*

tige Voraussetzung für Vertrauen, Stabilität und Entwicklungsfähigkeit von Beziehungen.

Bei einer *Verwerfung* widerlegt B die Selbstdarstellung von A mit der Reaktion: ,,Ich sehe die Angelegenheit und Dich nicht so, wie Du es siehst.'' Die Äußerung des Mannes: Nein, nein, das nicht ... (20) ist eine Verwerfung der Frage des Arztes: Fühlen Sie sich nicht überfordert ... (19)? Der Mann ist zwar anderer Meinung als der Arzt, er akzeptiert ihn jedoch als Gesprächspartner. *Verwerfungen können in Beziehungen zu Unsicherheit und Mißtrauen führen. Andererseits sind sie Voraussetzungen für die Flexibilität und Wandlungsfähigkeit von Beziehungen.* Stellt z. B. ein Arzt die Äußerung eines Alkoholikers, er trinke keinen Tropfen Bier, in Frage, so kann sich aus den unterschiedlichen Standpunkten der beiden Gesprächspartner eine Diskussion ergeben, an deren Ende der Alkoholiker seine Sucht einsieht und Vorschläge zur Verminderung seines Bierkonsums akzeptiert.

Eine *Entwertung* liegt dann vor, wenn B die Wirklichkeit von A als dem Autor seiner Äußerung ignoriert. Entwertung bedeutet de facto: ,,Du existierst nicht.'' Eine Entwertung kann sich auf verschiedene Elemente einer Äußerung beziehen: Eine *Entwertung der inhaltlichen Aussage* einer Mitteilung liegt z. B. dann vor, wenn B auf eine Äußerung von A hin das Thema wechselt und nicht zu der von A gemachten Aussage Stellung nimmt. In unserem Gesprächsbeispiel finden zwischen den Aussagen 13-18 mehrere inhaltliche Entwertungen statt, indem alle drei Gesprächsteilnehmer immer wieder das Thema wechseln. Der Arzt spricht zunächst die Belastung des Mannes an (13), dieser wechselt das Thema und spricht von der Krankheit seiner Frau (14). Die Frau wechselt zum Thema Schuhkauf (15), der Mann zu ihren Beinen (16), der Arzt schließlich zu den Augenproblemen der Frau (17), bis der Mann mit der Äußerung 18 schließlich zu der Aussage 13 des Arztes Stellung nimmt. In dieser kurzen Gesprächssequenz ignorieren sich somit alle drei Gesprächsteilnehmer durch fortlaufende Themenwechsel.

Weitere Möglichkeiten der Entwertung sind: Ein *unvermittelter Wechsel des Empfängers einer Mitteilung* und eine *Entwertung der Gesprächssituation* (Ort und/oder Zeit). Betrachtet man die Äußerung 14 des Mannes als Reaktion auf die Aussage 13 des Arztes, so beinhaltet die Mitteilung des Mannes sowohl eine inhaltliche Entwertung (Themenwechsel), als auch eine Entwertung des Arztes als Gesprächspartner, indem sich der Mann unvermittelt seiner Frau zuwendet. Ein typisches Beispiel für eine Entwertung der Gesprächssituation wäre, wenn sich der Mann aus unserem Beispiel bei einer Einladung gegenüber Freunden über den Vaginismus seiner Frau äußern würde. Entwertungen können sehr raffiniert und versteckt erfolgen. So kann z. B. die Nichterwiderung des Blickkontaktes durch den Arzt von einem schwerkranken Patienten als ignorierende Entwertung erlebt werden. *Gelegentliche Entwertungen finden in jedem Gespräch statt. Stehen jedoch entwertende Reaktionen im Vordergrund einer Unterhaltung zwischen zwei Personen, so deutet dies auf eine Störung in ihrer Beziehung hin.*

Fassen wir die wichtigsten Gesichtspunkte bezüglich der Ich-Du-Definitionen aus unserem Beispiel zusammen, so zeichnet sich die Kommunikationsweise der Frau durch ein Überwiegen von Bestätigungen aus, diejenige des Mannes durch eine große Zahl teils offener, teils versteckter Verwerfungen und Entwertungen.

Averbale Kommunikation

Averbale Mitteilungen werden durch Parameter wie Körperhaltung, Gestik, Mimik, Tonfall der Stimme und emotionale Gestimmtheit ausgedrückt. Einem schriftlichen Gesprächsprotokoll läßt sich deshalb nur sehr wenig averbale Information entnehmen. In dem geschilderten Fallbeispiel, welches auf Video aufgenommen wurde, konnten anhand des Videobandes bei beiden Partnern wichtige averbale Informationen beobachtet werden. Die Frau war während des Gesprächs in ihrer Körperhaltung ganz auf ihren Mann ausgerichtet, während er sie keines Blickes würdigte und nur den Arzt anschaute. Seine lebhafte Gestik, mit der er seine Äußerungen untermalte, wirkte eher hilflos als überlegen und stand somit in deutlichem Gegensatz zu seinen verbalen Aussagen. Averbale Mitteilungen sind in der Regel weniger durch verstandesmäßige Überlegungen gesteuert als verbale Äußerungen. Sie liefern häufig bei genauer Beobachtung wichtige Hinweise auf die emotionale Situation eines Gesprächpartners. Im Alltag neigen wir dazu, die verbale Kommunikation intensiver wahrzunehmen und höher zu bewerten als averbale Mitteilungen. Wie differenziert averbale Mitteilungen jedoch sein können, wird einem z. B. beim Betrachten eines Videobandes ohne Ton deutlich.

Kongruenz bzw. Inkongruenz von verbaler und averbaler Kommunikation

Die Übereinstimmung oder Diskrepanz zwischen der verbalen und averbalen Kommunikation gibt Auskunft über die *Eindeutigkeit einer Mitteilung.* Stehen verbale Aussagen und averbale Botschaften miteinander in Einklang, dann sind die Mitteilungen eines Senders A für den Empfänger B klar und eindeutig. Besteht jedoch zwischen beiden Kommunikationsebenen ein Widerspruch, dann sind die Mitteilungen von A für B zweideutig und damit schwierig zu verstehen. In unserem Beispiel bestand in der Kommunikation des *Mannes* ein deutlicher Gegensatz zwischen verbaler und averbaler Information. Verbal präsentierte er sich als stark und belastungsfähig, in seinen averbalen Äußerungen wirkte er jedoch unsicher und hilflos (Aussage 21 der Frau). Zweideutige Informationen sind typisch für Situationen, in denen eine Person unter emotionalem Druck steht, dies jedoch nach außen nicht zeigen will. Auch die Kommunikationsweise der *Frau* in unserem Fallbeispiel war nicht eindeutig. Ganz so schwach und hilflos, wie sie sich zunächst darstellte, war sie in Wirklichkeit nicht, da sie mit ihren Angstgefühlen, ihrem Weinen und ihrem Vaginismus Reaktionen und Verhaltensweisen hatte, denen gegenüber der Mann machtlos und hilflos war.

Vielleicht haben Sie beim Lesen der letzten Seiten gedacht, das klimgt ja alles recht komliziert. Ist unsere Sprache wirklich ein so komplexes Instrument? Und wenn schon, wie soll man das alles im Verlauf eines Gespräches beobachten können und dann gleichzeitig noch am Gespräch teilnehmen. In der Tat erfordern die Beobachtung und Bewertung von Kommunikationsabläufen viel Übung und Erfahrung. Wenn Sie ihre Fähigkeiten in dieser Richtung verbessern wollen, empfehle ich Ihnen, gelegentlich ein Beratungsgespräch mit einem Patientenpaar auf eine Tonbandkassette aufzunehmen und danach in Ruhe zu analysieren. Sie werden dabei sowohl über Ihre Patienten wie über sich selbst interessante Informationen erhalten, die Ihnen für die Beurteilung der Beziehungsprobleme und die Behandlung wichtige Hinweise geben. Noch besser eignen sich Videoaufnahmen zur Schulung der Beobachtung von Kommunikationsabläufen. Wir haben an unserer Abteilung in den letzten Jahren in Fortbildungskursen für Ärzte in zunehmendem Maße Videobänder als Unterrichtsmittel eingesetzt und dabei sehr gute Erfahrungen gemacht.

9.4 Perspektive 3: Das Paar als soziales System

Der Begriff System wird heute vielfältig verwendet. Man spricht von *physikalischen, biologischen, technischen und sozialen Systemen.* Es würde an dieser Stelle zu weit führen, die Bedeutung des systemischen Denkansatzes für die Medizin und die Tätigkeit eines Arztes ausführlich darzustellen (siehe 101, 102, 103). Für eine ganzheitliche Betrachtungsweise von Gesundheitsproblemen und für das Verständnis der Wechselwirkungen zwischen biologischen, psychischen und sozialen Faktoren bei der Entstehung und dem Verlauf von Krankheiten ist eine systemische Betrachtungsweise jedoch unerläßlich.* Ich beschränke mich an dieser Stelle auf die kurze Erörterung von drei strukturellen Aspekten, welche für die Beurteilung der intra- und extradyadischen Organisation eines Paares oder einer Familie als eines sozialen Systems von Bedeutung sind: Intra- und extradyadische Grenzen, hierarchische Gliederung und Allianzen bzw. Koalitionen (90 S. 15 ff.).

Intra- und extradyadische Grenzen

Die Frage, wie sich zwei Partner gegenseitig und gemeinsam als Paar nach außen hin abgrenzen, spielt für Nähe und Distanz zwischen ihnen und zur Umwelt eine wesentliche Rolle. Grenzen sie sich z. B. gegenseitig kaum oder gar nicht ab, dann vermitteln sie das Bild einer symbiotischen Zweierbeziehung, in der jeder vom andern abhängig und an ihn gebunden ist. Errichten beide zwischen sich einen ,,Schutzwall'', d. h. daß die Grenze zwischen ihnen kaum oder gar nicht durchlässig ist, dann erscheinen sie nach außen als Einzelpersonen, nicht jedoch als Paar. Ähnlich ist es mit den extradyadischen Grenzen. Sind diese wenig klar, d. h. sind die Partner stark außenorientiert, dann wird ihre Beziehung wesentlich

---

* Der Begriff System läßt sich in folgender Weise definieren (101, S. 43): Ein System ist ein aus den Wechselwirkungen seiner Elemente organisiertes Ganzes. Die Elemente eines Systems beeinflussen sich gegenseitig und stehen miteinander in einer multivariaten Interaktion. Diese Definition des Begriffes System deutet auf die grundlegenden Zusammenhänge zwischen ,,dem Ganzen'' und ,,seinen Elementen'' hin:
 − Zur Erfassung eines sogenannten Systems muß man nicht nur dessen Elemente kennen, sondern auch die zwischen ihnen bestehenden Beziehungen;
 − das System als Ganzes hat Eigenschaften und Fähigkeiten, die seinen einzelnen Elementen nicht zukommen;
 − die Eigenschaften eines Systems oder die Systemeigenschaften sind mehr − oder besser: sind etwas anderes − als die Summe der Eigenschaften der Elemente (Übersummation).

durch extrafamiliäre Einflüsse und Personen bestimmt. Kapseln sie sich nach außen hin ab, dann besteht die Gefahr, daß sie Außenfaktoren zu wenig wahrnehmen und sich mit diesen nicht auseinandersetzen. Eine funktionsfähige Zweierbeziehung zeichnet sich dadurch aus, daß die intra- und extradyadischen Grenzen sowohl für die Partner als auch für Außenstehende sichtbar, aber trotzdem nicht starr und undurchlässig sind (90, S. 17).

Hierarchische Gliederung

Die hierarchische Gliederung sozialer Systeme meint den Umstand, daß einzelne Personen auf Grund bestimmter Merkmale wie Alter, Geschlecht und Ausbildung oder Aufgaben und Interessen innerhalb eines Systems sogenannte *Subsysteme* bilden können. Eine Zweierbeziehung ist als ein soziales Mikrosystem zu betrachten, das entweder *symmetrisch* oder *komplementär* strukturiert sein kann. Symmetrische Paarbeziehungen sind dadurch gekennzeichnet, daß sich beide Partner hinsichtlich Aktivität, Entscheidungsfähigkeit und Stärke weitgehend ebenbürtig sind. Bei komplementären Beziehungen erscheint einer dagegen aktiv, entscheidungsfreudig und häufig extravertiert, während der andere eher passiv, unscheinbar und introvertiert wirkt. Bei symmetrischen Zweierbeziehungen werden Konflikte oft nach dem Muster eines eskalierenden Machtkampfes ausgetragen, während es bei komplementär strukturierten Paaren in Beziehungskrisen zu einer extremen Polarisierung der beiden Partner kommt. Von grundlegender Bedeutung für das Verständnis der Dynamik einer Paarbeziehung ist die Tatsache, daß sich beide Partner in ihrem gegenseitigen Verhalten beeinflussen. *Willi* (90) spricht in diesem Zusammenhang von einer *Interdependenz des partnerschaftlichen Verhaltens.* In Bezug auf die Bildung von Subsystemen innerhalb einer Familie sieht man bei gestörten Paarbeziehungen recht häufig die Konstellation, daß einer oder beide Partner mit einem Kind eine enge Beziehung eingehen und sich mit ihm gegen den Partner verbünden.

Allianzen und Koalitionen

Allianz nennt man eine offen deklarierte Verbindung einzelner Familienmitglieder, während man bei geheimen Verbindungen von Koalitionen spricht. Allianzen entstehen häufig aus gemeinsamen Interessen und dem Einsatz für eine bestimmte Sache. Koalitionen sind hingegen meist gegen ein bestimmtes Familienmitglied oder gegen familiäre Normen oder Regeln gerichtet.

Welches sind die wesentlichen systemischen Merkmale der Paarbeziehung im geschilderten Fallbeispiel? Sowohl die intra- wie die extradyadische Abgrenzung scheint unklar. Der Mann grenzt sich gegenüber den ihn bedrohenden Gefühlen seiner Frau mehr oder weniger rigide ab, während sie gegenüber seinen Vorwürfen recht offen ist. Die Beziehung erscheint komplementär, wobei der Mann vordergründig aktiv und stark und seine Frau passiv und schwach wirken. Im Verlauf des Gespräches entsteht jedoch der Eindruck, daß die Frau ihre Emotionalität als eine Art Machtmittel gegenüber ihrem Mann benutzt und er zumindest im emotionalen Bereich in der unterlegenen Position ist. Was mögliche Koalitionen im weiteren Familiensystem betrifft, so kann vermutet werden, daß zwischen der Frau und ihrem Sohn und möglicherweise zwischen dem Mann und seiner Mutter Verbindungen bestehen, deren Bedeutung und Funktion nicht ohne weiteres zu erkennen sind.

9.5 Perspektive 4: Konfliktdynamik

Wie in Kaptiel 3.5 schon angedeutet wurde, spielen für die Entwicklung von Paarkonflikten gemeinsame Ängste und Wünsche beider Partner eine wesentliche Rolle. Diese sind den Partnern häufig gar nicht oder nur teilweise bewußt. *Das weitgehend unbewußte Zusammenspiel zweier Partner in einem gemeinsamen Grundkonflikt bezeichnet man als Kollusion.* Willi (90) hat verschiedene typische Kollusionsmuster in seinem Buch „Die Zweierbeziehung" sehr eindrücklich beschrieben. Bei der *narzisstischen Kollusion* kreist der Konflikt um die Frage der individuellen und gemeinsamen Identität der Partner. In diesem Zusammenhang ist von Bedeutung, inwieweit sich beide gegenseitig abgrenzen und inwieweit sie miteinander verschmelzen können. Die Regulierung von Nähe und Distanz spielt dabei eine wesentliche Rolle. Bei der *oralen Kollusion* steht die Frage: Wer umsorgt wen? im Mittelpunkt des Paarkonfliktes. Fürsorglichkeit auf der einen und Pflegebedürftigkeit oder passive Konsumansprüche auf der anderen Seite kennzeichnen dabei das Verhalten der beiden Partner. Von einer *analen Kollusion* spricht man dann, wenn Dominanz und Kontrolle bzw. Unterwerfung und Gefügigkeit im Zentrum des Beziehungsdramas stehen. Und als *phallisch-ödipale Kollusion* bezeichnet man eine Konfliktkonstellation, in welcher Imponiergehabe, Rivalisieren und das Ringen um die Führungsrolle im Vordergrund stehen. Die genannten vier Grundmuster von Paarkonflikten findet man in vielerlei Variationen und Kombinationen bei partnerschaftlichen Beziehungskrisen.*

In unserem Fallbeispiel deutet sich die anale Konfliktproblematik des Paares bereits bei der Eröffnung des Gesprächs an. Die Frage, wer im Therapiezimmer die dominierende Rolle übernimmt, versucht der Mann dadurch für sich zu entscheiden, daß er das Gespräch beginnt, ohne auf eine Eröffnungsfrage des Arztes zu warten. Auch im weiteren Verlauf des Gespräches zeigt sich an verschiedenen Stellen, daß zwischen den Partnern ein latenter Kampf um die überlegene Position besteht. Im Verlauf der Behandlung der Patientin, die in Einzel- und Paarsitzungen durchgeführt wurde, zeigte sich, daß der Mann in den ersten Ehejahren mehr oder weniger unbestritten die Rolle des dominierenden Partriarchen innehatte. Die angstneurotischen und sexuellen Symptome der Frau signalisierten auf eine für das Paar zunächst nicht verständliche Weise, daß die Frau nicht mehr bereit war, sich weiterhin den Machtansprüchen ihres Mannes zu unterwerfen. Im Verlauf der Behandlung wurden der Frau ihre Autonomiebedürfnisse bewußt. Sie begann, sich in einzelnen Fragen der Meinung ihres Mannes zu widersetzen. Parallel mit dieser Entwicklung nahmen die angstneurotischen Symptome ab.

---

* Eine ausführliche Darstellung dieser Konfliktmuster findet sich in dem Buch „Die Zweierbeziehung" von Jürg *Willi* (90).

Während einer längeren Phase der Behandlung bestand dann zwischen beiden Partnern ein recht offen geführter Machtkampf. Eine Krankheit des Mannes führte schließlich dazu, daß er die Stärke und die Selbständigkeit seiner Frau auch als positiv erleben konnte. Am Ende der Behandlung hatte sich die Paarbeziehung von einer starr komlementären in eine flexible symmetrische Beziehungsstruktur gewandelt. Beide Partner konnten in verschiedenen Bereichen ihrer Beziehung teilweise die Rolle des Stärkeren bzw. des Schwächeren akzeptieren.

Fassen wir zusammen: Der Beziehungskonflikt dieses Paares, wie er im Verlauf einer längerdauernden Behandlung deutlich wurde, zeigte sich in Ansätzen schon beim ersten Paargespräch recht deutlich. Die Beobachtung der Kommunikation und Interaktion zweier Partner während eines Paargespräches gibt dem Arzt Hinweise auf die Art eines Beziehungskonfliktes. Ein nicht geringer Prozentsatz von Paarkonfikten kann durch wenige Beratungsgespräche, wie sie jeder Arzt in seiner Praxis durchführen kann, entschärft oder gelöst werden. In diesem Kapitel sollten vor allem *Kriterien zur Beurteilung von Paarkonflikten* veranschaulicht werden, wie sie bei sexuellen Funktionsstörungen und anderen psychosomatischen Symptombildungen recht häufig vorkommen. Auf spezielle Fragen der Behandlungstechnik von Paarkonflikten kann an dieser Stelle nicht näher eingegangen werden (siehe hierzu 90, 91, 104, 105).

Zusammenfassung: Kriterien zur Beurteilung eines Paarkonfliktes

Familiäre Entwicklungsphasen:
- Phase der Paarbildung
- Phase der Familiengründung
- Phase der mittleren Jahre
- Phase der Altersehe

Kommunikation:
- Inhalt der Kommunikation
  Worüber wird gesprochen?
- Kommunikationsfertigkeiten
  Können Gefühle, Meinungen und Absichten klar ausgedrückt werden?
- Ich-Du-Definitionen
  Wie ist der Anteil von gegenseitiger Bestätigung, Verwerfung und Entwertung?
- Averbale Kommunikation
  Wie sind Körperhaltung, Mimik, Gestik, Tonfall der Stimme und emotionale Gestimmtheit?
- Kongruenz bzw. Inkongruenz von verbaler und averbaler Kommunikation
  Sind die Mitteilungen eindeutig oder widersprüchlich?

Das Paar als soziales System:
- Intra- und extradyadische Grenzen
  Wie können Nähe und Distanz reguliert werden?
- Hierarchische Gliederung

Welche Subsysteme gibt es? Ist die Beziehung symmetrisch oder komplementär strukturiert?
– Allianzen und Koalitionen
Welche offen deklarierte und geheime Verbindungen gibt es in der Familie?

Konfliktdynamik (Kollusions-Muster)
– Narzisstische Kollusion
Wer ist wer?
– Orale Kollusion
Wer umsorgt wen?
– Anale Kollusion
Wer dominiert wen?
– Phallisch-ödipale Kollusion
Wer liebt wen?

10 Wenn das Gespräch stockt — Widerstände im Beratungsgespräch

10.1 Widerstand in der Psychotherapie

Es ist eher ungewöhnlich, daß Patienten so offen und direkt über ihre sexuellen Schwierigkeiten sprechen können wie das Ehepaar, dessen sexualanamnestische Gespräche in den Kapiteln 7 und 8 dargestellt wurden. Die meisten Menschen haben Hemmungen und Widerstände, über ihre Sexualität zu sprechen. Die Gründe dafür sind vielfältig: Scham- und Schuldgefühle, Befürchtungen und unangenehme Phantasien oder mangelnde praktische Erfahrung. In allen psychotherapeutischen Verfahren spielt die Frage, wie der Therapeut mit Widerständen seiner Patienten umgehen soll, eine wichtige Rolle. Als Widerstand werden z.B. in der Psychoanalyse all jene Kräfte im Patienten angesehen, welche „die Versuche des Patienten stören, sich zu erinnern, Einsicht zu gewinnen und sie sich zu eigen zu machen, die Kräfte also, die gegen das vernünftige Ich des Patienten arbeiten und gegen seinen Wunsch, sich zu ändern... Der Widerstand kann sich ausdrücken durch Gefühle, Einstellungen, Ideen, Impulse, Gedanken, Phantasien oder Handlungen" (30, S.71). In *psychoanalytisch ausgerichteten Behandlungsverfahren* werden Widerstände analysiert, ihre Ursachen und Ziele aufgedeckt und dem Patienten gedeutet. *Zudeckende oder stützende Psychotherapiemethoden* zielen dagegen darauf ab, Widerstände zu stärken und sie anzuerkennen. In dem von *Singer Kaplan* (79) entwickelten Konzept der Sexualtherapie versucht der Therapeut, *Widerstände* des Patienten eher zu *umgehen*, ihnen *auszuweichen* oder sie durch Zureden zu *überwinden*. Auch in der Sexualberatung haben sich diese Möglichkeiten der Handhabung von Widerständen bewährt.

Widerstände können sich auf vielfältige Art und Weise zeigen. Im folgenden sollen einige Formen von Widerständen in der Sexualberatung kurz beschrieben werden, die im Einzel- und Paargespräch häufig vorkommen. Ausgehend von diesen Widerständen werden dann Möglichkeiten zur ihrer Überwindung im Beratungsgespräch besprochen.

10.2 Der Patient schweigt

„Es klappt nicht mehr" ist wohl die häufigste Formulierung, mit der Patienten sexuelle Schwierigkeiten andeuten. Fragt der Arzt dann weiter, so gerät das Gespräch früher oder später ins Stocken. Der Patient blickt verlegen vor sich hin, wird blaß oder rot und gibt dem Arzt durch sein Verhalten indirekt zu verstehen, daß er eigentlich nicht weiter gefragt werden möchte. Manche Patienten haben an den Arzt die Erwartung, er sollte aus ein paar wenigen, recht allgemeinen Worten heraushören, welche sexuellen Schwierigkeiten sie haben. Hat der Arzt selbst Hemmungen, über sexuelle Fragen zu sprechen, so wird er das Schweigen des Patienten möglicherweise durch eine Bemerkung wie ,,das ist nicht so schlimm, das macht sich schon wieder'' beenden und das Thema wechseln. Dieses *Bagatellisieren* der sexuellen Probleme hilft dem Patienten kaum. Ebensowenig hilfreich ist der Versuch, das Schweigen des Patienten durch *verletzende Fragen oder Bemerkungen* wie z. B.: Wer hat Sie denn aufgeklärt?, Sie sind aber verklemmt!, schauen Sie sich doch einmal einen Sexfilm an!, in Ihrem Alter sollte das doch keine Rolle mehr spielen!, brechen zu wollen.

Eine gute Möglichkeit, dem Schweigen des Patienten vorzubeugen oder dieses zu überwinden, besteht darin, ihm zu Beginn oder im Verlauf des Gespräches zu sagen, daß *Hemmungen* und *Formulierungsschwierigkeiten* beim Besprechen sexueller Fragen etwas ganz *Normales* sind und den meisten Menschen die Worte fehlen, wenn sie über ihre sexuellen Probleme sprechen wollen. Man kann z. B. bei den ersten Anzeichen von Verlegenheit oder Hemmungen sagen: ,,Wissen Sie, den meisten Patienten fällt es schwer, über ihre Sexualität zu sprechen. Auch mir hat es am Anfang Mühe gemacht, meine Patienten nach ihrem Sexualleben zu fragen. Wenn Sie deshalb Schwierigkeiten haben, sich zu äußern, so kann ich Ihnen schon helfen, daß Sie die richtigen Worte finden''. Viele Patienten fühlen sich durch eine solche Äußerung schon erleichert und können dann ihre Probleme ohne allzu große Hilfe schildern. Reicht diese Art der Ermunterung nicht aus, das Schweigen zu überwinden, so bewährt es sich, dem Patienten *einige Möglichkeiten für die Art seines sexuellen Problems anzubieten* wie z. B.: Ja haben Sie keine Lust mehr zum Geschlechtsverkehr oder haben Sie eine Abneigung dagegen! Wird Ihr Glied nicht mehr steif oder haben Sie den Samenerguß zu schnell? Oder Frauen gegenüber: Haben Sie Schmerzen beim Verkehr oder kann Ihr Partner das Glied gar nicht einführen? Empfinden Sie nichts mehr beim Geschlechtsverkehr oder haben Sie den Eindruck, Ihr Partner nimmt auf Sie zuwenig Rücksicht? Durch das Formulieren möglicher sexueller Probleme bietet der Arzt dem Patienten modellhaft Möglichkeiten an, wie man sexuelle Schwierigkeiten benennen kann.

Sexualberatung beginnt mit der Anamneseerhebung! Wenn Sie diesen Grundsatz beim Gespräch mit Ihren Patienten vor Augen haben, werden Sie feststellen, daß Ihre Patienten leichter über sexuelle Probleme sprechen können oder anders formuliert: *Der erste, der seine Hemmungen und Widerstände überwinden muß, ist nicht der Patient, sondern der Arzt.* Und da die Ursache der sexuellen Schwierigkeiten mancher Patienten in ihrer Unfähigkeit liegt, mit ihrem Partner darüber zu sprechen, kann die Reaktion des Arztes auf das Schweigen seines Patienten bereits über den Erfolg oder Mißerfolg seiner Beratungsbemühungen entscheiden.

Auch der erfahrene Arzt wird trotz allem Geschick immer wieder Patienten haben, die ihm zwar ein sexuelles Problem andeuten, ein eingehendes Gespräch darüber jedoch durch hartnäckiges Schweigen vermeiden. Je nach Situation versuche ich dann, mit einer der folgenden drei Interventionen weiterzukommen:

— Wenn ich den Eindruck habe, daß die Schwierigkeiten des Patienten mit meinem Geschlecht oder meiner Person zusammenhängen könnten, biete ich als Möglichkeit die Überweisung zu einem anderen Kollegen oder einer Kollegin an. Manche Patienten haben gegenüber einem gleichgeschlechtlichen Arzt deutlich weniger Hemmungen.

— Wenn ich den Eindruck habe, daß große Ängste oder Schuldgefühle den Patienten am Sprechen hindern, dann bestätige ich ihm die Notwendigkeit, vorläufig seine Widerstände aufrechtzuerhalten etwa durch einen Satz wie: „Mir
scheint es wichtig, daß wir heute gesehen haben, daß Sie im sexuellen Bereich
gewisse Schwierigkeiten haben, aber wahrscheinlich müssen wir uns noch etwas Zeit lassen, bis wir darüber eingehender sprechen können". Durch die
Formulierung „wir . . .", die dreimal wiederholt wird, identifiziert sich der
Arzt mit den Sprachschwierigkeiten des Patienten und deutet an, daß das Gespräch nicht unbedingt heute, sondern auch bei einer nächsten Konsultation
fortgesetzt werden kann.

— Hartnäckige Schweiger kann man gelegentlich zum Sprechen bringen, wenn
man als Arzt in Anwesenheit des schweigenden Patienten ein Selbstgespräch
führt. Ich erinnere mich an eine Frau mittleren Alters, die mir von einer Kollegin wegen einer langjährigen sexuellen Problematik zugewiesen worden war.
Schon mehrere Kollegen hatten vergebens versucht, mit ihr über ihre sexuellen
Schwierigkeiten zu sprechen. Auch mir erging es nicht anders als im Überwei-
sungszeugnis stand. Nach der Feststellung: Es muß sich unbedingt etwas ändern, sonst nimmt sich mein Mann eine Freundin, verstummte die Patientin
und war durch keine der geschilderten Möglichkeiten zum Sprechen zu bewegen. Ich wartete etwas ab und drehte mich dann auf meinem Stuhl etwas zur
Seite, schaute ebenso wie die Patientin vor mich hin und sagte zu mir selbst
mit immer leiser werdender Stimme: Ich möchte nur wissen, was ich falsch gemacht habe. Das ist mir noch nicht passiert, daß ich jemand im Gespräch so
verletzt habe, daß er gar nicht mehr sprechen konnte. Was soll ich jetzt machen? Soll ich einfach noch etwas warten, soll ich mich entschuldigen, oder
soll ich mich weiter blamieren? An dieser Stelle fragte mich die Patientin:
Was haben Sie gesagt? Ich antwortete mit kaum hörbarer Stimme: Am besten
wird es wohl sein, wenn ich jetzt das Gespräch beende. . . . Die Patientin
schaute mich dann mit großen Augen an und sagte: Ich dachte, Sie sind Spe-
zialist für sexuelle Probleme. Auf meine Bemerkung: „Zwei Spezialisten können sich häufig nicht einigen, so eine Schweigerin wie Sie habe ich wirklich
noch nicht in meiner Sprechstunde gehabt. Wie gelingt Ihnen das, mir so geduldig zuzuhören? . . ." war der Bann gebrochen. Wir unterhielten uns zunächst noch einige Zeit über die Fähigkeiten zu schweigen und kamen dann
auf das sexuelle Problem der Frau — eine eigene außereheliche Beziehung —
zu sprechen. Das wohl entscheidende dieser Intervention lag darin, daß ich
durch mein Selbstgespräch die Rollen zwischen der Patientin und mir ver-
tauschte, indem ich die Rolle des hilflosen Sprechers übernahm und ihr die
Rolle der bewundernswerten Zuhörerin zuschob. Diese Interventionsweise
erfordert einige Erfahrung und Geschick und sollte nicht am Anfang einer
sexualberaterischen Tätigkeit stehen. Die Wirkungsweise eines Selbstge-
sprächs auf die Beziehung von zwei schweigenden Gesprächspartnern können
Sie z. B. dadurch üben, daß Sie ein solches Gespräch mit Ihrer Frau oder einem Kollegen im Rollenspiel üben.

10.3 Der Patient beschuldigt sich oder seinen Partner

„Ich weiß ja, daß es an mir liegt, wenn ich meine Einstellung ändern könnte, dann ginge es in unserer Ehe wahrscheinlich besser." Solche oder ähnliche Selbstbeschuldigungen werden häufig von Frauen vorgebracht. Die Eigenschaft, zunächst einmal vor der eigenen Tür zu kehren und sich zu fragen, was man vielleicht immer wieder falsch macht, muß nicht in jedem Fall Zeichen eines Widerstandes sein. Sofern diese Einsicht zu Änderungen in der eigenen Einstellung oder im Verhalten führt, kann sie sogar für die Sexualberatung recht günstig sein. Gar nicht selten dient jedoch die Selbstbeschuldigung dazu, sich vor weiteren Anstrengungen zu drücken. Mit dem Gang zum Arzt und dem Eingeständnis seiner Schuld hat man seine Schuldigkeit getan und muß sich nicht weiter bemühen. Das Gespräch mit dem Arzt wird hier zu einem Alibi gegenüber dem Partner, dem man dadurch die Möglichkeit zu Vorwürfen und Kritik nimmt. Wer selbst so kritisch ist, seine sexuellen Hemmungen eingesteht und zum Arzt geht, um sich beraten zu lassen, dem kann man wirklich nicht vorwerfen, er bemühe sich nicht. Selbstbeschuldigungen können eine recht wirksame Form von Widerstandsverhalten darstellen.

Viele Ärzte reagieren auf Selbstbeschuldigungen von Patienten mit Versuchen, diese zu entkräften: Wahrscheinlich liegt es ja nicht nur an Ihnen, sondern an Ihrem Mann, daß Sie so wenig Spaß am Geschlechtsverkehr haben. Mit einer solchen oder ähnlichen Äußerung hat der Arzt dem Patienten seine Zustimmung gegeben, daß es in ihrem Gespräch nicht um sexuelle Schwierigkeiten, sondern um Schuldfragen geht. Hat man sich auf eine Diskussion, wen welche Schuld an welchem Mißstand trifft, erst einmal eingelassen, treten andere Fragen in den Hintergrund. Man kann dann zwar in den Eltern oder früheren Partnern noch weitere Sündenböcke für die jetzigen Schwierigkeiten finden. Diese werden dann aber kaum dabei behilflich sein können, die jetzigen Schwierigkeiten zu beseitigen. Die *Schuldfrage* spielt bei allen Krankheiten, besonders aber bei psychischen oder sexuellen Schwierigkeiten eine wichtige Rolle. Als Ärzte sind wir kaum in der Lage zu entscheiden, welche früheren Fehler welche Bedeutung für augenblickliche Schwierigkeiten haben. Ich sage deshalb zu Patienten, die immer wieder ihre Schuld erwähnen, z. B. folgendes: „Wissen Sie, die Sexualität ist eine sehr komplexe Sache. Da spielen alle möglichen körperlichen und seelischen Faktoren eine Rolle. Wahrscheinlich haben Sie schon recht, daß Sie dieses oder jenes falsch gemacht haben. Ich würde aber gerne hören, was Ihr Mann/Partner dazu meint. Häufig ist es bei sexuellen Störungen so, daß jeder der Partner meint, er sei alleine an den Schwierigkeiten schuld. In der Regel ist es aber so, daß jeder seinen Teil dazu beiträgt, daß Schwierigkeiten entstehen und nicht beseitigt werden können." Das Entscheidende ist, nicht bei der Schuldfrage stehenzubleiben, sondern zu versuchen, eine möglichst genaue und wertneutrale Bestandesaufnahme der augenblicklichen Situation der sexuellen Beziehungen zu machen.

Ebenso häufig wie Selbstvorwürfe sind *Beschuldigungen des Partners:* Mein Mann ist mit seinem Beruf verheiratet, er hat abends kein Interesse mehr an mir, oder: Meine Frau ist so mit den Kindern beschäftigt, daß sie mich völlig vernachlässigt. Grundsätzlich geht es hier um dasselbe Widerstandsverhalten. Der schuldige Partner wird als Hindernis für eine Änderung des augenblicklichen Zustands gesehen. Man selbst wäre ja schon bereit, alles mögliche an der eigenen Einstellung und im eigenen Verhalten zu ändern, aber der Partner wird darauf mit Sicherheit nicht reagieren. Bei solchen Patienten nützt es wenig, ihnen selbst einen Teil der Verantwortung für die gegenwärtigen Schwierigkeiten nachweisen zu wollen. Typisch ist ihre Reaktion auf den Vorschlag, zu einem weiteren Gespräch doch mit dem Mann vorbeizukommen: Der kommt auf keinen Fall mit. Das wäre das erste Mal, daß mein Mann zu einem Gespräch bereit wäre. Überläßt man dem Patienten selbst die Einladung des Partners für ein gemeinsames Gespräch, so kommt dieses mit großer Wahrscheinlichkeit nicht zustande. Die Einladung wird nämlich häufig dann so übermittelt, daß der beim ersten Gespräch nicht anwesende Partner den Eindruck gewinnt, der Arzt habe sich bereits mit dem Ankläger verbündet und das gemeinsame Gespräch diene nur noch einer Bestätigung der bereits bekannten Beschuldigungen.

Das eindrücklichste *Beispiel,* das ich in dieser Hinsicht erlebte, war eine 45jährige Frau, die nach einer erweiterten Hysterektomie (Entfernung der Gebärmutter und beider Eierstöcke) eine reaktive Depression entwickelte. Ich wurde von dem behandelnden Gynäkologen als Konsiliararzt gerufen. Im Gespräch mit der Frau äußerte ich, ein Verlust der Eierstöcke sei für viele Frauen nicht leicht zu verkraften. Die Patientin stimmte mir zu und berichtete, daß sie schon seit Jahren an einer Dyspareunie leide und nun die Befürchtung habe, gar keinen Geschlechtsverkehr mehr haben zu können. Die Ursache ihrer Dyspareunie sah sie in den ihrer Meinung nach übersteigerten sexuellen Bedürfnissen ihres Mannes. Ich konnte sie dazu überreden, ihren Mann zu einem gemeinsamen Gespräch einzuladen. Zwei Tage später erhielt ich vom Ehemann der Patientin einen bestürzten Anruf, seine Frau habe ihm mitgeteilt, ich wollte mit ihm darüber sprechen, was für ihn der Verlust seiner beiden Hoden für Konsequenzen hätte. Erstens sei er gesund und zweitens habe er kein Interesse mit mir über eine so dumme Frage zu diskutieren. Wie sich ergab, hatte die Frau mein eigentliches Anliegen, ein gemeinsames Beratungsgespräch zum Abbau ihrer Sexualängste, vollständig überhört. Stattdessen hatte sie ihren Mann in provozierender Weise mit einer für ihn völlig unverständlichen Frage konfrontiert und ihm damit eine Begründung für seine Ablehnung geliefert, zu einem gemeinsamen Gespräch zu kommen.

Bei Patienten, die im Einzelgespräch ihren Partner beschuldigen, lade ich diesen in Anwesenheit des Patienten meist selbst telefonisch zu einem gemeinsamen Gespräch ein, z. B. mit folgenden Worten: Herr X, Ihre Frau ist gerade bei mir in der Sprechstunde. Ich habe sie eingehend untersucht und kann Ihnen erfreulicherweise mitteilen, daß ich keine pathologischen Befunde finden konnte. Ihre Frau ist aber etwas betrübt, daß es im sexuellen Bereich zwischen Ihnen nicht mehr so gut geht wie früher. Ich wäre nun sehr froh, wenn Sie mit Ihrer Frau noch einmal zu einem gemeinsamen Gespräch vorbeikommen könnten. Sexuelle Schwierigkeiten kann man besser beurteilen und behandeln, wenn man die Sichtweise beider Partner kennt. Wäre es Ihnen möglich, in nächster Zeit einmal vorbeizukommen?

Mit dieser Formulierung gebe ich dem Mann zu verstehen, daß ich die Sichtweise seiner Frau zwar für wichtig, seine eigene aber für ebenso wichtig halte. Die *ausgewogene Parteilichkeit beiden Partnern gegenüber,* auf die schon im letzten Kapitel hingewiesen wurde, gilt auch für das Einzelgespräch. Das bedeutet, daß sich der Arzt nicht einseitig mit dem in seiner Sprechstunde erschienenen Partner solidarisiert, sondern versucht, die Problematik auch aus den möglichen Sichtweisen des nicht anwesenden Partners zu sehen.

10.4 Der Patient wünscht ein Medikament

,,Herr Doktor, können Sie mir nicht etwas aufschreiben, daß es mit meiner Potenz wieder besser geht?'' Der Wunsch nach einer ebenso schnellen wie wirkungsvollen medikamentösen Behandlung ist vor allem bei Männern sehr verbreitet. Aus eigener Ratlosigkeit verordnen noch heute viele Ärzte Hormone, Vitamine oder Roborantien als *sexualtherapeutische Placebos*. Dabei handelt es sich um eine weitere Form der *Tabuisierung des Themas Sexualität*. Der Griff zum Rezeptformular und die Verordnung einer Pille oder eines Saftes ersparen dem Arzt weitere Fragen und dem Patienten ein genaueres Eingehen auf seine sexuellen Probleme. Nicht selten kann eine Placebomedikation zu einer *Verstärkung* und *Fixierung* von Sexualstörungen beitragen (3). Die Verordnung eines Medikamentes bestätigt nämlich die Vorstellungen des Patienten, daß seine sexuellen Probleme organischer Natur seien. Die sexuellen Ängste werden durch Krankheitsängste verstärkt, welche vom Patienten mit einem sexuellen Vermeidungsverhalten abgewehrt werden. In der sexualmedizinischen Sprechstunde sieht man nicht selten Patienten, bei denen jahrelange somatische Abklärungs- und Behandlungsversuche dazu geführt haben, daß der Gedanke an eine psychische Genese ihrer Beschwerden unvorstellbar und unannehmbar geworden ist. Hier haben die unermüdliche Organsuche und die vielfältigen therapeutischen Aktivitäten dazu geführt, daß ein beratendes Gespräch vom Patienten als Kränkung erlebt und abgelehnt wird (13).

Die Wirkung sexualtherapeutischer Placebos ist so gering und ihre möglichen negativen Auswirkungen sind so groß, daß jeder Arzt, dem es wirklich um die Behandlung seiner Patienten geht, ihre Verordnung unterlassen sollte. Nicht nur bei psychogenen Sexualstörungen, sondern auch bei einem hohen Prozentsatz der organisch bedingten sexuellen Störungen sind Hormone schädlich. Wiederholt sah ich Männer mit einem Diabetes mellitus, denen ihr Arzt ein testosteronhaltiges Medikament verordnet hatte. Statt der erhofften Beseitigung ihrer Erektionsstörung — die bei ihnen durch einen arteriellen Verschluß organisch bedingt war — spürten sie nur eine deutliche Zunahme ihrer Libido. Eine Libidosteigerung bei fortbestehender Erektionsstörung wird vom Patienten als quälend erlebt und führt nicht selten zu einer schweren Depression mit Suizidgedanken.

Wie soll sich nun der Arzt verhalten, wenn der Patient ein Medikament wünscht? Ich äußere in diesen Fällen mein Verständnis für den Wunsch des Patienten, gehe jedoch nicht auf ihn ein. Vielmehr benutze ich die Gelegenheit, dem Patienten das Zusammenwirken körperlicher und seelischer Faktoren für die Funktion der Sexualorgane und die sexuelle Erlebnisfähigkeit zu erklären. Das Zusammenwirken somatischer und psychischer Faktoren kann man einem Mann z. B. in folgender Weise verständlich machen:

,,Damit Ihr Glied steif wird, müssen die Blutgefäße und Nerven, die das Glied versorgen, in Ordnung sein. Außerdem ist auch ein gewisser Blutspiegel des männlichen Sexualhormons erforderlich. Diese körperlichen Faktoren werden über das Gehirn an das Rückenmark gesteuert. Nun haben Sie sicher an sich selbst schon beobachtet, daß Sie weniger Bedürfnis nach Geschlechtsverkehr hatten, wenn Sie beruflich stark belastet waren oder wenn Sie etwas bedrückt hat. Die seelische Verfassung eines Menschen und die Frage, ob er sich in einer Beziehung wohl fühlt, spielen für die sexuelle Funktionsfähigkeit eine genauso wichtige Rolle wie die körperlichen Faktoren. Bevor ich entscheiden kann, welche Behandlung für Sie die richtige ist, sollten wir uns erst noch genau über ihre sexuellen Schwierigkeiten unterhalten.''

Mit dieser kurzen Erklärung hat man dem Patienten gegenüber die Notwendigkeit eines eingehenden Gespräches begründet und kann nun einzelne Fragen zur Symptomatik der sexuellen Störung stellen.

10.5 Weitere Widerstände

Wie bereits erwähnt, gibt es vielfältige Widerstände, mit deren Hilfe der Patient ein Gespräch über seine sexuellen Schwierigkeiten vermeiden oder erschweren kann. Relativ häufig zu beobachten sind neben den eingehend geschilderten Möglichkeiten das *unentschuldigte Versäumen einer Konsultation* oder der Versuch, das Thema zu wechseln. Patienten, die sich im ersten Beratungsgespräch durch den Arzt überfordert fühlten, bleiben nicht selten weiteren Beratungsgesprächen fern. Hier ist es wichtig, daß der Arzt ein Gespür dafür entwickelt, wieviel er dem jeweiligen Patienten in einem Gespräch zumuten kann. Zwei kürzere Gespräche, zwischen denen sich der Patient zusätzliche Fragen überlegen kann, sind besser als ein langes Gespräch, das der Patient im Nachhinein als Tortur erlebt und vor dessen Fortsetzung er Angst hat. Der Wechsel des Gesprächsthemas wird von Patienten und Ärzten in gleicher Weise benutzt, um unangenehmen Fragen auszuweichen. Besonders augenfällig wird diese Art des Widerstandes in allen Bereichen ärztlichen Handelns, die emotional oder ethisch hoch besetzt sind: z. B. in der Behandlung schwerkranker und sterbender Patienten, bei chronisch Kranken oder bei Behinderten und nicht zuletzt beim Thema Sexualität. Dem Arzt bieten sich zahllose Möglichkeiten, das ,,heiße Eisen'' nicht zulange anzufassen: Man erkundigt sich nach der Periode, dem Wasserlassen oder dem Stuhlgang und hat sich damit schon wieder auf Gefilde geflüchtet, auf denen man sich sicherer fühlt, als auf dem Gebiet der Sexualberatung.

10.6 Widerstände bei Paargesprächen

Es würde zu weit führen, sämtliche Spielarten von Widerständen eingehend zu beschreiben, die in einem Beratungsgespräch mit einem Ehepaar auftreten können. *Willi* (90, S. 80-89) hat für die Paartherapie einige typische Muster des Widerstandes eines oder beider Partner beschrieben, die hier nur kurz erwähnt werden sollen.

a) Widerstände des nicht behandlungswilligen Partners:
— Bei einer progressiv-regressiven Rollenpolarisierung (siehe Kapitel 3.5) fürchtet der Progressive, neben der Belastung mit seinem das sexuelle Symptom aufweisenden regressiven Partner die Belastung einer Beratung/ Therapie nicht mehr verkraften zu können. Er hat Angst vor dem Verlust der progressiven Position.
— Angst vor moralischer Wertung und Verpflichtung. Diese Möglichkeit besteht vor allem dann, wenn der Behandlungswillige die Beratung als eine Art Gerichtssitzung ankündigt, in der geklärt werden soll, wo die Schuld am Ehekonflikt liegt.

b) Wiederstände des behandlungswilligen Partners:
— Angriffe und Beschuldigungen des der Beratung skeptisch gegenüberstehenden Partners.
— Hemmungen, Fehlverhalten und Symptombildungen aufzugeben. In diesen Fällen wird ein Symptom oft wie ein gemeinsam gezeugtes Kind gehegt und gepflegt.

c) Widerstand des Paares:
— Beide Partner haben Angst, ihre Beziehung könne auseinanderbrechen, wenn durch die Beratung ihre bisherigen sexuellen Normvorstellungen in Frage gestellt werden könnten.
— Gemeinsamer Widerstand bei einem ehelichen Machtkampf. Dieser zeigt sich darin, daß die Partner dem Therapeuten keine Interventionsmöglichkeit gewähren, indem sie sich beim Sprechen ständig gegenseitig abwechseln oder sich ins Wort fallen.
Weitere Möglichkeiten von Widerstandsverhalten sind Scheidungsdrohungen, das Eingehen außerehelicher Beziehungen oder die Idealisierung einer platonischen Beziehung. Diese wie auch andere Arten von Widerstand haben zum Ziel, am eigenen Verhalten nichts zu ändern und die Verantwortung für die Beseitigung des sexuellen Symptoms dem Partner oder dem Arzt zuzuschieben.

Zusammenfassend läßt sich sagen, daß man Widerstände in der Sexualberatung dadurch abbauen kann, daß man Hemmungen als etwas Normales und weit Verbreitetes bezeichnet, dem Patienten Verbalisierungshilfen gibt und allenfalls die Überweisung zu einem anderen Kollegen anbietet. Das Eingehen auf Selbst- oder Fremdbeschuldigungen erhöht meist die Widerstände und erschwert das Einhalten einer ausgewogenen Parteilichkeit gegenüber beiden Partnern. Die Verordnung von Medikamenten schadet eher als daß sie hilft. Schließlich bewährt es sich, zunächst die Einstellung zu haben, daß beide Partner in gleicher Weise am Zustandekommen und der Aufrechterhaltung des sexuellen Symptoms beteiligt sind und eine Besserung nur über eine Einstellungs- oder Verhaltensänderung beider Partner zu erreichen ist.

Teil III

Praxis der Sexualberatung

11 Sexualberatung – Möglichkeiten und Grenzen

11.1 Welche Störungen können durch Beratungen gebessert werden?

Sind sexuelle Schwierigkeiten wirklich durch ein oder zwei Beratungsgespräche zu bessern? Steckt dahinter nicht meistens ein tiefliegender Konflikt, der nur durch eine längerdauernde Psychotherapie gelöst werden kann? Diese Fragen werden nicht nur von Ärzten, sondern auch von Psychotherapeuten immer wieder gestellt. Aufgrund unserer mehrjährigen Erfahrung mit Patienten unserer Sexualmedizinischen Sprechstunde und mit Supervisions- und Balintgruppen für niedergelassene Ärzte haben wir den Eindruck, daß etwa ein Drittel der sexuellen Probleme, die in der ärztlichen Praxis von Patienten vorgebracht werden, durch einige Beratungsgespräche gelöst oder zumindest gemildert werden können. In unserer Sexualmedizinischen Spezialsprechstunde zeigt sich jedoch ein zunehmender Trend zu Patienten mit schweren Persönlichkeitsstörungen. Und auch ein großer Teil der Libidoprobleme, welche vor allem von weiblichen Patienten vorgebracht werden, bedürfen einer eingehenderen Paar- oder Einzeltherapie. Wie schon erwähnt, kann man nicht allein aufgrund der sexuellen Symptomatik entscheiden, in welchen Fällen eine Beratung, eine Sexualtherapie, eine Psychotherapie oder eine somatische Behandlung indiziert ist (siehe Kapitel 3). Deshalb ist die Auffassung, daß man *bei jeder sexuellen Störung nach Ausschluß einer organischen Ursache zunächst eine Beratung versuchen sollte*, durchaus vertretbar. Zum einen schließt das Scheitern einer Beratung nicht eine Sexual- oder Psychotherapie aus, sondern kann die Motivation für eine solche intensivere Behandlung erhöhen. Zum andern sind Möglichkeiten für eine spezielle Sexualtherapie oder auch für eine Psychotherapie in manchen Gebieten nach wie vor nicht vorhanden, so daß dem Arzt gar keine andere Wahl bleibt, als zunächst eine Beratung zu versuchen.

11.2 Aufgaben der Sexualberatung

Wie in anderen Bereichen der Medizin und Psychologie stellt sich auch bei der Sexualität die Frage: Wann soll der Arzt eingreifen? Viele Ärzte haben — nicht zuletzt aus finanziellen Gründen — eine überwiegend *reparative Einstellung,* d. h. sie sehen ihre Aufgabe vor allem in der Behandlung und Beseitigung bereits eingetretener Störungen. In den letzten Jahren finden jedoch, als Folge der massiven Kostensteigerung im Gesundheitswesen, zunehmend auch *präventive Überlegungen* in der Medizin Beachtung und Anerkennung. Ebenso wie man die Häufigkeit von Zahnerkrankungen oder Wohlstandskrankheiten durch geeignete Aufklärung und Information senken kann, läßt sich auch das Auftreten sexueller Störungen durch rechtzeitige *Sexualaufklärung* und *Sexualinformation* vermindern.

Gerade der Allgemeinarzt, aber auch Kinder- und Frauenärzte, betreuen Familien oder einzelne Patienten oft über viele Jahre. Der Arzt hat dabei die Möglichkeit, als *Berater* die Entwicklung seiner Patienten zu begleiten und ihnen bei der Bewältigung neuer Erfahrungen oder typischer Konflikte einzelner Lebensabschnitte zu helfen.

Sexualberatung ist deshalb in erster Linie Vermittlung von Information über die sexuelle Entwicklung und das Zusammenspiel körperlicher und seelischer Faktoren zur Erreichung eines befriedigenden Sexuallebens. Die präventive Dimension der Sexualberatung ist der rote Faden, an dem sich die Thematik und Gliederung der folgenden Kapitel orientiert. Deshalb stehen nicht die einzelnen sexuellen Störungen und deren Behandlung durch Beratung im Vordergrund, sondern die *sexuelle Entwicklung* und *häufige Fehlentwicklungen* in den einzelnen Lebensphasen. Eine beträchtliche Zahl sexueller Schwierigkeiten ließe sich verhindern, wenn die Sexualinformation nicht mehr überwiegend durch Journalisten und Filmproduzenten in Illustrierten und Sexfilmen vermittelt würde, sondern durch Eltern, Lehrer und Ärzte.

Daraus ergibt sich die *zweite Aufgabe der Sexualberatung: Der Abbau einseitiger Vorstellungen und Hemmungen.* Neben der Vermittlung von Informationen spielt hierbei das „Wie" der Beratung, d.h. die *Art der Gesprächsführung* eine entscheidende Rolle. Die vorausgegangenen Kapitel 5-10 sollten auf einige wichtige Punkte der Methodik der Gesprächsführung — sprachliche Schwierigkeiten bei der Wortwahl und Fragestellung, Besonderheiten des Einzel- und Paargesprächs, Umgang mit Widerständen — hinweisen. Auch in den folgenden Kapiteln soll durch Beispiele verdeutlicht werden, wie man Fehlvorstellungen und Hemmungen abbauen kann. Das dabei beschriebene Vorgehen ist natürlich stark durch meine persönlichen Eigenschaften und meine eigenen sexuellen Norm- und Wertvorstellungen geprägt. *Deshalb können die nachfolgenden Ausführungen keinen Anspruch auf allgemeine Gültigkeit haben.* Fehlvorstellungen und Hemmungen in sexuellen Fragen lassen sich leichter abbauen, wenn man seine eigenen Einstellungen und Normvorstellungen kennt. Ich habe in der Sexualberatung die Erfahrung gemacht, daß es oft besser ist, eine Frage nicht direkt zu beantworten, sondern den Gesprächspartner zu ermuntern, sich selbst eine Antwort zu geben. Vielleicht können die Beispiele und Überlegungen der folgenden Kapitel dazu beitragen, daß Ihnen als Leser Ihre Einstellung zur Sexualität und Ihre Normvorstellungen bewußter werden.

Damit ist die *dritte Aufgabe der Sexualberatung* angedeutet: Sexualität hat neben einem individuellen Erlebnis-Bereich — Wünschen, Phantasien, Ängsten — eine Dimension, die nur aus dem *Zusammenspiel zweier Partner* verständlich und erlebbar wird. Die Verdeutlichung der *Wechselseitigkeit des Verhaltens und Erlebens* zweier Partner, die miteinander sexuelle Beziehungen haben, scheint mir gerade in der heutigen Zeit ein wichtiges Ziel der Sexualberatung zu sein. In der Sprechstunde sieht man eine zunehmende Zahl von Patienten, die zwar sexuell perfekt funktionieren, mit ihrem Sexualleben aber dennoch unzufrieden sind. Es handelt sich dabei um Männer und Frauen, deren Erleben auf die Reaktionen an ihrer *Körperoberfläche* beschränkt ist und die irgendwann zu der Überzeugung gelangen, daß in ihrem Sexualleben etwas verkümmert ist. Die Interdependenz des partnerschaftlichen Verhaltens, wie sie *Willi* (90, siehe auch Kapitel 3.5) in seinem *Kollusions-Konzept* beschrieben hat, ist eine wichtige Grundlage zum Verständnis sexueller Störungen und ihrer Beratung.

11.3 Was ist Sexualtherapie?

In früheren Jahren wurden sexuelle Funktionsstörungen, wenn überhaupt, durch psychotherapeutische Verfahren behandelt. So unterschiedlich die einzelnen Konzepte sind, so haben sie doch einen gemeinsamen Nenner: Durch das therapeutische Gespräch zwischen Therapeut und Patient soll eine Störung beeinflußt werden. Auch wenn gewisse sexuelle Störungen durch klassische psychotherapeutische Verfahren wie Psychoanalyse, Gesprächs- oder Verhaltenstherapie beeinflußt werden können und Patienten, deren sexuelle Symptomatik Bestandteil einer umfassenden psychischen Störung ist, nach wie vor am ehesten durch eine Psychotherapie geholfen werden kann, so waren und sind die Behandlungserfolge vor allem psychoanalytisch orientierter Therapieverfahren bei sexuellen Funktionsstörungen relativ bescheiden. So schreibt z.B. *Helene Deutsch* (Zit. nach 5, S. 54): ,,Ich war ... bitter enttäuscht über die psychoanalytischen Behandlungsergebnisse der Frigidität. Ich habe Fälle gesehen, in denen eine schwere neurotische Erkrankung psychoanalytisch beseitigt werden konnte, ohne die Frigidität der Patientin auch nur im geringsten zu beeinflussen''.

Der Grund für die Ineffizienz psychoanalytischer Behandlungsverfahren ist darin zu sehen (5), daß sexuelle Störungen durch einen Selbstverstärkungsmechanismus eine *funktionelle Autonomie* entwickeln, die durch die Bearbeitung der ursächlichen Konflikte nicht beeinflußt werden kann. Diesen Selbstverstärkungsmechanismus kann man sich vereinfacht in folgender Weise vorstellen:

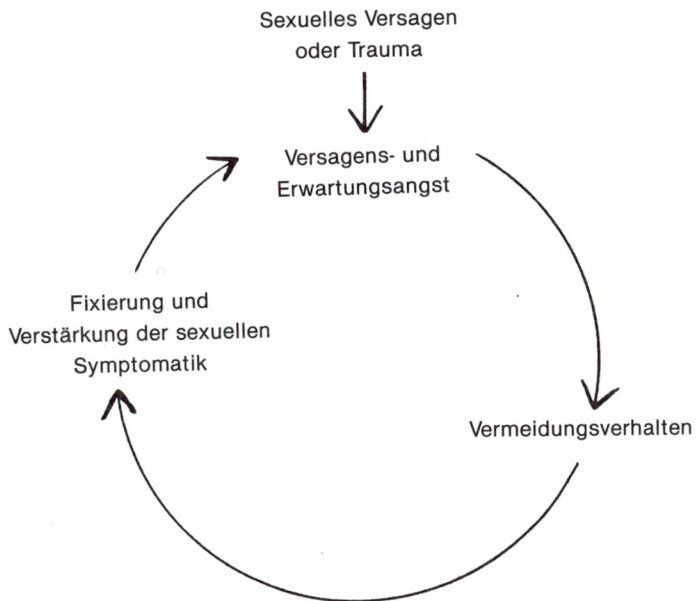

Der eigentliche Durchbruch in der Behandlung sexueller Funktionsstörungen gelang *Masters* und *Johnson* (42), die 1970 als Ergebnis einer jahrelangen Arbeit ein *symptomspezifisches* Behandlungskonzept sexueller Funktionsstörungen publizierten. Alle heute praktizierten therapeutischen Ansätze gehen vom Konzept von *Masters* und *Johnson* aus und sind Ergänzungen, aber keine grundlegenden Neuerungen.

Die drei hauptsächlichen Merkmale des Konzeptes von *Masters* und *Johnson* lassen sich mit den Begriffen *Paartherapie, Teamtherapie und symptomorientierte Verhaltensanweisungen* umschreiben. Ausgehend von der Annahme, daß sich sexuelle Funktionsstörungen in einer Partnerschaft entwickeln, kamen sie zu der Überzeugung, das zur Veränderung einer (sexuellen) Beziehung beide Partner einen Beitrag leisten müssen. Sie führten ihre Behandlungen immer als Therapeutenteam (ein männlicher Therapeut und eine weibliche Therapeutin gemeinsam) durch, da sie der Überzeugung waren, daß beide Partner gleichzeitig einen Vertreter und einen Interpreten haben sollten. Schließlich entwickelten sie ein je nach Funktionsstörung aufgebautes Programm aufeinanderfolgender Verhaltensanweisungen (Übungen), mit denen schrittweise die sexuellen Ängste abgebaut und neue Verhaltensweisen erlernt werden sollen.

Ausgehend von dem Ansatz von *Masters* und *Johnson* wurden sowohl im englisch- als auch im deutschsprachigen Raum Behandlungskonzepte entwickelt, in welchen die übungsorientierten therapeutischen Interventionen durch psychodynamische Elemente ergänzt wurden. Im angelsächsischen Raum fand in den 70er und 80er Jahren vor allem das Konzept von *Helen Singer Kaplan* (77–80) größere Verbreitung. Weiterentwicklungen ihres Ansatzes wurden in den letzten Jahren u.a. von *Leiblum* und *Rosen* (137), *Levin* (135) und *Zilbergeld* (138) beschrieben. Für den deutschsprachigen Raum ist an erster Stelle das Paartherapie-Konzept der Hamburger Arbeitsgruppe um *Arentewicz* und *Schmidt* (5) zu nennen. Eine kritische Standortbestimmung der gegenwärtigen Situation sexualtherapeutischer Behandlungskonzepte haben *Schauer* und *Leiblum* (139) vorgenommen. Sie konstatieren dabei eine gewisse *Stagnation der Sexualtherapie* in den letzten Jahren, die sie u.a. auf den Trend zu einer zunehmenden *Medikalisierung* vor allem der männlichen Sexualität (139, 141) zurückführen.

Wie soll sich der Nichtfachmann den sexualtherapeutischen Konzepten gegenüber verhalten? Die Konzepte haben einen Haken: Die Behandlungsstrategien erscheinen unkompliziert, vielleicht sogar simpel und scheinbar von jedermann anwendbar, der sie gelesen hat. In Wirklichkeit ist der Therapieprozeß jedoch sehr komplex und erfordert ein großes Maß psychotherapeutischer Erfahrung und Fähigkeiten. *Sexualtherapie im engeren Sinn sollte deshalb nicht von Ärzten ohne psychotherapeutische Vorbildung ausgeübt werden.* Wären die Übungen alleine das Entscheidende, so könnte man diese auch in schriftlicher Form den Patienten mitgeben und ihnen die Behandlung ihrer sexuellen Störungen selbst überlassen.

11.4 Ethische Aspekte der Sexualtherapie

Die Praxis der Sexualberatung und -therapie steht in deutlichem Gegensatz zu den Phantasien, welche zum Teil nicht nur Patienten, sondern auch Ärzte hinsichtlich einer sexualmedizinischen Behandlung haben. Wie wir gesehen haben, ist die Sexualberatung nicht selten eine recht mühsame Angelegenheit. Phantasien, Sexualtherapeuten seien raffinierte Verführer, welche sich unter dem Deckmantel einer ärztlichen Behandlung mit ihren Patienten sexuell vergnügten, sind jedoch weit verbreitet und werden von Zeit zu Zeit durch entsprechende Pressemeldungen belebt. Die Sexualität ist zweifellos ein Erfahrungsbereich, in dem Wunschvorstellungen und Ängste eine zentrale Rolle spielen. Deshalb ist es bei der Behandlung sexueller Störungen besonders wichtig, das subjektive Erleben des Patienten zu beachten und jene Grenze zu respektieren, jenseits der sich der Patient durch Äußerungen oder Handlungen des Arztes in seiner Intimsphäre verletzt fühlt. *Wo liegt die Grenze zwischen therapeutischem Handeln und unerlaubter sexueller Annäherung* (siehe hierzu auch Kp. 19.2)? Das folgende *Beispiel* soll diese Grenze deutlich machen:

Ein Arzt behandelt Patientinnen mit funktionellen Beschwerden im kleinen Becken und sexuellen Störungen mit intravenösen Injektionen eines Magnesium-Präparates. Nach einer kurzen Anamnese führt er die gynäkologische Untersuchung kombiniert mit einer ,,Entspannungsbehandlung'' in folgender Weise durch. Während die Patientin unbekleidet auf dem flachgestellten Untersuchungstisch liegt, verabreicht er ihr langsam in eine Armvene das Magnesium-Präparat. Dieses erzeugt bei intravenöser Gabe eine tiefe muskuläre Entspannung verbunden mit einem Wärmegefühl im ganzen Körper. Während der Injektion palpiert der Arzt mit seiner freien linken Hand die Brust der Patientin, um sie nach Knoten abzutasten. Unmittelbar nach der Injektion folgt eine bimanuelle gynäkologische Untersuchung, verbunden mit einer ,,Genitalmassage'' der Adnexe (Eileiter und Eierstöcke). Ziel der Massage ist ein entspannender Effekt im Unterleib, der unwillkürliche Muskelkontraktionen im kleinen Becken lösen soll. Während der Behandlung erkundigt sich der Arzt nach den Empfindungen der Patientin. Die Behandlung ruft bei einzelnen Frauen sexuelle Sensationen hervor. Nachdem der Arzt diese Therapie während mehreren Monaten vor allem bei jüngeren Patientinnen durchgeführt hat, erstatten einige Frauen gegen ihn Anzeige. Dabei werfen sie ihm vor, sie nicht genügend über die Wirkung der Behandlung vorinformiert, unzüchtig berührt und sexuell mißbraucht zu haben.

Dieses Beispiel weist auf einen zentralen Punkt jeder ärztlichen und psychotherapeutischen Behandlung hin, der bei der Sexualtherapie in besonderem Maße zu beachten ist: *Die eingehende Vorinformation des Patienten über Art und mögliche Wirkungen eines Behandlungsverfahrens.* Dieser Arzt hat meines Erachtens die persönliche Intimsphäre seiner Patientinnen dadurch verletzt, daß er sie nicht eingehend über die von ihm angewandte Genitalmassage vorher orientierte und um ihre Einwilligung zur Behandlung fragte. Auf Grund dieser fehlenden Information war das Verhalten des Arztes für die Patientinnen zweideutig, zumal das Medikament teilweise Wärmegefühle und sexuelle Sensationen bewirkte.

Masters, Johnson und Mitarbeiter (106 S. 172 ff.) haben auf die ethischen Richtlinien für die Sexualtherapie eingehend hingewiesen und dazu u. a. ausgeführt:

,,Aus verschiedenen Gründen befindet sich der Patient dem Sexualtherapeuten gegenüber in einer äußerst verletzlichen Position. Dazu gehört vor allem die Ungewißheit, was in einer solchen Therapie schicklich oder unschicklich, wirksam oder schädlich ist, und wodurch sich allgemein anerkannte von verantwortungsloser und nicht anerkannter Praxis unterscheidet. Die Fähigkeit des Patienten, das eigene Wohlbefinden zu beurteilen, wird möglicherweise beeinträchtigt durch den Wunsch nach Behandlungserfolg und den Glauben, der Therapeut werde im besten Interesse des Patienten handeln, sowie durch die Annahme, der Therapeut verfüge über Kompetenz und Wissen und wende strenge ethische Maßstäbe an. Deshalb muß sich der Sexualtherapeut seiner Verantwortug für das Wohlergehen und die Rechte des Patienten sowie der Erhaltung von Vertrauen in der Arzt-Patient-Beziehung stets bewußt sein.''

Aufgrund dieser besonderen Situation fordern *Masters* und *Johnson* für die Sexualtherapie u. a. die *Beachtung folgender Richtlinien:*

- Vor Beginn einer Sexualtherapie sollte das Behandlungsverfahren und die vorgesehenen therapeutischen Interventionen mit dem Patienten eingehend besprochen und diskutiert werden.
- Die Therapie darf erst dann begonnen werden, wenn der Patient dem Arzt gegenüber sein Einverständnis mit der vorgesehenen Behandlung gegeben hat.
- Nacktheit des Patienten, des Therapeuten oder von beiden während einer sexualtherapeutischen Behandlungssitzung ist unethisch, da in unserem Kulturraum das potentielle Risiko eines solchen Verhaltens weit höher einzuschätzen ist als seine potentiell hilfreiche Wirkung.
- Es ist unethisch, sich als Arzt ,,aus therapeutischen Gründen'' mit einem Patienten in sexuelle Handlungen einzulassen.

Auf dem Gebiet der Sexualmedizin betätigen sich leider immer wieder ,,Therapeuten'' mit zweifelhafter Motivation und Kompetenz. Es ist deshalb in diesem Bereich besonders wichtig im Interesse des Patienten gewisse ethische Richtlinien zu beachten und das eigene therapeutische Handeln von Zeit zu Zeit in der Diskussion mit Kollegen einer kritischen Überprüfung zu unterziehen.

11.5 Sexualtherapie aus Büchern

Was ist von der Selbstbehandlung sexueller Störungen durch die Lektüre von Büchern zu halten? Das Angebot ist reichlich, die Qualität läßt aber häufig zu wünschen übrig. So könnte man die Situation auf dem sexualtherapeutischen Büchermarkt charakterisieren. Hätten die Annoncen recht, mit welchen in allen möglichen Zeitungen Schriften zur Verbesserung der Liebesfähigkeit angepriesen werden, dann wären Sexualmedizin und -therapie mehr oder weniger ein überflüssiger Luxus. Von den Patienten unserer Sexualmedizinischen Sprechstunde hat ein nicht geringer Teil Selbstbehandlungsversuche mittels Anleitungen aus Büchern hinter sich. Wären die ,,Kochrezepte'' zur Steigerung von Lust und Potenz wirksam gewesen, hätten sie sich den Gang zum Arzt ersparen können. Immerhin gab eine erfolglose Selbstbehandlung manchen Patienten den Anstoß, ihre Hemmungen zu überwinden und sich in unserer Sprechstunde anzumelden.

Gedruckte Ratschläge können in der Regel kein Gespräch ersetzen und auch keine Konflikte lösen. Es sind jedoch in den letzten Jahren einige Bücher erschienen, welche sich sehr gut als *Ergänzung zu einer Sexualberatung oder -therapie* eignen, und die ich vielen meiner Patienten zur Lektüre empfehle. Besonders hervorheben möchte ich die Bücher zur *weiblichen Sexualität von Barbach* (7, 111) und die über *männliche Sexualität von Zilbergeld* (112, 138). Den Vorteil dieser Bücher gegenüber anderen sehe ich darin, daß sie sachlich und doch emotional engagiert zeigen, wie vielfältig das sexuelle Verhalten und Erleben von Frauen und Männern sein können. Im Anhang dieses Buches (S. 209) findet sich eine Liste derjenigen Bücher, die ich in Fortbildungsveranstaltungen Kollegen einerseits zur eigenen sexualmedizinischen Weiterbildung und andererseits zur Information für ihre Patienten empfehle.

11.6 Was in diesem Buch zu kurz kommt

Auf Fragen der Empfängnisverhütung, auf Fertilitätsstörungen und Fragen der Behandlung klimakterischer Frauen werde ich nicht oder nur am Rand eingehen. Hier fühle ich mich als Psychiater nicht in erster Linie zuständig und auch nicht in gleicher Weise kompetent wie psychosomatisch orientierte Gynäkologen. Ebenso nur am Rande behandelt werden Fragen der Homosexualität, des Transsexualismus und sexueller Deviationen, insbesondere der Pädophilie. Diese Themen spielen in der ärztlichen Praxis eine untergeordnete Rolle (vgl. Kp. 1.1) und würden eine eingehendere Darstellung erfordern, als es in diesem Rahmen möglich ist.

12 Geschlechtsorgane als Spielzeug –
   Psychosexuelle Entwicklung im Kindesalter

12.1 Das unschuldige Wesen

Stellen Sie sich folgende Situation vor: Sie stehen morgens nackt im Badezimmer und sind dabei, sich die nächtlichen Bartstoppeln zu rasieren. Ihre 1 ½jährige Tochter kommt mit kleinen Schrittchen auf Sie zu, erfaßt Ihr Glied und sagt mit strahlendem Gesicht: ,,Papa Pfifli'' (Schweizerdeutscher Ausdruck für das männliche Glied). Ich habe diese Situation, die ich selbst erlebte, einigen Bekannten erzählt und sie gefragt, wie Sie reagiert hätten. Die spontanen Antworten waren: Ich lasse deshalb morgens beim Rasieren meine Schlafanzughose an. — Bei uns ist die Badezimmertüre immer zu, wenn sich meine Frau oder ich fertigmachen. — Ich hätte die Tochter bei der Hand genommen und sie in ihr Zimmer gebracht und hätte ihr etwas zum Spielen gegeben. — Ich hätte ihr erklärt, daß das Pfifli vom Papa größer ist als das des Bruders und daß da auch noch Haare sind. — Zugegeben, ich war auch überrascht und sagte einfach: ,,Ja, das Pfifli vom Papa''. Meine Tochter war stolz über ihre Entdeckung und holte unseren 5jährigen Sohn, um auch ihm das Pfifli vom Papa zu zeigen.

Die Reaktionen meiner Freunde konnte ich gut verstehen. Vielleicht hätte ich auch so reagieren können. Was sich darin zeigt, ist die Verlegenheit der Erwachsenen gegenüber der sexuellen Entwicklung von Kindern. Nach wie vor neigen viele Erwachsene dazu, Kinder als unschuldige asexuelle Wesen zu betrachten. Sexuelle Fragen und Gesten von Kindern werden ignoriert und das verlegene Schweigen damit begründet, Kinder könnten unmöglich verstehen, wonach sie fragen würden. Wie unsicher und unerfahren wir im Umgang mit unserer Sexualität sind, zeigt sich an der *Verleugnung der kindlichen Sexualität* (7).

Kinder sind schon im Säuglingsalter sexuelle Geschöpfe. Das Baby, das mit der Mutterbrust spielt, hat daran ebenso Spaß wie seine Mutter. Auf dem Wickeltisch greifen Knaben und Mädchen bevorzugt nach ihrem Genitale. Die Berührung bereitet ihnen augenscheinlich angenehme Gefühle. Es handelt sich dabei um ein ganz natürliches Verhalten, einen Ausdruck der kindlichen Neugier und des Interesses am eigenen Körper. Das Berühren des eigenen Körpers wie des Körpers der Eltern, einschließlich der erogenen Zonen, ist wichtig für das Kennenlernen des Körpers und die Ausbildung eines vollständigen Körperbildes. Diese ist eine der Grundlagen für die Bildung eines stabilen Ich.

Die *frühkindliche Selbstbefriedigung* löst bei den Erwachsenen häufig Angst und Ablehnung aus. *Molinski* (46) sieht den Grund für diese ablehnende Haltung in dem schlechten Gewissen und den Selbstvorwürfen, die viele Erwachsenen nach wie vor gegenüber der Selbstbefriedigung haben und die sie auf die Kinder projizieren. ,,Die Selbstbefriedigung des Erwachsenen kann . . . an die Stelle der Auseinandersetzung mit dem Gegengeschlecht treten und zu interpersonaler Isolierung und damit zu einer psychosozialen Verarmung führen. . . . Das aus der

Selbstbefriedigung des Erwachsenen stammende schlechte Gewissen wird auf die vorausgegangenen Formen von physiologischer und notwendiger Selbstbefriedigung (bei Kindern und Jugendlichen) projiziert. So wird die Selbstbefriedigung am anderen, schon am kleinen Kind, verurteilt und von neuem tabuisiert, um das eigene schlechte Gewissen zu entlasten" (46, S. 253).

Barbach (7, S. 203) nennt noch einen andern Grund, weshalb viele Erwachsene ihren Kindern das Spielen mit den Genitalien verbieten. Das Betrachten der sexuellen Spielereien von Kindern kann bei Erwachsenen sexuelle Phantasien oder sexuelle Erregungen auslösen. Solche Impulse sind normal und natürlich. Sie können jedoch Erwachsene so sehr ängstigen, daß sie sich körperlich von ihren Kindern fernhalten und ihren Kindern aus Angst vor eigenen sexuellen Gefühlen das Spielen mit den Genitalien verbieten. Viele von uns werden sich erinnern, wie sie beim „Dökterle-Spielen" mit anderen Kindern von Erwachsenen ertappt und bestraft wurden. Hier ist einer der Gründe für die sexuellen Hemmungen und Unzufriedenheiten im Erwachsenenalter zu sehen. Wenn wir unseren Kindern das spielerische Kennenlernen ihrer Geschlechtsorgane verbieten, brauchen wir uns nicht darüber zu wundern, wenn die Sexualität der Erwachsenen frei von jeder spielerischen Note ist und sich nur um Leistung und Perfektion dreht.

Allgemeinärzte, Kinder- und Frauenärzte haben immer wieder die Möglichkeit, Hemmungen und Unsicherheiten in der Mutter-Kind-Beziehung zu beobachten. Wie verhalten Sie sich, wenn Sie bei der Untersuchung eines Säuglings oder eines Kleinkindes sehen, daß die Mutter auf Spielereien des Kindes am eigenen Genitale mit Verlegenheit oder Ärger reagiert? Wenn Sie diese Beobachtung vielleicht aus eigener Verlegenheit ignorieren, geben Sie der Mutter unausgesprochen die Bestätigung, daß Sie ihr Verhalten für richtig und gut halten. Würde es sich nicht lohnen, wenn Sie mit dieser Mutter nach der Untersuchung fünf Minuten sprechen und ihr die Wichtigkeit der sexuellen Spielereien ihres Kindes erklären würden?

12.2 Jungen haben ein Pfifli, Mädchen ein.....?

Für das Glied des kleinen Jungen gibt es mehrere kindersprachliche Ausdrücke: Pfifli, Schnäbeli, Hörnli, Zipfel(i), Pimmel(i) usw. Wie benennen Sie das äußere Genitale eines Mädchens? Die Worte, die ich bei Bekannten und Patienten höre, sind: Löchli, Schneckli, Weggli, Perle. Während in den Bezeichnungen für das Glied (Pfifli = Pfeife, Schnäbeli = Schnabel, Hörnli = Horn) spielerische Eigenschaften wie pfeifen, zwitschern, blasen anklingen, sind die Bezeichnungen für die Schamlippen recht eigenartig. Ein Löchli sieht man nicht und außerdem bezeichnet es allenfalls einen Hohlraum, ein Nichts. Eine Schnecke kriecht und wird allenfalls von Feinschmeckern genüßlich mit Kräuterbutter verzehrt. Ein Weggli kann ebenfalls nichts anderes als warten, bis es gegessen wird, und die Bezeichnung Perle (für Kitzler) läßt das, was man sieht, die Schamlippen, unerwähnt und reduziert das Genitale des Mädchens auf das, was bei ihm kleiner ist als beim Jungen, nämlich den Kitzler.

Zugegeben, mir gefallen alle Bezeichnungen für das weibliche Genitale nicht. Auch Schamlippe finde ich ein komisches Wort. Vielleicht kommt aber gerade in

diesem Wort zum Ausdruck, was uns so Mühe macht: Die Benennung der äußeren Geschlechtsorgane der Frau ist etwas, was man besser unterläßt, wenn man
sich nicht schämen will! Mir scheint, daß bereits in den kindersprachlichen Ausdrücken, ebenso wie in der Vulgärsprache (vgl. Kapitel 5) eine Degradierung der
Frau zum Ausdruck kommt. Während man mit einer Pfeife, einem Schnabel, einem Posthorn oder einem Zipfel gegenüber der Umgebung imponieren und Freude machen kann, lösen Worte wie Loch oder Schnecke eher unangenehme Gefühle aus.

Auch wenn es nicht so einfach ist; es lohnt sich, auch für Mädchen Bezeichnungen für ihr Genitale zu finden, die in den Ohren besser klingen als das, was bisher
üblich und gebräuchlich ist. Auf jeden Fall sollten Eltern dahingehend beraten werden, daß es wichtig ist, die Geschlechtsorgane ihrer Kinder ebenso zu benennen
wie ihre eigenen.

12.3 Forcierte Aufklärung

Vor einiger Zeit berichtete mir ein Kollege voller Stolz, seine 4jährige Tochter sei
dabei gewesen, als er seine Frau vom zweiten Kind entbunden habe. Er wollte
meine Meinung dazu wissen. Ich konnte ihm nur sagen, daß ich meinen Sohn
nicht bei der zweiten Geburt meiner Frau hätte dabei haben wollen und daß ich
das Miterleben einer Geburt für ein 4jähriges Mädchen für eine Überforderung
hielte. Als ich dann die Meinung eines Kinderpsychiaters zur Frage der Anwesenheit von Kindern bei der Geburt ihrer Geschwister las, wurde mir klar, weshalb
mich die Schilderung des Kollegen mehrere Wochen beschäftigt hatte. *Müller-
Küppers* (48, S. 367) äußerte zu einem gleichen Beispiel: ,,Ich halte diese Form
einer Heranführung des Kindes an die Sexualität für eine Form, die bereits die
Kindesmißhandlung streift und für ein Kind schwerlich ohne Folgen sein wird''.

Komplementär zur Verleugnung der kindlichen Sexualität und zur Vernachlässi-
gung der Sexualerziehung ist eine *forcierte Sexualaufklärung* nach dem Motto:
Je früher, desto besser! Vor allem progressiv eingestellte Eltern neigen dazu, ihre
Kinder mit sexueller Aufklärung und Sexualinformationen zu überfordern. Sie
vergessen dabei, daß die Erlebnis- und Verarbeitungsfähigkeit eines Kindes anders sind als die eines Erwachsenen. Eine Geburt ist sicherlich ein natürliches
Ereignis. Sie geht jedoch mit Unsicherheiten, Ängsten und Schmerzen ebenso
einher wie mit Glücksgefühlen, Erleichterung und Freude. Sie ist ein dramati-
sches Ereignis, dessen Verlauf und Ausgang immer zum Teil ungewiß bleiben
wird. Ich vermute, daß das Miterleben einer Geburt von einem Kind ebenso als
Strafe erlebt wird wie das Verbot von sexuellen Spielereien, da beides an der
Realität des Kindes vorbeigeht.

Wie sollen dann Kinder sexuell erzogen werden? Der Neugierde eines Kindes,
die sich sowohl in seinem Verhalten wie in Fragen äußern kann, in angemessener
Weise zu entsprechen, ist sicherlich nicht einfach. Fragen von kleinen Kindern zu
den Geschlechtsorganen, zur Liebe und zur Sexualität, sollten von den Eltern in
jedem Fall ernst genommen und beantwortet werden. Wie eine solche Antwort
im konkreten Fall lauten kann, ist sehr verschieden. Ich erinnere mich noch gut,
wie mein Vater mir im Alter von sieben Jahren auf meine Frage die Befruchtung

erklärte. Mein Großvater war an diesem Nachmittag gerade damit beschäftigt, mit einem Setzholz im Garten Salatsetzlinge zu pflanzen. Mein Vater nahm mich auf den Arm, zeigte aus dem Fenster auf den Großvater und sagte: ,,Schau mal, wie es dem Opa Spaß macht, die Setzlinge zu pflanzen. Ähnlich ist es bei Mann und Frau. Wenn sie sich gern haben und sich ein Kind wünschen, dann steckt der Mann sein Glied in die Scheide seiner Frau und pflanzt mit seinem Glied den Samen. Der Samen verbindet sich dann mit einer Eizelle der Frau und daraus wächst dann in der Gebärmutter ein kleines Kind. Damit Du Dir das besser vorstellen kannst, mache ich Dir noch eine Zeichnung.'' Wir setzten uns dann gemeinsam an den Tisch und zeichneten Glied, Scheide, Samen, Eizelle und Gebärmutter. Das Gespräch ist mir auch bildhaft noch gut und schön in Erinnerung geblieben.

Die Sexualerziehung ist jedoch nicht nur eine Sache des Gesprächs. Gewollt oder ungewollt sind Eltern für ihre Kinder als Liebespaar ein Modell, an dem sie beobachten können, wie Mann und Frau im körperlichen Bereich miteinander umgehen. Das nonverbale Verhalten der Eltern zueinander ist wahrscheinlich für die Sexualerziehung genau so wichtig wie die verbale Sexualaufklärung. Sollen Eltern vor ihren Kindern Zärtlichkeiten austauschen? Sollen sie abends die Schlafzimmertüre abschließen, wenn sie Geschlechtsverkehr haben und nicht sicher sind, ob sie dabei von einem neugierigen Kind überrascht werden? Was sollen Eltern ihren Kindern antworten, wenn sie gefragt werden, weshalb sie abends die Schlafzimmertüre abschließen? Ist es normal, wenn Kinder ihre Eltern nicht nach ihrem Sexualleben befragen? Wäre es nicht natürlich, wenn Kinder — soweit sie das wollen — ihren Eltern beim Geschlechtsverkehr zuschauen könnten? Diese Fragen werden in den meisten Büchern zur Sexualinformation und Sexualaufklärung nicht gestellt, geschweige denn beantwortet. Ohne Zweifel sind Eltern ebenso wie in anderen Verhaltensbereichen auch in der Sexualität Vorbilder, welche die Einstellung und das Verhalten ihrer Kinder prägen.

Ein Paar, welches es vermeidet, in Gegenwart seiner Kinder einen zärtlichen Kuß oder eine liebevolle Umarmung auszutauschen, vermittelt seinen Kindern damit das Bild, Mann und Frau sollten in steriler Harmonie nebeneinander herleben. Andererseits kann ein Paar, welches in Gegenwart der Kinder häufig sexuelle Anspielungen macht und sich so verhält, als könnten beide jederzeit von ihren Liebesgefühlen übermannt werden, seinen Kindern den Eindruck vermitteln, die Beziehung zwischen Mann und Frau müsse immer eine erotische Note haben. Was die direkte Beobachtung des elterlichen Geschlechtsverkehrs durch die Kinder betrifft, so kann ich dazu nur sagen, daß ich es als störend empfinden würde, wenn mir meine Kinder beim Geschlechtsverkehr mit meiner Frau zuschauen würden. In der Sexualmedizinischen Sprechstunde habe ich bisher noch keinen Patienten gehabt, dem das Betrachten des elterlichen Geschlechtsverkehrs als angenehmes Erlebnis in Erinnerung geblieben ist. Dies gilt nicht für den Austausch von Zärtlichkeiten zwischen den Eltern. Diese spontane Äußerung von Zuneigungs- und Liebesgefühlen bleibt den Kindern meist in angenehmer Erinnerung. Das Zuschauen beim elterlichen Geschlechtsverkehr erzeugt dagegen bei Kindern eher unangenehme Gefühle. Sicherlich gäbe es Argumente, diese Aussage in Frage zu stellen. Sexualität ist nach meiner Einstellung und meinen eigenen Erfahrungen ein Erlebnisbereich. Die Teilnahme der Kinder an sämtlichen

Erlebnisbereichen ihrer Eltern ist weder für die Eltern noch die Kinder ein erstrebenswertes Ziel. Beide sollten respektieren, daß es in zwischenmenschlichen Beziehungen Grenzen gibt, deren Beachtung für das Wohlbefinden des einzelnen und des Paares wichtig ist. Kinder, die abends ins Schlafzimmer ihrer Eltern wollen, um zu sehen, was dort passiert, respektieren meist auch unter Tage nicht, daß ihre Eltern gelegentlich das Bedürfnis haben, ungestört zu sein. Ich habe den Eindruck, daß sich für Eltern, die sich als Paar von ihren Kindern abgrenzen können, die Frage nicht stellt, ob sie abends die Schlafzimmertüre abschließen sollen oder nicht. Diskussionen um abzuschließende oder offen zu lassende Türen weisen darauf hin, daß in dieser Familie weder für die Eltern noch die Kinder klar ist, wo die Grenzen derjenigen Lebensbereiche liegen, die sie gerne alleine oder allein zu zweit erfahren möchten.

12.4 Die sexuelle Entwicklung in der Kindheit

Nach wie vor ist die Ansicht weit verbreitet, die sexuelle Entwicklung des Kindes verlaufe in *zwei Libidoschüben*, dem ersten in der Kindheit während der sogenannten ödipalen Phase (zwischen dem 3. und 6. Lebensjahr), dem zweiten zu Beginn der Pubertät. Dazwischen liege die *Latenzphase*, in welcher das sexuelle Interesse und Verlangen abnehme. Unbestritten an diesem psychoanalytischen Entwicklungskonzept ist die Beobachtung, daß das sexuelle Verlangen und Interesse am andern Geschlecht in der mittleren Kindheit und Vorpubertät geringer ist als in der frühen Kindheit und der Spätpubertät. *Diese Zurückhaltung ist aber,* wie Untersuchungen von *Kinsey* und Mitarbeiter (37, 38), *Broderick* (10) und der Hamburger Arbeitsgruppe um *Schmidt* und *Sigusch* (64) gezeigt haben, *nicht Ausdruck einer sexuellen Latenz, sondern Folge verstärkter sozialer Kontrollen durch die Eltern und der Isolierung der Geschlechter, wie sie früher für diese Altersstufe mit getrenntgeschlechtlichen Schulen üblich waren.* Der Ansatz einer zweiphasigen Sexualentwicklung läßt sich heute nicht mehr aufrechterhalten. Sexuelles Interesse und sexuelle Aktivität entwickeln sich ohne Pause oder Einschnitt bis zur Pubertät. Die Einführung der Koedukation, der gemeinsamen Unterrichtung von Jungen und Mädchen, ist wahrscheinlich der wichtigste sexualpädagogische Beitrag, den die Schule in den letzten Jahrzehnten geleistet hat. Viel bedeutender als der obligatorische Sexualkundeunterricht ab dem 1. Schuljahr.

Kurz zusammengefaßt kann man sagen, daß der Faktor getrennt- oder gemischtgeschlechtliche Erziehung nur wenig den Zeitpunkt, also das Alter bei der Aufnahme soziosexueller Kontakte zwischen Mädchen und Jungen beeinflußt. Viel stärker ist der Einfluß auf die *Qualität* der späteren Sexualbeziehungen. Getrenntgeschlechtliche Erziehung begünstigt (Übersicht bei *Schmidt* und *Sigusch* 64, S. 213):

— eine rigide Geschlechtsrollendifferenzierung und Doppelmoral;
— das Erleben der Sexualität vor allem als physische Aktivität, die nur wenig auf die Befriedigung von Zärtlichkeit und das Bedürfnis nach emotionaler Nähe ausgerichtet ist;

— die Benutzung der Sexualität zur Selbstdarstellung und Statusgewinnung in der gleichgeschlechtlichen Peergroup;

— Libidomangel und Orgasmusstörungen bei der Frau;

— segregative Partnerbeziehungen, d. h. wenig gemeinsame Aktivitäten, wenig gegenseitiges Verständnis und wenig Offenheit zwischen den Partnern.

An der sexuellen Entwicklung in der Kindheit wird deutlich (vgl. Kapitel 4), daß Sexualität nicht losgelöst von der übrigen psychosozialen Entwicklung des Menschen gesehen werden kann, sondern ein integraler Bestandteil dieser Entwicklung ist.

12.5 Sexuelle Verhaltensauffälligkeiten bei Kindern

Kinder kommen von sich aus nicht zum Arzt, um sich wegen ihrer Sexualität beraten zu lassen. Wenn überhaupt, dann sind es die Eltern, die durch irgendein Verhalten ihres Kindes beunruhigt sind und gerne die Meinung ihres Arztes hören möchten. Drei Beispiele sollen veranschaulichen, wie sexuelles Verhalten der Kinder Schwierigkeiten ihrer Eltern wiederspiegeln kann.

Beispiel 1:

Die 7jährige Petra berichtet beim Mittagessen freudestrahlend, sie habe heute in der Schule 12 Franken verdient. Auf nähere Fragen der Mutter erzählt sie, daß sie sich in der Pause auf dem Schulhof splitternackt ausgezogen habe und dafür von jedem Jungen ihrer Klasse einen Franken erhalten habe. Wenn sie das 10mal machen würde, könne sie sich 120 Franken verdienen und davon ein Fahrrad kaufen. Die Mutter ist sprachlos und fragt nur, ob denn kein Lehrer während der Pause auf dem Schulhof anwesend gewesen sei.

Hier handelt es sich um eine ,,Peep-Show'' auf dem Schulhof. Was hätten Sie Ihrer Tochter gesagt? — Das Sichausziehen und Zeigen der Genitalien ist für dieses Alter durchaus etwas Normales. Das Posieren für Geld wirft jedoch zwei Fragen auf. Welche Nacktkultur wird in der Familie gepflegt und wie steht es mit dem Taschengeld? Ich vermute, daß beide Punkte in der Familie recht gegensätzlich gehandhabt werden: freizügige Nacktheit und spartanisches Taschengeld. Als Mutter hätte ich meiner Tochter gesagt, daß ich mich an ihrer Stelle vor den gaffenden Jungen recht unwohl gefühlt hätte. Dann hätte ich sie gefragt, ob es wirklich so lustig gewesen sei, nackt auf dem Schulhof zu stehen. Ich hätte mich dann mit ihr über das Taschengeld und den Fahrradkauf unterhalten und ihr empfohlen, sich auf dem Schulhof nicht mehr nackt auszuziehen.

Beispiel 2:

Der 8jährige Karl ist seit 2 Jahren in einer Spieltherapie, da er in der Schule durch zwanghaftes Verhalten und Stottern auffiel. In den parallel zur Einzeltherapie des Kindes stattfindenden Elterngesprächen macht der Vater seiner Frau wegen ihrer schönen Brüste Komplimente. Die Mutter wehrt die Komplimente ab und äußert, daß hier nicht der Ort sei, um über ihre Figur zu sprechen. Kurz darauf stellt sie die Frage, wer wohl ihrem Sohn den Hintern putzen werde, wenn er demnächst für 8 Tage in ein Jugendlager gehe. Die Therapeutin erfährt dann, daß die Eltern ihrem Sohn bis anhin den Hintern putzen und ihn jeden Abend am ganzen Körper massieren.

Hier reagieren offenbar beide Eltern ihre Wünsche nach körperlichem Kontakt und erotischer Zärtlichkeit, die sie sich gegenseitig nicht geben können, an ihrem Sohn ab. Diese Konstellation findet man bei zwanghaften Verhaltensstörungen von Kindern gar nicht selten: Die Eltern haben in ihrer gegenseitigen Beziehung Wünsche nach intensiverer Nähe und sexuellen Beziehungen, haben aber Angst davor und verschieben ihre Zärtlichkeitsbedürfnisse auf ein Kind. Im geschilderten Beispiel ergab das Gespräch mit den Eltern, daß sie schon seit mehreren Jahren sexuelle Schwierigkeiten hatten, indem die Frau die sexuellen Wünsche ihres Mannes für abnorm hielt und ihm jeweils nur einmal wöchentlich einen Geschlechtsverkehr nach einem stets gleichbleibenden Ritual zugestand.

Beispiel 3:

Eine Mutter berichtet, sie sei über die Verschlossenheit ihrer 12jährigen Tochter Franziska beunruhigt. Seit einem Jahr kleide sie sich dunkel, schließe sich häufig in ihr Zimmer ein und habe kaum Kontakt mit Alterskameraden. Die genauere Befragung der Mutter ergibt folgende Familiensituation. Die Mutter hatte sich vor zwei Jahren nach 12jähriger Ehe von ihrem Mann scheiden lassen und war jetzt wieder eine lockere Partnerschaft eingegangen. Vor der Heirat hatten die Eltern befriedigende sexuelle Beziehungen meist auf Initiative der Frau. Nach der Heirat und vor allem nach der Geburt von Franziska entwickelte der Mann ein zunehmendes sexuelles Desinteresse, ging aber gleichzeitig wechselnde außereheliche Beziehungen ein. Die ständige Untreue war dann auch der Grund für die Scheidung. Unmittelbar nach der Scheidung verbrachte die Mutter mit Franziska und ihrem zwei Jahre jüngeren Bruder einen Urlaub in Teneriffa. Während dieses Urlaubs kaufte sich die damals 11jährige Franziska einen Minirock und lief sexuell sehr aufreizend herum. Nach einem Besuch bei ihrem Vater, der inzwischen mit einer 20jährigen Freundin zusammenlebte, änderte sich das Verhalten des Mädchens plötzlich. Statt kurzer Röcke trug sie nur noch dunkle lange Kleider und zog sich immer mehr zurück.

Franziska zeigt einerseits ein sexuell provozierendes, andererseits ein sexuell verneinendes Verhalten. Darin ähnelt sie ihrem Vater, zu dem sie offenbar eine ambivalente Beziehung hat. Ihr Verhalten ist wahrscheinlich Ausdruck der noch nicht bewältigten Scheidung ihrer Eltern. Beide Eltern sind wieder überwiegend erotisch gefärbte neue Partnerbeziehungen eingegangen. Nach den Erfahrungen mit der Ehebeziehung ihrer Eltern ist Körperkontakt und Intimität für das Mädchen etwas, das nur außerhalb der Ehe und mit wechselnden Partnern erlebt werden kann und was schlußendlich zur Trennung führt. Was lag für sie also näher als ein solches Verhalten zu vermeiden, um damit nicht auch noch den Verlust ihrer Mutter zu riskieren. Mit ihrem depressiven Rückzug drückte Franziska wahrscheinlich die von beiden Eltern abgewehrte Trauer und Enttäuschung über das Scheitern ihrer Beziehung aus.

Das Verhalten von Kindern veranschaulicht oft symbolhaft die unbewältigten Konflikte, die ihre Eltern in ihren Intimbeziehungen haben. Deshalb lohnt es sich, besorgte Väter und Mütter immer auch danach zu fragen, ob sie sich nicht nur um ihre Kinder, sondern auch in genügendem Maße um ihre Beziehung als Mann und Frau kümmern.

13 Jugendsexualität – ein Dauerkonflikt?

13.1 Jugendsexualität und sozialer Wandel

Im letzten Jahrhundert erschienen zahlreiche Bücher von Ärzten (zit. n. 7, S. 109), in denen sie die Übel und die Schädlichkeit der Selbstbefriedigung anschaulich schilderten. Der Masturbation wurde nachgesagt, daß sie die Ursache von Geistes-krankheiten sei, zu Warzen an den Händen, Haaren auf den Handflächen, Blinheit, Akne, Unfruchtbarkeit und Mißgeburten führe. Heute haben mit 16 bis 17 Jahren 87 % aller Jungen und 41 % aller Mädchen eigene Masturbationserfahrungen (142). Die meisten Jungen und Mädchen haben gegen Selbstbefriedigung im Jugendalter grundsätzlich nichts einzuwenden. Sie finden, daß Selbstbefriedigung Spaß mache, möchten aber lieber Geschlechtsverkehr haben. Über die Ansicht unserer Kollegen aus dem letzten Jahrhundert mögen wir heute lächeln. Wie aber ist unsere Meinung und Einstellung zur Sexualmoral und zum Sexualverhalten der heutigen Jugendlichen?

Jeder von uns hat eine Vorstellung, wann er es für normal und wünschenswert hält, daß seine Tochter oder sein Sohn sexuelle Beziehungen aufnehmen. Zwischen den Wunschvorstellungen der Erwachsenen, dem Bild, das sich Eltern über das Sexualverhalten ihrer Kinder machen, und dem, wie es in Wirklichkeit aussieht, besteht jedoch eine beträchtliche Diskrepanz (36, S. 97). Wie verschiedene Unter-suchungen der letzten Jahre zeigen (36, 62, 71, 142), haben sich sowohl die *Ein-stellung zur Sexualität wie auch das Sexualverhalten vor allem der jüngeren Gene-ration deutlich verändert.* Die Hamburger Arbeitsgruppe um *Schmidt* hat die Ver-änderungen der Jugendsexualität zwischen 1970 und 1990 untersucht und ist dabei zu folgenden Feststellungen über die Entwicklung der Sexualität 16- und 17jähri-ger Großstadtjugendlicher gelangt (142, 143). Nach der Vorverlegung heterosexu-eller Erfahrungen in den 60er Jahren ist es seit 1970 nur zu geringfügigen Verän-derungen in der Verbreitung von Petting und Koitus im Jugendalter gekommen. Von den Jugendlichen haben etwa zwei Drittel genitale Petting- und Koituserfah-rung, wobei sich Jungen und Mädchen nicht unterscheiden. Jungen erleben ihre Sexualität heute als weniger dranghaft und tendieren stärker dazu, Sexualität mit Liebe und Treue zu verbinden als in den 70er Jahren. Diese Veränderung fand sich auch bei den Mädchen, allerdings weniger ausgeprägt als bei den Jungen. Mädchen erleben Sexualität heute als weniger lustvoll und befriedigend als vor 20 Jahren und übernehmen in heterosexuellen Situationen stärker die Initiative als früher. Geschlechtsunterschiede im sexuellen Verhalten, sexuellen Erleben und in den Ein-stellungen zur Sexualität haben sich zwischen 1970 und 1990 nur unwesentlich verändert. Zusammenfassend kommen die Autoren zum Schluß, dass die *Ähnlich-keiten* zwischen den beiden untersuchten Generationen größer seien als die *Diffe-renzen.* Das von *Sigusch* und *Schmidt* 1973 formulierte modale Muster der Jugendsexualität hat sich kaum verändert und kann in folgender Weise charakterisiert werden (142, S. 34) *Die Sexualität von Jugendlichen ist freizügig, sexual-freundlich, partner- und liebesorientiert sowie gleichheitlich im Hinblick auf die moralischen Vorstellungen für Jungen und Mädchen.*

Von besonderem Interesse ist die Frage, wie sich die Bedrohung durch HIV und AIDS (siehe auch Kap. 20) auf die Jugendsexualität ausgewirkt hat. Hierzu zeigte die Untersuchung der Hamburger Arbeitsgruppe folgende Ergebnisse. Jugendliche wissen im allgemeinen gut über Infektionswege, Ansteckungsrisiko und Möglichkeiten, sich davor zu schützen, Bescheid. Ist AIDS ein Thema, das Jugendliche persönlich beschäftigt? Zwei Fünftel der Befragten verneinten diese Frage, 45% waren etwas und nur 14% sehr damit beschäftigt. Die überwiegende Zahl der sexuell aktiven Jugendlichen benutzen beim Koitus ein Kondom, offenbar weniger aus Furcht vor AIDS als zur Empfängnisverhütung. Zusammenfassend stellen die Autoren fest (142, S. 173): „Die große Mehrheit der Jugendlichen fühlt sich nicht persönlich von der AIDS-Gefahr betroffen. Die meisten jungen Leute sind wachsam und über Ansteckungswege und Schutzmöglichkeiten gut aufgeklärt. Eine Verkrampfung oder Hemmung des Sexuallebens wegen der Überschattung des Liebeslebens durch die AIDS-Gefahr ist nicht zu finden.... Man kann wohl sagen, daß für die meisten Jugendlichen ‚Liebe in den Zeiten von AIDS' längst nicht so verschieden ist von der Liebe in den Zeiten ohne AIDS, wie dies in den Medien auf dem Höhepunkt der AIDS-Furcht oft beschrieben worden ist."

In keiner anderen Altersphase finden sich so gegensätzliche Einstellungen und Meinungen zur Sexualität wie in der Adoleszenz. Ohne Zweifel hat sich das sexuelle Verhalten der Jugendlichen in den letzten Jahren rascher geändert als die Sexualmoral der Erwachsenen. In dieses *Spannungsfeld zwischen den Normen der Eltern und dem Verhalten der Jugendlichen* sind die Ärzte, ob sie es wollen oder nicht, in entscheidender Weise mit einbezogen. Die Verordnung von empfängnisverhütenden Mitteln ist nach wie vor nur dem Arzt erlaubt. Die meisten Kollegen empfinden diese Aufgabe als schwierig und undankbar. Von den Jugendlichen werden sie nicht selten als altmodische Moralapostel kritisiert, von den Eltern als Schrittmacher für ein zügelloses Sexualverhalten verantwortlich gemacht. Manche Ärzte versuchen, sich dem Druck von beiden Seiten zu entziehen, indem sie entweder jedem jungen Mädchen, das in ihre Praxis kommt, ohne Kommentar die gewünschte Pille verschreiben, oder die Verordnung von Antikonzeptiva an Unverheiratete prinzipiell ablehnen.

Die Pubertät und Adoleszenz bringen für den Jugendlichen *tiefgreifende biologische, psychische und soziale Veränderungen* mit sich. In einer Zeitspanne von wenigen Jahren muß er Aufgaben bewältigen, die den Verlauf seines weiteren Lebens in entscheidender Weise prägen. Er muß

— lernen, mit seinem veränderten Körperbild fertig zu werden;
— sich sowohl äußerlich wie innerlich von seinen Eltern ablösen;
— die Beziehung zu seinen Alterskameraden neu gestalten;
— den sozialen Status eines Erwachsenen erreichen;
— sich ein eigenes Selbstvertrauen und ein eigenes Wertsystem aufbauen.

Die sexuelle Entwicklung ist dabei nur *ein Bereich,* in dem neue Erfahrungen gesammelt, Glück und Enttäuschungen erlebt und schließlich eine Form zwischenmenschlichen Handelns und Erlebens gefunden werden. Sie ist jedoch *derjenige Bereich einer notwendigen Reifungskrise,* an dessen Verlauf und Gestaltung wir als Ärzte am unmittelbarsten teilnehmen. Welche Rolle übernehmen wir dabei?

13.2 Die Selbstbefriedigung – natürliche Sexualität oder fragwürdiges Übel

Ich möchte zunächst noch einmal auf die Frage der *Selbstbefriedigung* zurückkommen. Sie ist ein gutes Beispiel dafür, daß *Verteufelung* und *Glorifizierung eines bestimmten sexuellen Verhaltens* rasch wechseln können, ohne daß man sich darüber Klarheit verschafft, welcher Stellenwert diesem Verhalten im Verlauf der sexuellen Entwicklung zukommt. Wenn die Selbstbefriedigung auch heute nicht mehr in der geschilderten Weise abgelehnt und für alle möglichen Übel verantwortlich gemacht wird, so ist unsere Einstellung dazu nach wie vor recht zwiespältig. Auch bei den Jugendlichen zeigt sich dieser Widerspruch, indem die meisten Jungen und Mädchen gegen Selbstbefriedigung grundsätzlich nichts einzuwenden haben, gleichzeitig jedoch etliche noch mit Ängsten und Schuldgefühlen reagieren, wenn sie darauf angesprochen werden.

Molinski (46) hat sich eingehend mit der Bedeutung der Masturbation in verschiedenen Lebensphasen befaßt und eine Unterscheidung der Selbstbefriedigung als *Entwicklungsstufe* oder als *Störung* vorgeschlagen. Selbstbefriedigung in der Kindheit, Pubertät und Adoleszenz sind anders zu beurteilen als die Masturbation des Erwachsenen. Bei der *frühkindlichen Selbstbefriedigung* geht es nur teilweise um lustvolles Erleben, sondern eher um das *Kennenlernen des eigenen Körpers*. Es handelt sich dabei weniger um eine zielgerichtete, als um eine suchende Verhaltensweise. In der *ödipalen Phase* (3. - 6. Lebensjahr) führt die zunehmende körperliche Reifung zu einer Zunahme und Differenzierung der Empfindungen an den Genitalien. Diese genitalen Sensationen, die vom Kind als lustvoll erlebt werden, können nur durch Selbstbefriedigung abgeführt werden. Die Masturbation wird jetzt zu einer *zielgerichteten Handlung,* mit der in *spielerischer Weise genitale Regungen abgeführt werden*. Sie ist ebenfalls wie die frühkindliche Selbstbefriedigung die Folge eines notwendigen Entwicklungsschrittes.

In der *Pubertät* nimmt als psychische Begleiterscheinung der Ausreifung der Geschlechtsorgane und der lustphysiologischen Strukturen der Koitaldrang mächtig zu. Der Adoleszente gerät in einen Triebsturm. Da er jedoch die Fähigkeit der Intimität mit einem gegengeschlechtlichen Partner erst lernen muß und die Aufnahme von Geschlechtsverkehr durch die fehlende soziale Reife noch erschwert ist, ist in dieser schwierigen Situation ein erneuter Schub von Selbstbefriedigung unumgänglich. Die Masturbation zielt *jetzt auf Orgasmus ab* und wird unter heterosexuellen Phantasien oder gelegentlich wechselseitig in der Beziehung zu einem(r) gleichgeschlechtlichen Freund(in) praktiziert. Diese Form der ,,homosexuellen Erfahrung'' hat mit der Homosexualität des Erwachsenen nichts zu tun. Jungen und Mädchen, die sich überhaupt in irgendeiner Weise homoerotisch betätigen — bei den Jungen waren dies 1970 18% und 1990 2%, bei den Mädchen jeweils 6% (142, S. 35) — hören damit wieder auf, wenn sie heterosexuelle Beziehungen habe. Es ist töricht und für das Erlernen der heterosexuellen Intimität hemmend, wenn die Selbstbefriedigung des Adoleszenten von den Beziehungspersonen so behandelt wird, daß Scham- oder Schuldgefühle entstehen.

Auch beim *Erwachsenen* kann es Situationen geben, in denen die Selbstbefriedigung der Notstandsmasturbation des Adoleszenten entspricht, z. B. wenn aus sozialen oder psychologischen Gründen der Kontakt zum Gegengeschlecht nicht möglich ist. Bei Isolation in Lagern oder Gefängnissen oder bei psychischen Störungen wie etwa einer schizoiden Persönlichkeit, einer schweren Neurose oder Psychose kann die Kontaktaufnahme mit einem gegengeschlechtlichen Partner außerordentlich erschwert oder fast unmöglich sein. In solchen Situationen ist auch beim Erwachsenen Selbstbefriedigung unausweichlich und notwendig.

Anders ist die Situation jedoch beim Erwachsenen, der sozial nicht isoliert und körperlich wie psychisch einigermaßen gesund ist. Für ihn „stellt sich die Aufgabe, den Sexualtrieb zum Aufbau und Ausbau einer interpersonalen Beziehung einzusetzen (46, S. 252). Er kann sich aus *Unsicherheit, Egoismus* oder *prinzipiellen Überlegungen der Aufnahme einer Beziehung entziehen. Hier tritt die Selbstbefriedigung an die Stelle der Auseinandersetzung mit dem anderen Geschlecht* und *kann zu psychosozialer Isolierung* führen. Wie im letzten Kapitel schon erwähnt, sieht *Molinski* die nach wie vor noch vorhandenen Ängste um die Selbstbefriedigung darin begründet, daß die aus der *egoistischen* und *kontaktvermeidenden Selbstbefriedigung* des gesunden Erwachsenen stammenden Scham- und Schuldgefühle auf Kinder und Jugendliche projiziert werden.

Wann ist *Selbstbefriedigung als Störung* anzusehen? Exzessives Masturbieren über längere Zeit ist immer ein Hinweis auf eine intrapsychische oder interpersonale Störung. So können z. B. Schizophrene kurz vor oder während einer psychotischen Phase exzessiv masturbieren (12), da sie die Nähe zu einem Partner nicht mehr ertragen können und Angst haben, ihr Körpergefühl zu verlieren. Bei Kinder und Jugendlichen kann zwanghaftes Masturbieren zum Ersatz für fehlende Liebe und Geborgenheit im Elternhaus werden und einen Mangel an emotionaler Nähe ausdrücken. Auch bei Erwachsenen kann ein starker Drang zum Masturbieren eine Störung in der Partnerbeziehung anzeigen. Wiederholt habe ich in unserer Sprechstunde Männer und Frauen gesehen, bei denen z. B. im Anschluß an die Geburt des ersten Kindes eine sexuelle Aversion gegen den Partner bei gleichzeitigem Masturbationsdrang eine Beziehungsstörung signalisierte. Insgesamt gesehen sind diese Formen als *pathologisch anzusehender Masturbation* jedoch selten. In der Beratungspraxis bereiten vielmehr die nach wie vor *weitverbreiteten unbegründeten und nicht zu rechtfertigenden Ängste und Schuldgefühle* gegenüber der natürlichen Selbstbefriedigung große Mühe.

13.3 Sexualverhalten von Jugendlichen

Wie ist nun das Sexualverhalten und die Sexmoral der heutigen Jugendlichen? Ich beziehe mich hier noch einmal auf die schon erwähnte Untersuchung der Hamburger Arbeitsgruppe (142), beschränke mich aber auf einige wesentliche Ergebnisse der Befragung von 1990. Veränderungen gegenüber 1970 können entsprechenden Publikationen entnommen werden (142,143). Es ist anzunehmen, daß diese Ergebnisse mit gewissen Einschränkungen auch für das Sexualverhalten von

Jugendlichen in der Schweiz zutreffen. Die *Aufnahme sexueller Beziehungen* vor einer Heirat wird von der ganz überwiegenden Zahl der Jugendlichen als selbstverständlich und wünschenswert angesehen (96% der Jungen, 91% der Mädchen). Mit 16 Jahren haben 40% der männlichen und 34% der weiblichen Jugendlichen den Verkehr aufgenommen und mit 19 Jahren praktizieren rund drei Viertel aller Jugendlichen Geschlechtsverkehr. Jungen und Mädchen sind sich darin einig, daß die *sexuelle Initiative* heute deutlich seltener als früher vorrangig von Jungen und deutlich häufiger als früher vorrangig von Mädchen ausgeht. Gegenüber den 60er und 70er Jahren hat in der Sexualität der Jugendlichen eine *„Romantisierung"* und eine *„Familiarisierung"* stattgefunden. Liebe und Treue werden höher bewertet als früher, und der Geschlechtsverkehr wird von den Jugendlichen gegenüber ihren Eltern deutlich weniger verheimlicht als früher. Die Sexualität von Jugendlichen ist heute, zumindest bei städtischen Jugendlichen, ein Thema familiärer Kommunikation. In diesem Punkt bestehen nach meinen eigenen Erfahrungen zwischen städtischen und ländlichen Jugendlichen und zwischen religiös stark oder weniger gebundenen jedoch nach wie vor deutliche Unterschiede.

Einstellung zur Kontrazeption

Die Empfängnisverhütung der Jugendlichen hat sich in den letzten 20 Jahren *wesentlich verbessert*. Besonders gegenüber dem Kondom hat die Akzeptanz deutlich zugenommen. 80% der Jugendlichen benutzten in der Hamburger Studie bereits beim ersten Geschlechtsverkehr Verhütungsmittel (Kondom und/oder Pille). Die Verwendung des Kondoms ist keine direkte Folge der HIV/AIDS-Bedrohung. 9 von 10 Jugendlichen hätten das Kondom benutzt, auch wenn es AIDS nicht gäbe. Ob sich die Art der Empfängnisverhütung — Kondom und/oder Pille — in den letzten Jahren wesentlich verändert hat, geht aus der Hamburger Studie nicht hervor. Zwei Studien aus den Niederlanden (143) und Österreich (144) deuten darauf hin, dass die Pille mit zunehmender sexueller Erfahrung an Bedeutung gewinnt.

Die gute Akzeptanz von empfängnisverhütenden Mitteln darf aber nicht ohne weiteres dahingehend interpretiert werden, daß Jugendliche mit der Antikonzeption heute keine Probleme mehr haben. *Appelt* et al. (145, S. 63) stellen hierzu fest: „Nur ein geringer Prozentsatz an Frauen im gebärfähigen Alter scheint Probleme mit der Kontrazeption nicht zu kennen. Sehr komplexe Zusammenhänge zwischen Körpervorgängen und psychischem Erleben von Sexualität, Kontrazeption und Reproduktion beeinflussen den Umgang mit Verhütung." Meine eigenen Erfahrungen gehen in die Richtung, daß bei Jugendlichen beiderlei Geschlechts die Akzeptanz und Einstellung gegenüber dem Kondom deutlich zugenommen bzw. sich verbessert hat, während vor allem bei weiblichen Jugendlichen mit höherer Schulbildung die Haltung gegenüber der Pille kritischer geworden ist.

13.4 Die Rolle des Arztes in der Sexualberatung Jugendlicher

Während meiner familientherapeutischen Ausbildung charakterisierte ein Kollege die Beziehung zwischen Eltern und Jugendlichen in der Adoleszenz einmal etwas überspitzt mit den Worten: Normal ist in dieser Lebensphase der Kriegszustand, verdächtig der Friede! Dies kann auch den Bereich der Sexualität betreffen. Wer Jugendliche in sexuellen Fragen beraten will, muß bereit sein, manche Ansicht in Frage zu stellen und nicht jede Erwartung zu erfüllen. Die Möglichkeit, in der Adoleszenz sexuelle Erfahrungen zu machen, ist sicherlich für das Erlernen befriedigender Sexualbeziehungen im Erwachsenenalter eine wichtige Voraussetzung. *Verzicht auf sexuelle Beziehungen* kann jedoch bei einzelnen Jugendlichen in einer bestimmten Lebenssituation mehr zu ihrer psychosexuellen Reifung beitragen als die Erfüllung der altersüblichen Norm sexueller Aktivitäten. Hierzu ein Beispiel:

Bei der Abklärung einer 21jährigen Patientin, die wegen Kopfschmerzen die Neurologische Poliklinik aufgesucht hatte, kamen wir auf ihre Kindheit und Jugendzeit zu sprechen. Die Patientin wuchs in unharmonischen Familienverhältnissen auf einem Rheinschiff auf. Die ständigen Streitigkeiten und tätlichen Auseinandersetzungen zwischen ihren Eltern, die sich gegenseitig außerehelicher Verhältnisse beschuldigten, führten zur Scheidung, als die Patientin 14jährig war. Die Mutter heiratete kurz nach der Scheidung einen 18 Jahre jüngeren Mann, der Vater lebt seit der Scheidung mit einer Stiefschwester der Patientin zusammen. Bis zur Scheidung ihrer Eltern war die Patientin wiederholt in Heimen, nach der Scheidung abwechselnd bei ihrer Mutter und ihrem Vater, welche sich über die Zuteilung der Kinder nicht einigen konnten. Zwischen dem 15. und 16. Lebensjahr sei sie äußerst labil gewesen, habe häufig die Stelle gewechselt und übermäßig Akohol konsumiert. Daß sie in dieser Zeit nicht ins Prostituierten-Milieu abgeglitten sei, habe sie einzig und allein ihrem damaligen Freund, einem 19jährigen jungen Mann zu verdanken, zu dem sie während dieser Zeit eine rein platonische Beziehung gehabt habe. Dieser Freund habe in ihrem Leben die entscheidenden Weichen gestellt. Sie habe mit ihm nie geschlafen, da sie ihn eher als älteren Bruder und als Freund empfunden habe. Körperliche Annäherungsversuche von seiner Seite hätten sie mit Sicherheit dazu veranlaßt, die Beziehung sofort abzubrechen. Die Patientin lernte dann mit 18 Jahren einen anderen jungen Mann kennen, mit dem sie seither in einer festen Partnerschaft zusammenlebt.

Dieses Beispiel zeigt recht deutlich, daß die sexuelle Entwicklung nicht isoliert von den übrigen Bereichen der Persönlichkeitsentwicklung gesehen werden darf. Sexualität ist ein Bestandteil der intrapsychischen und interpersonellen Entwicklung. Forciertes sexuelles Imponiergehabe, wie man es nicht selten bei emotional retardierten Jugendlichen sieht, darf nicht als Zeichen von persönlicher Reife mißverstanden werden. Vielmehr handelt es sich um ein Abwehrverhalten, in welchem tieferliegende Beziehungs- und Verlustängste durch sexuelle Aktivität abgewehrt werden.

In Weiterbildungskursen mit niedergelassenen Ärzten weise ich meist am Anfang auf die Hemmungen hin, die viele von uns haben, wenn sie mit ihren Patienten über sexuelle Fragen sprechen wollen. Nach meiner eigenen Erfahrung können Hemmungen — sowohl von seiten des Arztes wie seines Patienten —, sofern sie nicht verleugnet oder überspielt werden, eine durchaus echte und geschützte Atmosphäre begünstigen, in welcher beide über sexuelle Fragen miteinander ins Gespräch kommen können.

13.5 Sexuelle Ängste und Schwierigkeiten von Jugendlichen

Die Adoleszenz ist eine Zeit voller Widersprüche und Gegensätze. Auch wenn das Sexualverhalten und die Sexualmoral von Jugendlichen gewisse Ähnlichkeiten und Gemeinsamkeiten zeigen, so sind ihre sexuellen Schwierigkeiten sowohl in ihrer Form wie in ihren Ursachen vielfältig. Deshalb ist mein Versuch, die Jugendlichen entsprechend ihrer Einstellung zur Sexualität, ihrem Sexualverhalten

und ihren sexuellen Schwierigkeiten mit *vier Typen* zu beschreiben, eine Verein-
fachung, welche weder Anspruch auf Vollständigkeit erheben noch ausschließ-
liche Gültigkeit für die Jugend beanspruchen kann. Da mir jedoch in meiner therapeutischen Tätigkeit die Orientierung an Grundmustern immer eine Hilfe war,
will ich doch diese Typen charakterisieren. Es sind die sexuell Gehemmten, die
sexuellen Mitläufer, die sexuellen Leistungssportler und die sexuellen Idealisten.

a) Die sexuell Gehemmten

Nicht nur auf dem Lande in konfessionell streng gebundenen Bevölkerungskrei-
sen, sondern auch unter städtischen Jugendlichen findet man nach wie vor Jungen und Mädchen, die nur hinter vorgehaltener Hand über sexuelle Fragen tu-
scheln, rote Köpfe bekommen, wenn ein deftiges Wort fällt und Bilder von nackten Frauen und Männern nur mit der Taschenlampe unter der Bettdecke anschauen. Bei ihnen ist die Sexualität nach wie vor stark tabuisiert, die Aufklärung
von seiten der Eltern ist entweder insuffizient oder findet nicht statt. Sexualität
wird von diesen Jugendlichen als etwas Ängstigendes oder Bedrohliches erlebt,
sexuelle Wünsche und Phantasien rufen Schuldgefühle hervor. In ihren sexuellen
Aktivitäten zeigen diese Jugendlichen ein mehr oder weniger ausgeprägtes Vermeidungsverhalten. Im Glauben an die steuernden Kräfte der Natur warten sie
auf den Tag X, an welchem sich dann dank Glück und Mut ihre Premierenängste
lösen oder aber in Form eines Vaginismus oder einer Ejaculatio praecox sich bestätigt, was sie bis dahin geglaubt haben, daß Sexualität etwas ist, wo um Sieg
und Niederlage gekämpft werden muß. Hierzu ein *Beispiel:*

Eine 25jährige Lehrerin, die seit 7 Jahren mit einem zwei Jahre älteren Techniker zusammenlebt,
wird von ihrem Gynäkologen zur Behandlung einer Dyspareunie geschickt. Bei der Exploration berichtet sie mit rotem Kopf und zitternder Stimme, daß sie trotz verschiedenster Bemühungen beider
Partner bisher beim Geschlechtsverkehr stets Schmerzen empfunden habe. Das Paar hat alle möglichen Positionen versucht, das Einführen des Gliedes ist jedoch nur selten und unter Schmerzen gelungen. Manuell ist die Frau ohne Schwierigkeiten orgasmusfähig. Auch das Einführen von zwei Fingern
gelingt dem Freund ohne Schwierigkeiten. Erst beim gemeinsamen Gespräch mit dem Freund stellt
sich heraus, daß beide Partner die Vorstellung hatten, das Glied müsse beim Geschlechtsverkehr ohne
manuelle Hilfe eingeführt werden. Daß dies nur gelegentlich und dann unter Schmerzen möglich war,
hatte das Paar nicht auf den Gedanken gebracht, wie beim Petting auch beim Geschlechtsverkehr die
Finger zu Hilfe zu nehmen. Beide waren im Elternhaus nicht aufgeklärt worden und hatten vor ihrer
Beziehung keine anderen Partnererfahrungen gemacht.

In der *Beratung der sexuell Gehemmten* bestehen die Schwierigkeiten für den
Arzt vor allem darin, daß er in den Erwartungen der Jugendlichen oder Erwach-
senen als strenge Elternfigur phantasiert wird. D. h. daß von ihm ebenfalls eine
Tabuisierung der Sexualität und eine sexualfeindliche Haltung erwartet werden.
Mir unterlief am Anfang meiner sexualtherapeutischen Tätigkeit wiederholt ein
Fehler, der in der Beratung von sexuell Gehemmten recht typisch ist: Man versorgt sie mit allen möglichen aufklärenden Informationen in der Absicht, ihren
Nachholbedarf möglichst rasch abzudecken. Umso erstaunter ist man dann,
wenn sie zum nächsten Gespräch nicht mehr erscheinen. Der Grund ihres Fern-
bleibens ist nicht eine inzwischen eingetretene Lockerung ihrer sexuellen Ver-
klemmungen, sondern die Angst, sich noch einmal die Rügen eines Sexualapo-
stels anhören zu müssen.

b) Die sexuellen Mitläufer

Mitläufer orientieren sich in ihrem Verhalten weniger an eigenen Bedürfnissen als an Gruppennormen nach dem Motto: Wenn mein Freund Max mit der erfolgreichen sexuellen Eroberung seiner Freundin prahlt und über Selbstbefriedigung lächelt, dann wird es für mich auch Zeit, meine ersten Erfolge zu erringen. Oder aus der Sicht des Mädchens: Wenn meine Freundin Britta von ihrem Hausarzt die Pille verordnet bekommt, weshalb soll ich mir dann nicht ebenfalls ein Rezept holen. Die Aufnahme von Sexualbeziehungen und die sexuellen Aktivitäten erfüllen für diese Jugendlichen die Funktion, mitreden zu können und nicht als Schlappschwanz oder Blaustrumpf zu gelten. Mitläufer kommen von sich aus selten zur Sexualberatung, da sie die sexuelle Praxis meist problemlos erlernen. Sie werden — und dies gilt vor allem für Mädchen — jedoch von ihren Partnern geschickt, wenn sie Erregungs- oder Orgasmusschwierigkeiten haben. Auch hierzu ein *Beispiel:*

Ein 14jähriges Mädchen wird von ihrem Hausarzt in die Familienplanungsstelle geschickt. Sie hatte sich bei ihm mit dem Wunsch nach Verordnung der Pille gemeldet. Als Grund hatte sie ihm gegenüber angegeben, die meisten ihrer Klassenkameradinnen nähmen auch die Pille, so daß sie jetzt, nachdem sie einen Freund habe, ihren Freundinnen nicht nachstehen wolle. Der Hausarzt machte die Verordnung der Pille von einer vorgängigen Beratung des Mädchens in der Familienplanungsstelle abhängig. Dort zeigte sich, daß das Mädchen voll aufgeklärt war und mit regelmäßiger Selbstbefriedigung schon über eigene sexuelle Erfahrungen verfügte. Dieses Beispiel zeigt noch einen anderen Aspekt, nämlich die Schwierigkeiten, die viele Ärzte in der Beratung von 13- und 14jährigen haben. Der Auftrag des Hausarztes an die Beraterin lautete direkt Sexualinformation, unterschwellig jedoch Sexualverbot. In einer solchen Situation bleibt dem Berater nur eine Möglichkeit, nämlich die Verordnung der Pille von der Beratung zu trennen. Dies erreicht man dadurch, daß man zu Beginn des Gesprächs darauf hinweist, daß das Mädchen auf jeden Fall die Pille bekommen kann, wenn sie diese wünscht. Dadurch unterläuft man die Widerstände und kann anschließend offener mit dem Jugendlichen über Für und Wider der Aufnahme sexueller Beziehungen zum gegenwärtigen Zeitpunkt sprechen.

Sexuelle Mitläufer sind in Beratungsgesprächen im allgemeinen gut zugänglich. Sie stellen brav diese oder jene Frage und bedanken sich für den guten Rat. Im Endeffekt haben für sie jedoch die Aussagen ihrer Alterskameraden mehr Gewicht als die Beratung durch einen Erwachsenen. Eine Schwierigkeit, die ich bei diesen Jugendlichen in zunehmendem Maße beobachten konnte, sind unerwünschte Schwangerschaften wegen ungenügender Antikonzeption. Aus dem Gefühl heraus, ein bißchen Abneigung gegen die Pille sei ein Zeichen ihrer Emanzipation, sind die Mädchen gegenüber der Empfängnisverhütung gleichgültig. Da sie jedoch in ihrem Feminismus nicht so weit gehen, auf heterosexuelle Kontakte ganz zu verzichten, laufen sie Gefahr, ungewollt schwanger zu werden.

c) Die sexuellen Leistungssportler

Unter den Jugendlichen, die von sich aus eine Sexualberatungsstelle aufsuchen, findet man gelegentlich auch die sexuellen Krampfer, die trotz großer Anstrengungen mit ihren Leistungen auf der Wiese, im Auto oder im Bett unter ihren eigenen Erwartungen bleiben. Die Angst, sexuell zu versagen, nicht schon beim ersten Geschlechtsverkehr seine Ejakulation unter Kontrolle zu haben oder orgasmusfähig zu sein, ist heute jedoch unter Jugendlichen weniger verbreitet als unter Männern jenseits des 50. Lebensjahres. Manche Jugendliche zeigen ein sexuelles Imponiergehabe, indem sie ihre sexuellen Erfahrungen als Beweis ihrer persönlichen Reife präsentieren. Sie geraten jedoch in Schwierigkeiten, da unter ihrem Sexualstreß — Repertoire von Koitus-Positionen, gleichzeitiger Orgasmus, multiple Orgasmen — ihr sexuelles Erleben auf der Strecke bleibt.

Die Angst, nicht schon beim ersten Geschlechtsverkehr sexuell voll funktionsfähig zu sein, ist bei Diskussionen mit Jugendlichen nach wie vor ein wichtiges Thema. Bei der Beratung darf man sich durch forsches Auftreten und problemloses Reden über ihre Sexualität nicht blenden lassen. Bespricht man mit ihnen genau und im Detail ihre Erfahrungen beim Petting und beim Geschlechtsverkehr, so stößt man auf tiefsitzende Minderwertigkeitsgefühle und Ängste, von ihrem Freund oder ihrer Freundin im Stich gelassen zu werden. Hier ist es wichtig, darauf hinzuweisen, daß ein sexuelles Versagen nicht gleich eine Katastrophe sein muß und Perfektionismus einer Partnerbeziehung mehr schaden kann als vorübergehende Schwächen, über die man vielleicht auch mal lachen kann.

d) Die sexuellen Idealisten

Als „romantische Liebesideologie" (71, 142) läßt sich die heute dominierende Einstellung von Jugendlichen und jungen Erwachsenen aller sozialen Schichten bezeichnen. Liebe, Treue, Partnerschaft, Gleichheit zwischen den beiden Geschlechtern und Gegenseitigkeit der sexuellen Wünsche und Bedürfnisse sind Ideale, denen viele Jugendliche nacheifern. So schön und bewundernswert diese Sexualmoral ist, so läuft sie doch Gefahr, Sexualität und Liebesbeziehungen zwischen Partnern zu verklären und idealistisch zu überhöhen, sie auf einen extremen Glücksbegriff zu reduzieren, um dann im Alltag zu zerbrechen. Tiefe gefühlsmäßige Bindungen und vertrauensvolle Partnerschaft stehen in deutlichem Gegensatz zu den Erfahrungen, die Jugendliche in ihrem sozialen Umfeld machen. Sexuelles Glück als Alternative zur bankrotten Gesellschaft, diese Devise findet man hinter manchen Fragen, mit denen Jugendliche zur Beratung kommen. Auch hierfür ein *Beispiel:*

Ein 17jähriger Gymnasiast meldet sich bei seiner Hausärztin. Er wünscht dringend eine Sterilisation aus weltanschaulichen Gründen. In der heutigen Zeit sei es unverantwortlich, Kinder in die Welt zu setzen. Dies sei seine feste und endgültige Überzeugung. Seine Freundin sei mit guten Gründen gegen die Pille und gegen andere empfängnisverhütende Mittel, da diese unnatürlich seien und das sexuelle Empfinden beeinträchtigten. Der junge Mann läßt sich durch die Argumente der Ärztin, eine Sterilisation zum jetzigen Zeitpunkt sei verfrüht, nicht überzeugen und wendet sich mit seinem Anliegen an weitere Ärzte. In diesem Fall ist zu vermuten, daß der junge Mann durch eine Sterilisation gegenüber seiner Freundin eine Art heroischen Treuebeweis leisten will, nach dem Motto, meine Liebe zu dir ist so groß, daß ich bereit bin, einen Teil meiner Männlichkeit zu opfern. Würde man in diesem Fall dem Wunsch nach einer Sterilisation nachgeben, so würde die Bindung zwischen den beiden Jugendlichen in ungünstiger Weise verfestigt. Besonders für das Mädchen würde eine Loyalitätsverpflichtung entstehen, die Beziehung aufrechtzuerhalten, da sie einen Mann, der sich aus Liebe zu ihr hat sterilisieren lassen, ja nicht mehr im Stich lassen kann.

Idealisten lassen sich durch Argumente und Erfahrungen nur schwer überzeugen. Dies gilt auch für die Sexualberatung von romantischen Liebesjüngern. Hier zahlt es sich längerfristig aus, ruhig einmal die Rolle des sturen Bocks zu übernehmen, der mit seinen veralteten Ansichten angeblich am Glück seines Lebens vorbeilebt. Ihn, der ohne romantische Wunschträume mit seiner Sexualität trotzdem einigermaßen zufrieden ist, wagt man vielleicht auch dann noch zu fragen, wenn nach Heirat und Geburt der ersten Kinder die eigenen Ideale ins Wanken geraten.

13.6 Aufklärungsbücher – das Angebot ist reichlich, die Geschmäcker verschieden

Zum Abschluß dieses Kapitels noch ein paar Bemerkungen zu sexuellen Aufklärungsbüchern. Beinahe hätte ich sie vergessen! Vielleicht zeigt sich darin meine ambivalente Einstellung zu diesen Büchern, von denen immer wieder neue auf dem Markt erscheinen. Ich kenne nur einige, da meine Auffassung nach wie vor ist: Ein Buch kann nicht ein persönliches Gespräch ersetzen. Weil es für viele Eltern jedoch immer noch schwierig ist, mit ihren Kindern über sexuelle Fragen zu sprechen und diese manche Einzelheiten über Selbstbefriedigung, Petting oder Geschlechtsverkehr gerne selbst lesen und sich ihre Gedanken und Phantasien dazu machen möchten, haben Aufklärungsbücher sicherlich ihre Berechtigung. Als Arzt wird man immer wieder gefragt, welches Buch zu empfehlen sei. Was die rein sachliche Information über die anatomischen und physiologischen Grundlagen der Sexualität betrifft, so sind die meisten Bücher mit Ausnahme einiger konfessioneller Verhüllungsschriften als ausreichend bis gut zu beurteilen. Was den emotionalen Gehalt, das Salz und Pfeffer jedes Gesprächs über sexuelle Fragen, anbetrifft, sind sie sehr verschieden. Hier werden sowohl die Geschmäcker der Ärzte wie der Jugendlichen oder Eltern, die Sie nach einem Aufklärungsbuch fragen, unterschiedlich sein. Am Beispiel des Themas Selbstbefriedigung möchte ich Ihnen mit vier Textausschnitten veranschaulichen, wie wenig oder wie viel man dazu sagen und Stellung beziehen kann.

Variation 1: (29, S. 35)

,,Wenn es soweit ist, wirst Du merken, daß es nun noch viel schöner ist, an dem Geschlechtsorgan zu spielen. Das kann man ruhig tun, es schadet nichts. Manchmal wirst Du dann ein besonders starkes Gefühl erleben, das Dich vielleicht anfangs sogar erschreckt und das trotzdem schön ist. Es zieht sich unten alles zusammen und entspannt sich dann plötzlich. Beim Jungen tritt, wenn er in der Pubertät schon weiter fortgeschritten ist, ein Samenerguß ein. Aber dem Mädchen macht es ebenso Spaß, weil es ein schönes Gefühl ist. Man will es dann immer wieder probieren. Nicht immer kommt dieses starke Gefühl, das braucht Dich nicht zu beunruhigen. Du bist ja noch nicht erwachsen, sondern wirst es erst.

Man nennt das *Onanieren* oder *Selbstbefriedigung*. Manche Jungen onanieren auch mit anderen zusammen und manche Mädchen mit anderen Mädchen, weil sie sehen wollen, wie das bei denen ist, und ob sie genauso aussehen und ob das gleiche passiert. Auch das ist nicht schädlich, und man wird nicht krank davon. Man ist auch nicht schlecht, wenn man das tut, auch wenn manche Erwachsene es sagen.''

Variation 2: (9, S. 38)

,,Erste intensive sexuelle Berührung und deren Wirkung erfahren beinahe alle Jungen (95%) und viele Mädchen (65%) an sich selbst durch die *Masturbation*

(Selbstbefriedigung). Sie haben mit Beginn der Pubertät — oft schon vorher — erlebt, daß ein Berühren, Streicheln, oder Reiben der Geschlechtsorgane angenehme Gefühle hervorruft, die sich ganz bewußt bis zum Orgasmus steigern lassen.

Bei Jungen erfolgt durch die Reizung von Eichel, Kranzfurche und Bändchen — anfangs durch Hin- und Herschieben der Vorhaut — später durch direkte Berührung die Erektion des Gliedes. Weitere Reizung führt schließlich zum Orgasmus. Das Glied wird noch härter und der Samen ausgestoßen. Danach erschlafft es und ist erst nach einer gewissen Pause erneut zu erregen.

Mädchen streicheln bei der Masturbation die Umgebung der Scheide und den Scheideneingang mit der Hand. Allmählich werden die kleinen Geschlechtslippen und der Kitzler erregt. Ein oder zwei Finger können zwischen den kleinen Schamlippen hin- und hergleiten, auch in die Scheide eindringen und die Erektion verstärken. Dabei spürt das Mädchen Lust und Wärme, die von den Geschlechtsorganen auf den ganzen Körper ausstrahlen. Langsam steigern sich die Gefühle und lösen den Orgasmus aus. Die Scheide zieht sich rhythmisch zusammen, und oft kommt es dabei zu heftigen äußerst lustvollen Bewegungen des ganzen Unterleibs. Durch Streicheln der Brüste, besonders der Brustwarzen, oder anderer erogener Zonen kann das sexuelle Wohlgefühl erhöht werden.''

Variation 3: (2, S. 16-18, 25)

Kai Uwe: ,,Mit Wichsen hatte ich von Anfang an Null Probleme. Ich habe früh damit angefangen, und es hat mir immer Spaß gemacht. Eigentlich kann ich kaum glauben, daß man mal Typen damit verschrecken konnte, indem man Ihnen erzählte, Selbstbefriedigung führe zu Rückenmarksschwindsucht und Verblödung oder ähnlichem Schwachsinn. Mir ist jedenfalls niemand damit gekommen, nicht einmal der Lehrer im Religionsunterricht.

Ich habe alleine onaniert und mit anderen zusammen. Ich habe mir manchmal täglich einen runtergeholt und tagelang überhaupt nicht gewichst. Ich habe mir Mädchen vorgestellt, und ich habe mir gar nichts vorgestellt. Ich habe im Stehen gewichst und im Liegen, auf dem Bauch liegend und auf dem Rücken, kniend und hockend. Ich habe mir mit zwei Fingern einen runtergeholt und mit der Faust oder beidhändig. Egal wie, es hat mir immer Spaß gemacht.''

Man kann davon ausgehen, daß alle Jungen früher oder später mit der Selbstbefriedigung beginnen. Der eine Junge onaniert regelmäßig, der andere unregelmäßig. Der eine hat mit einem Mal genug, der andere macht es häufiger in kurzen Abständen. Das hängt stark von Stimmungen und Anreizen ab.

Die Mehrzahl der Mädchen fängt im Vergleich zu den Jungen später an, oft erst, wenn sie junge Erwachsene sind und einige erst als erwachsene Frauen. Es liegt jedoch nicht in der ,,weiblichen Natur'', daß Mädchen mit der Selbstbefriedigung später beginnen als Jungen. Es liegt an der lustfeindlichen Erziehung der Mädchen und der falschen Vorstellung, die auch heute noch manche Mutter an ihre Tochter weitergibt, daß weibliche Sexualität für den Mann da zu sein habe.

Die ,,Techniken'', wie einer seinen Schwanz anfaßt, sind unterschiedlich. Manche fassen ihn mit äußerster Vorsicht an, wobei sie den kleinen Finger spreizen, als hielten sie eine Teetasse. Andere langen kräftig zu, als hätten sie die Lenkstange ihres Fahrrades in der Hand. Diese ,,Techniken'' sind an und für sich unbedeutend. Wenn man als Mädchen oder Junge den Schwanz eines Jungen anfaßt, ist es allerdings gut zu wissen, wie er es gerne hat, denn oft kann er nur zum Orgasmus kommen, wenn sein Schwanz in der gewohnten Weise gerieben wird....

Ulrike: ,,Was Selbstbefriedigung ist, mußte ich selbst entdecken. Von meiner Mutter war nichts zu holen. Ihr hat auch niemand jemals was gesagt. Dann hat mal eine Lehrerin zwei Unterrichtseinheiten zur Sexualität gemacht. Ich war 14 damals. Sie sprach von einem weiblichen Genital. Ich habe immer nur genial verstanden. Von der Klitoris war auch irgendwie die Rede. Dabei fiel ihr nichts anderes ein, als die Klitoris mit einem Pimmel zu vergleichen. Weil ich durch meinen Bruder wußte, wie Pimmel aussehen, habe ich mich natürlich auf die Suche nach meiner pimmelgroßen Klitoris gemacht. Bis ich sie fand, dauerte es aber seine Zeit, weil ich nach dem verdammten Pimmel suchte, von dem meine Lehrerin gesprochen hatte. Als ich sie schließlich fand, nannte ich sie Doris.''

(Die Textausschnitte sind durch Bilder ergänzt).

Variation 4: (5, S. 51-52)

,,Wie onanieren die andern?

Jungen onanieren gewöhnlich so, daß sie den ganzen schwanz oder nur die spitze des schwanzes mit den fingern oder mit der hohlen hand umfassen und rhythmisch rauf- und runterreiben bis der orgasmus und der samen kommt. Und zwar meistens so, daß die vorhaut über die eichel vor- und zurückgleitet oder wenigstens über den untersten teil von dieser — es sei denn, die vorhaut ist dafür zu kurz. Das mädchen onaniert, indem es den kitzler oder dessen umgebung rhythmisch mit einem oder mehreren fingern reibt, bis sie einen orgasmus bekommt. Für beide geschlechter gilt, daß einige es lieber kräftiger angehen, andere vorsichtiger, und daß einige schnellere, andere langsamere bewegungen bevorzugen — jedoch meistens so, daß schnelligkeit und druck zunehmen, je näher man dem orgasmus kommt. Einige mädchen können eine serie orgasmen mit kurzen zwischenräumen bekommen, ohne daß die sexuelle spannung zwischen diesen sonderlich abfällt, während jungen, die leicht einen orgasmus bekommen, gewöhnlich nicht gleich wieder in der lage sind, sich aufs neue zu befriedigen.''

Wenn Sie mich fragen, welches Buch mir am besten gefällt und welches ich am häufigsten empfehle, dann will ich die Antwort nicht schuldig bleiben. Ich finde die Bücher von *Amendt* (2) und *Hanswille* (146) am ansprechendsten und geeignetsten. Aber wie gesagt, Aufklärungsbücher sind Geschmackssache! (Siehe auch S. 209 im Anhang: Bücher zur Sexualinformation)

14 Nach der Heirat – zwischen Glück und Frustration

14.1 Unterschiede zwischen männlicher und weiblicher Sexualität

Gibt es im Ablauf des sexuellen Reaktionszyklus und im sexuellen Erleben geschlechtstypische Unterschiede? Ich bin eigentlich überrascht, wie selten diese Frage sowohl von Patienten wie Ärzten gestellt wird. Viel mehr interessiert heute die Frage, worin sich Mann und Frau *nicht* unterscheiden. Gegenwärtig ist es so, daß Patienten Unterschiede im Sexualverhalten und im sexuellen Erleben um so häufiger und deutlicher angeben, je älter sie sind. Während bei den Jugendlichen, wie wir gesehen haben, die Unterschiede zwischen Jungen und Mädchen immer kleiner werden, sind sie bei verheirateten Paaren noch deutlich festzustellen. Ein Teil dieser Unterschiede ist ohne Zweifel auf die in früherer Zeit ausgeprägte *Ungleichheit in der sexuellen Sozialisation* von Mann und Frau zurückzuführen.

So wurde — und wird auch teilweise heute noch — den Mädchen in der Erziehung ein Bild vermittelt, das Sexualität als etwas Bedrohliches, Gefährliches („paß auf vor den Jungen, die wollen ja nur . . .", „werde bloß nicht schwanger . . .") und von außen Kommendes („nimm dich ja in acht . . .") darstellt. Folgerichtig sind dann die empfohlenen Verhaltensweisen mehr auf das Vermeiden als das Erlernen sexueller Kontakte ausgerichtet. Passives Empfangen oder Sich Ergeben („ich habe mich meinem Mann nie versagt . . .") entsprechen dem Ideal der asexuellen Madonna. Selbst im Gegenbild der hypersexuellen Hure kommt in der Prostitution, dem sich sexuell zur Verfügung stellen, das *passiv-regressive Ideal des weiblichen Sexualverhaltens* zum Ausdruck.

Komplementär dazu wurde und wird dem Jungen sexuelle Betätigung als etwas Abenteuerliches („das solltest du einmal probieren . . ."), etwas Kämpferisch-Aggresives („Frauen aufreißen . . .") vermittelt. Mit werbenden Kavaliersgesten oder selbstbewußtem Imponier- und Eroberungsverhalten darf man auf sein Recht pochen, eine Frau zu besitzen. Der *Mann als aktiv-progressiver Sexualprotz* ist auch heute noch ein Ideal, das in vielen Männerköpfen herumspuckt und durch einschlägige Medienprodukte am Leben erhalten wird.

Wie wir in Kapitel 3 bei der Besprechung der *dyadischen Ursachen sexueller Störungen* gesehen haben, polarisieren sich zwei Partner in einem Beziehungskonflikt in zwei *komplementäre Positionen,* in welchen sie sich im Sinne einer Kollusion (90, 93) gegenseitig fixieren. Das äußerlich unterschiedliche Verhalten dient dabei der Abwehr gemeinsamer Ängste. Für *sexuelle Paarkonflikte* ergibt sich häufig folgende Konstellation (Tab. 5)

Als Folge der unterschiedlichen sexuellen Sozialisation *tendieren Frauen eher zur passiv-regressiven, Männer eher zur aktiv-progressiven Position.* Dies ist jedoch keinesfalls immer so. Bei Erektionsstörungen findet man z. B. fast immer den impotenten Mann in der regressiven, die unzufriedene Frau in der progressi-

Tabelle 5: Kollusionsmuster bei sexuellen Paarkonflikten

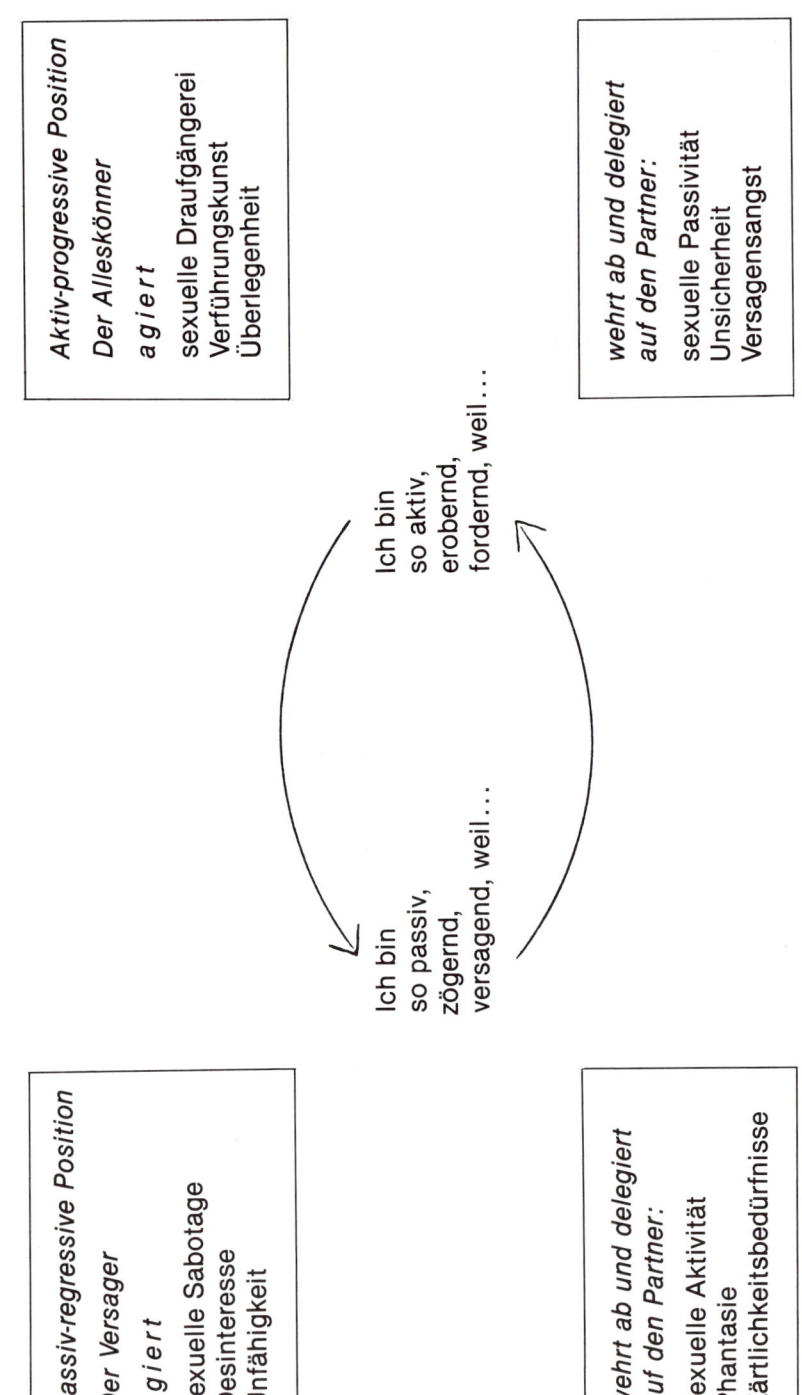

Passiv-regressive Position

Der Versager

a g i e r t

sexuelle Sabotage
Desinteresse
Unfähigkeit

*wehrt ab und delegiert
auf den Partner:*

sexuelle Aktivität
Phantasie
Zärtlichkeitsbedürfnisse

Aktiv-progressive Position

Der Alleskönner

a g i e r t

sexuelle Draufgängerei
Verführungskunst
Überlegenheit

*wehrt ab und delegiert
auf den Partner:*

sexuelle Passivität
Unsicherheit
Versagensangst

Ich bin
so passiv,
zögernd,
versagend, weil...

Ich bin
so aktiv,
erobernd,
fordernd, weil...

ven Position. Am Beispiel der Behandlung von Erektionsstörungen sieht man oft recht eindrücklich die Wechselseitigkeit sexueller Störungen. Sobald der Mann mehr Sicherheit mit seiner Erektion erlangt, läßt bei der Frau das sexuelle Interesse nach oder es zeigt sich eine bis dahin latente Erregungs- oder Orgasmusstörung. Stellt man bei der Sexualanamnese eine solche komplementäre Polarisierung der beiden Partner fest, so ist die *Lockerung und Verminderung der gegensätzlichen und einseitigen Verhaltensweisen der rote Faden für die Sexualberatung.*

Zurück zur Frage geschlechtstypischer Unterschiede im sexuellen Reaktionszyklus und Erleben zwischen Mann und Frau. Selbst wenn man die nach wie vor vorhandenen Unterschiede in der sexuellen Sozialisation von Jungen und Mädchen und deren Konsequenzen für das spätere Sexualverhalten in Rechnung stellt, so scheint es doch einige *grundlegende Unterschiede zwischen männlicher und weiblicher Sexualität zu geben* (74):

— Männer sprechen im allgemeinen stärker auf visuelle Reize (Fotos, Betrachten einer nackten Frau) an als Frauen.
— Frauen werden leichter durch taktile Reize (Berührung, Zärtlichkeit) erregt als Männer.
— Der Ablauf der sexuellen Reaktion von der Erregung über den Orgasmus bis zur Spannungsreduktion ist bei der Frau variabler als beim Mann.
— Der Mann gelangt im allgemeinen bei koitaler Stimulation schneller zum Orgasmus als die Frau.
— Der Orgasmus dauert bei der Frau im allgemeinen länger als beim Mann.
— Die subjektiven Orgasmus-Empfindungen sind bei der Frau variabler als beim Mann.
— Die Frau hat die Fähigkeit zu multiplen Orgasmen. Beim Mann tritt nach erfolgter Ejakulation eine Refraktärphase ein.

Vor allem die Unterschiede in der Erreichung und im Erleben des Orgasmus scheinen mir für die Sexualberatung von praktischer Bedeutung zu sein.

Welchen Einfluß der soziale Wandel, z.B. im Verhältnis der Geschlechter zueinander, auf das Sexualverhalten haben kann, wird an einer von *Clement* (107) durchgeführten vergleichenden Untersuchung zur Studentensexualität zwischen 1966 und 1981 deutlich. Während sich für das Sexualverhalten der männlichen Studenten keine wesentlichen Veränderungen ergaben, zeigte sich bei den Studentinnen eine deutliche Änderung im Masturbationsverhalten: 1966 gaben lediglich 42 % der Befragten Masturbationserfahrungen an, 1981 hingegen 73 %. Ein deutlicher Wandel zeigte sich auch im Sexualverhalten und der sexuellen Zufriedenheit verheirateter Studenten. Die eheliche Sexualität wurde 1981 als weniger befriedigend eingeschätzt als 1966. Nach der Heirat nahm die Koitushäufigkeit im Vergleich zur Zeit vor der Eheschließung ab, während in den 60er Jahren die Koitusaktivität der Partner mit der Heirat zunahm. Solche vergleichenden Längsschnittuntersuchungen machen deutlich, daß sich die menschliche Sexualität mit sozialen Normen und Rollenvorstellungen wandelt und nicht ein mechanischer Vorgang ist, der einmal auf eine bestimmte Funktionsweise eingestellt über Jahrzehnte hinweg unverändert abläuft.

Unterschiede in der sexuellen Sozialisation von Männern und Frauen sind nach wie vor quer durch alle Bevölkerungsschichten vorhanden. Gute Übersichten zu speziellen Aspekten der weiblichen Sexualität finden sich bei *von Sydow* (147) und zur männlichen Sexualität bei *Zilbergeld* (138).

14.2 Hormonelle Antikonzeption und Sexualität

Während früher die Pille als Verhütungsmittel von vielen Frauen mehr oder weniger diskussionslos akzeptiert wurde, zeigt sich in letzter Zeit bei einer zunehmenden Zahl vor allem jüngerer Frauen eine Skepsis gegenüber der hormonellen Antikonzeption. Obwohl die heute gebräuchlichen Präparate wesentlich niedrigere hormonelle Dosierungen enthalten als die Pillen früherer Jahre, wird heute häufiger über Nebenwirkungen geklagt. Dies läßt vermuten, daß ein Großteil der beklagten Beschwerden psychischen Ursprungs ist. Manche Frauen tendieren dazu, jede Art von Beschwerden die sie haben, auf die Pille zurückzuführen. Die Klagen sind bei jüngeren, unverheiratet zusammenlebenden Frauen aus der Mittelschicht besonders ausgeprägt. Nicht selten betrachten Frauen, die man längere Zeit in Behandlung hat, im Rückblick ihre Beschwerden selbst als psychisch bedingt. Diese Einsicht wird oft dadurch bestätigt, daß unter Beibehaltung desselben Pillenpräparates die Nebenwirkungen verschwinden. Hierzu ein *Fallbeispiel:*

> Eine 22jährige Sekretärin, welche seit drei Jahren mit einem zwei Jahre älteren, aus Italien stammenden Gipser zusammenlebt, nimmt seit sieben Jahren die Pille. Seit sechs Monaten klagt sie über zunehmende Schmerzen im Unterbauch und gelegentliche Schmerzen beim Geschlechtsverkehr. Die gynäkologische Untersuchung zeigt keinen krankhaften Befund. Ein eingehendes Gespräch ergibt, daß die Beschwerden in zeitlichem Zusammenhang mit der Heirat einer gleichaltrigen Freundin der Patientin aufgetreten sind, zu deren Hochzeit das Paar eingeladen war. Die Freundin ist seit vier Monaten schwanger.

Das Auftreten der Beschwerden in zeitlichem Zusammenhang mit der Eheschließung der Freundin läßt vermuten, daß die der Pille zugeschobenen Beschwerden Ausdruck eines der Patientin nicht bewußten Konfliktes zwischen Ehe- und Schwangerschaftswünschen einerseits und Angst vor einer endgültigen Bindung und Mutterschaft andererseits sind. Wie soll der Arzt in einem Beratungsgespräch bei einer so naheliegenden Konfliktkonstellation vorgehen? Eine vorschnelle psychologische Erklärung, welche die psychodynamische Hypothese zum Inhalt hätte, würde von der Patientin mit großer Wahrscheinlichkeit zurückgewiesen. Sie würde, im Sinne einer Verstärkung ihres Widerstandes, alle möglichen Vorteile ihrer jetzigen Lebenssituation aufzählen und die Freundin bedauern, die kurz vor der Aufgabe ihres Berufes steht. Wesentlich aussichtsreicher ist ein Vorgehen, bei welchem sich der Arzt zunächst nach der Zufriedenheit der Patientin am Arbeitsplatz und in ihrer Partnerschaft erkundigt. Mögliche Zweifel oder selbstkritische Bemerkungen über ihre augenblickliche Lebenssituation würde ich aufmerksam zur Kenntnis nehmen, jedoch zunächst nicht näher darauf eingehen. Stattdessen würde ich zum Beispiel Neidgefühle der jetzt schwangeren Freundin der Patientin gegenüber als eine Möglichkeit erwähnen, welche die Freundschaft in Zukunft belasten könnten.

Diese Art des Umgangs mit dem abgewehrten Konflikt — der Deutung der vermuteten Neidgefühle der Patientin in verschlüsselter Weise als Neidgefühle der Freundin der Patientin gegenüber — könnte es der Patientin leichter machen, eigene Neidgefühle zuzulassen und darüber mit dem Arzt zu sprechen. Der als beneidet angesprochenen Frau wird es leichter fallen, ihren eigenen Neid zu spüren, als wenn sie selbst direkt als Neiderin angesprochen wird. Käme man auf diese Weise mit der Patientin ins Gespräch, so wäre es sicherlich möglich, mit ihr auch eingehender über ihre Ehe- und Lebensideale zu sprechen und diese mit ihrer jetzigen Lebenssituation zu vergleichen. Das *Finden einer psychodynamischen Hypothese* für psychosomatische und sexuelle Beschwerden ist nur ein erster Schritt. Entscheidend ist, ob es im Beratungsgespräch gelingt, die *Widerstände eines Patienten zu umgehen oder zu lockern,* um ihm so den Zusammenhang seiner Beschwerden mit seiner unbewußten Konfliktsituation zu verdeutlichen. In einem weiteren Schritt müßten dann mit der Patientin, eventuell unter Einbeziehung ihres Partners, alternative Möglichkeiten zur Gestaltung ihrer näheren Zukunft — z. B. Halbtags- statt Ganztagarbeit, Heirat, Kinderwunsch, berufliche Weiterbildung, Verhaltensänderungen des Freundes — besprochen werden.

Wie wirken sich empfängnisverhütende Präparate auf das sexuelle Verhalten aus? Was den Zusammenhang zwischen Hormonen und sexuellem Verhalten betrifft, so sind die Verhältnisse nicht so eindeutig wie bei einer Reihe von Tieren (94, 130). Die Libido, so nimmt man an, ist bei beiden Geschlechtern von Androgenen abhängig. Die Zusammenhänge scheinen aber beim Mann klarer zu sein als bei der Frau. Bekannt ist auch die sexuell dämpfende Wirkung von Östrogenen beim Mann. Die Beobachtung, daß bei Rhesusaffen die Verabreichung von hormonellen Antikonzeptiva zu einer Verminderung des rezeptiven Verhaltens der Weibchen und der Ejakulationsbereitschaft der Männchen führt — als Ursache wird eine Verminderung der Sekretion der Pheromone, eines im Vaginalsekret nachgewiesenen Geruch-Hormons vermutet (cit. n. 1, S. 87) — berechtigt nicht zu der Annahme, daß derselbe Mechanismus beim Menschen eine Rolle spielt. Immerhin sind diese Befunde insofern von Interesse, als bei Affen die Sexualsphäre im Gegensatz zum Menschen nicht tabuisiert ist und soziokulturelle Einflüße keine Rolle spielen. Die Sexualität des Menschen ist jedoch von der nicht-menschlicher Primaten grundsätzlich verschieden. Die Fähigkeiten der Sprache, der Vorstellung, des Denkens und der Kontrolle betreffen auch die Sexualität und regeln das menschliche Sexualverhalten ebenso stark wie die biologischen Vorgänge.

Am ehesten ist beim Menschen eine indirekte Beeinflußung des Sexualverhaltens über eine Veränderung der Stimmung als Folge der hormonellen Veränderungen denkbar (1, S. 97). Die Bereitschaft, den männlichen Sexualpartner zu akzeptieren, ist bei normal menstruierenden Frauen in der Ovulationsphase am größten. Diese Phase fehlt bei Pillenbenützerinnen. *Zusammenfassend läßt sich feststellen,* daß sich Stimmungen als abhängig von hormonellen Zuständen erwiesen haben. Die sexuelle Aktivität des Menschen ist abhängig von Stimmungen und von Gefühlen gegenüber dem Sexualpartner. Zumindest in diesem Sinne steht sexuelles Verhalten in einem Zusammenhang mit Hormonen.

Wie das Fallbeispiel zeigt, finden sich jedoch bei den meisten Frauen, die über eine Verminderung ihres sexuellen Interesses oder andere sexuelle Störungen unter hormoneller Antikonzeption berichten, psychische Gründe, die das sexuelle

Verhalten und Erleben beeinflußen. Hierfür spricht auch die Beobachtung von *Frick-Bruder* (109), daß Frauen mit einem *traditionellen Familienideal unter hormoneller Antikonzeption häufiger über negative Nebenwirkungen* (Affektlabilität, Übelkeit, Kopfschmerzen, Libidoabnahme, Gewichtszunahme) klagen als *progressiv orientierte Frauen, welche unter der Pille eher über positive Nebenerscheinungen* (Wegfall prämenstrueller Beschwerden, Antriebssteigerung, Libidozunahme) berichten. Für die traditionell orientierte Frau hat die Kontrazeption die Bedeutung eines Aufschiebens ihrer wesentlichen Zielvorstellung, nämlich ihres Wunsches nach Mutterschaft. Für die progressiv orientierte Frau, die ihre Erfüllung mehr im Beruf als in der Kindererziehung sieht, bedeutet hingegen die Kontrazeption eine Entlastung von einem möglichen Wertekonflikt zwischen Berufstätigkeit und Mutterschaft. In der Praxis bewährt es sich auf jeden Fall, mit einer Patientin erst einmal ein eingehendes Gespräch zu führen, bevor man bei jeder Konsultation eine andere Pille verschreibt.

14.3 Sind Kinder Sexualhemmer?

Besonders junge Erwachsene mit höherer Schulbildung und Universitätsabschluß tendieren heute dazu, die Kinderfrage hinauszuzögern. Man möchte sich erst einmal beruflich etablieren und fürchtet die Abhängigkeit und die Einschränkungen durch eine Familiengründung. Offenbar sind Kinder heute für Männer und Frauen etwas, was nicht zu ihren Idealvorstellungen von Partnerschaft zwischen Mann und Frau paßt. Das Gleichheitsideal, das in den Vorstellungen der heutigen Jugendlichen von Liebe und Partnerschaft eine zentrale Rolle spielt, hat auch für Paare nach der Heirat höchsten Wert. Am konsequentesten wird diesem Ideal von unverheiratet zusammenlebenden Paaren nachgeeifert: beide Partner sind berufstätig, jeder hat sein Auto, neben dem gemeinsamen auch einen eigenen Freundeskreis und als Ausweichmöglichkeit zum gemeinsamen Bett eine Liege, auf die man sich zurückziehen kann, wenn einem der andere zu nahe kommt. „Die unbewußte Angst vor dem Kind" findet man heute nicht nur bei Frauen, sondern in gleicher Weise auch bei Männern. Schwangerschaft, Geburt und Elternschaft führen zwangsläufig zu einer *Polarisierung zwischen den Geschlechtern und bedrohen die Gleichheit von Mann und Frau*. Viele Paare, die unter dem Leitmotiv einer partnerschaftlichen Beziehung heiraten, finden sich nach der Geburt des ersten oder zweiten Kindes dort, wo sie um alles in der Welt nicht hinwollten: in der traditionellen Ehekonstellation ihrer Eltern, die sie immer kritisiert haben und die ihnen als abschreckendes Gegenmodell zu ihrem eigenen Eheideal diente. Die Frau als Mutter zu Hause, der Mann auf dem Weg zum beruflichen Aufstieg.

Viele Ehekonflikte und auch sexuelle Probleme haben ihre Wurzeln in den Veränderungen, die durch Schwangerschaft und Geburt auf ein Paar zukommen. Die Erweiterung der Zweier- zur Dreierbeziehung verändert die Qualität einer Paarbeziehung grundlegend. Die Beziehung zwischen Mann und Frau erweitert und relativiert sich durch ihre Beziehung als Vater und Mutter. Familiendynamisch gesehen bedeutet das eine Verlagerung von der *horizontalen Beziehungsdynamik* (Liebesbeziehung Mann — Frau) zur *vertikalen Beziehungsdynamik* (Beziehung Eltern — Kinder, Eltern — Großeltern). Diese Veränderung bringt für beide Partner hinsichtlich ihrer Liebesbeziehung Einschränkungen und Verzichte mit sich. Wenn Sie selbst Kinder haben und sich zurückerinnern an die gemeinsame Zeit vor der Geburt des ersten Kindes, dann werden Sie mir zustimmen, daß Kinder die Beziehungswelt eines Paares grundlegend verändern. Was die Sexualität anbelangt, so können Sie nicht mehr zu jeder Tages- und Nachtzeit nach ihren spontanen Gefühlen und Wünschen Geschlechtsverkehr haben. Und selbst wenn Sie abends müde im Bett liegen und mit ihrem Partner Zärtlichkeiten austauschen, sind Sie nicht sicher, ob Sie nicht von einer zahnenden Tochter oder einem aus dem Traum aufschreckenden Sohn gestört werden.

Ich möchte dies bewußt etwas provozierend feststellen: *Kinder sind Sexualhemmer!* Wie anders ließe sich erklären, weshalb beide Partner schon während der Schwangerschaft und erst recht nach der Geburt eines Kindes nach Ersatzbefriedigungen für ihre nicht erfüllbaren sexuellen Bedürfnisse suchen. Gewiß gibt es je nach sozialer und partnerschaftlicher Ausgangslage deutliche Unterschiede. Die Hilfsarbeiterin, die vor der Geburt neben der Fabrikarbeit noch alleine ihren Haushalt bewältigen mußte, wird den Abschied vom Beruf anders erleben als die Akademikerin, die trotz intensivem Suchen keine Halbtagsstelle findet, mit der sie einen Kompromiß zwischen ihren beruflichen und familiären Wünschen verwirklichen kann.

Auch bei den Auswirkungen von Schwangerschaft und Geburt auf das Sexualverhalten eines Paares stellt sich die Frage, welche Rolle biologische und psychosoziale Faktoren spielen. Die Veränderungen des Sexualverhaltens während der Schwangerschaft wurden in zahlreichen Studien und unter verschiedenen soziokulturellen Bedingungen untersucht (Übersicht bei 24). So beschrieb z. B. *Margret Mead* (43, 44) Bevölkerungsgruppen, in denen der Geschlechtsverkehr mit einer schwangeren Frau generell verboten ist und andere, bei denen ein regelmäßiger Koitus als notwendig erachtet wird, um das Kind „aufzubauen". Bei einzelnen Bevölkerungsgruppen ist während der Schwangerschaft für die Männer der außereheliche Verkehr üblich, bei anderen ist er strikte verboten.

Selbst im westlichen Kulturraum sind die Ergebnisse von Studien zu dieser Frage nicht einheitlich. Während *Masters* und *Johnson* (41) bei ihren Befragungen in den USA einen wellenförmigen Verlauf der sexuellen Appetenz der Frau — Abnahme im ersten, Zunahme im zweiten und erneute Abnahme im dritten Drittel der Schwangerschaft — fanden, kam *Pasini* (53) aufgrund einer Befragung von 100 schweizerischen Frauen zum Ergebnis, daß die sexuelle Appetenz und Aktivität im Verlauf einer Schwangerschaft stetig abnehme. Mehr als 50% der Frauen berichteten über Ängste, durch den Geschlechtsverkehr könne das Kind verletzt oder eine vorzeitige Geburt ausgelöst werden.

Für die Sexualberatung von Schwangeren und Frauen nach der Geburt ist die Beschränkung auf rein klinische Gesichtspunkte — bei habituellem Abort Empfehlung zur sexuellen Enthaltsamkeit in den ersten drei Schwangerschaftsmonaten, bei Frühgeburten in der Anamnese Empfehlung zur sexuellen Abstinenz ab der 31. Schwangerschaftswoche zur Vermeidung vorzeitiger Wehen, vier bis sechs Wochen nach der Entbindung grünes Licht für uneingeschränkten Geschlechtsverkehr (24) — nur eine kleine Hilfe. Bevor ich einige mögliche psychische Gründe für das Auftreten sexueller Schwierigkeiten während der Schwangerschaft und Nachgeburtsperiode nenne, soll ein *Beispiel* die langdauernden

Auswirkungen einer sexuellen Verhaltensänderung während der Schwangerschaft auf die Ehebeziehung verdeutlichen.

Eine 54jährige Frau wird seit sieben Jahren wegen einer schweren Depression und chronischer Suizidalität psychotherapeutisch behandelt. Mehr aus Ratlosigkeit denn aus Überzeugung wird sie von ihrem Therapeuten wegen fehlender sexueller Libido in die Sexualmedizinische Sprechstunde überwiesen. Mit der Sexualanamnese berichtet sie, daß sie von ihrer Mutter wegen ihrer Kränklichkeit und später in der Adoleszenz wegen ihrer voluminösen Brüste wenig Liebe erfahren habe. Weitgehend ohne sexuelle Aufklärung und ohne sexuelle Vorerfahrungen lernte sie 19jährig ihren jetzigen, zwei Jahre älteren Mann kennen, den Sie mit 22 Jahren heiratete. Während der beiden ersten Ehejahre hatte das Paar befriedigende sexuelle Beziehungen ohne Symptombildungen. Im Verlauf der ersten Schwangerschaft und vor allem nach der Geburt des ersten Kindes — entgegen den Hoffnungen der Mutter war es eine Tochter — trat bei ihr eine massive Libidoabnahme ein, die sich nach der Geburt einer zweiten Tochter noch verstärkte und zu einer sexuellen Aversion führte. Zum Zeitpunkt der Untersuchung hatte das Paar seit acht Jahren keinen Geschlechtsverkehr mehr gehabt. Der Mann hatte inzwischen als Computer-Techniker berufliche Karriere gemacht. Die Wochenenden verbrachte er auf Wanderungen mit Kameraden, während seine leicht gehbehinderte Frau jeweils in den Berghütten saß, um ihn dort abends zu erwarten. Außer gemeinsamen Mahlzeiten, einem gemeinsamen Schlafzimmer und der Depression der Frau, die beide trotz ihrer weitgehenden Isolierung eng aneinander band, hatte das Paar keine Gemeinsamkeiten mehr.

Dieses Beispiel zeigt eine typische Beziehungsdynamik, an deren Anfang ein sexuelles Symptom und an deren Ende ein schwerer chronifizierter Paarkonflikt steht. Die einzelnen Stationen dieses Beziehungsdramas lassen sich in folgender Weise kurz zusammenfaßen:

— konflikthafte Beziehung der Frau zu ihrer eigenen Mutter;
— während der Schwangerschaft Aktivierung von Ängsten einer Wiederholung der in der eigenen Kindheit erlebten unglücklichen Mutter-Kind-Beziehung;
— als Folge dieser Ängste Abnahme der sexuellen Appetenz;
— nach der Geburt der Tochter, die eigentlich ein Sohn sein sollte, starke emotionale Fixierung auf das Kind mit dem Ziel, die Wiederholung der unglücklichen Beziehung zu ihrer eigenen Mutter zu vermeiden;
— parallel dazu emotionale Fixierung des Mannes auf seine berufliche Karriere;
— zunehmende Distanzierung beider Partner mit sexuellem Vermeidungsverhalten;
— Auftreten der Depression während der Adoleszenz und Ablösung der Tochter.

Sie werden vielleicht fragen, wie ich diese Frau beraten habe. Zur zweiten Konsultation bestellte ich ihren Mann mit ein und diskutierte mit beiden die Notwendigkeit, an einem Abend pro Woche etwas Gemeinsames zu unternehmen. Der Mann willigte schließlich trotz starker Vorbehalte ein, mit seiner Frau jede Woche zum Schwimmen in ein Hallenbad zu gehen. Ob die beiden jemals wieder sexuelle Beziehungen aufnehmen werden, weiß ich nicht. Ziel der weiteren Beratungsgespräche ist es, sie zu ermuntern und mit ihnen zu besprechen, wie sie vielleicht einmal abends beim Zeitunglesen sich zärtlich die Hand reichen und einen Kuß geben könnten.

Welches sind die wichtigsten Faktoren, die das *Auftreten von sexuellen Störungen während einer Schwangerschaft und nach einer Geburt* begünstigen können? Von Bedeutung sind:

- die physische Erschöpfung der Frau als Folge einer Überbelastung durch ihre Aufgaben als Mutter, Hausfrau, Ehefrau und allenfalls Berufsfrau;

- eine zu enge Beziehung zwischen Mutter und Kind, die zu einer emotionalen Ausstoßung des Mannes führen kann;
- ein übermäßiges berufliches Engagement des Mannes als Reaktion auf den Rückzug seiner Frau, was wiederum zu einer Intensivierung der Mutter-Kind-Dyade führt;
— mangelnde Flexibilität beider Partner, beim Älterwerden die Mann-Frau-Dyade zu intensivieren;
— fehlende Möglichkeiten oder Bereitschaft, die Kinder zeitweise abzugeben, um sich dem Partner intensiver zuzuwenden;
— traumatisierende Schwangerschafts- und Geburtserlebnisse, die auf die Sexualität übertragen werden.

Kinder sind nicht nur Sexualhemmer. Diese Einstellung wäre einseitig und falsch. Viele Partner neigen aber in ihren Beziehungen zu einseitigen und ausschließlichen Idealen. Was ihnen fehlt, ist vor allem eine *Flexibilität und Ausdauer, ihrer Zweierbeziehung gegenüber den extradyadischen Verführern und Angreifern* — Beruf, Freunde, Kinder, Verpflichtungen — *einen Spielraum zu sichern, in dem sich ihre Beziehung weiterentwickeln kann. Die Beratung von jungen Paaren während der Schwangerschaft und nach der Geburt eines Kindes ist bisher nur ansatzweise verwirklicht. Gerade in diesem Bereich kann der Arzt durch einige wenige Gespräche der Entwicklung sexueller und partnerschaftlicher Störungen wirksam vorbeugen.*

Wie ein solches Beratungsgespräch ablaufen kann, soll das folgende *Beispiel* zeigen. Eine 28jährige Frau kommt ein halbes Jahr nach der Geburt ihres ersten Kindes zu ihrem Hausarzt, um sich die Pille verordnen zu lassen.

A.: Wie geht es Ihnen, Frau Rauch?
F.: Eigentlich ganz gut. Seitdem der Kleine die Nacht durchschläft, bin ich nicht mehr so erschöpft wie in den ersten 3 Monaten nach der Geburt.
A.: Mit der Ernährung geht alles gut?
F.: Da habe ich keine Probleme.
A.: Und wie geht es dem jungen Vater?
F.: Der ist recht stolz auf seinen Sprößling. Leider ist er im Augenblicklich beruflich sehr unter Druck, so daß er abends häufig erst spät nach Hause kommt.
A.: Nun, was ist ihr Anliegen, weshalb Sie heute zu mir gekommen sind?
F.: Könnten Sie mir wieder die Pille aufschreiben? Meine Periode ist jetzt wieder regelmäßig, und vorläufig möchte ich nicht gleich wieder schwanger werden.
A.: Das kann ich schon; offenbar haben Sie mit ihrem Mann auch wieder körperliche Beziehungen. Hatten Sie da seit der Geburt irgendwelche Schwierigkeiten?
F.: (Schaut etwas verlegen; hat Hemmungen, die Frage zu beantworten.)
A.: Wissen Sie, für viele Ehepaare ist es nach der Geburt eines Kindes gar nicht so einfach, mit dem Geschlechtsverkehr wieder anzufangen. Irgendwie haben beide Partner den Eindruck, das gehört jetzt wieder dazu. Aber durch das Kind hat sich in ihrer Beziehung etwas verändert, so daß manchmal auch die Sexualität gegenüber der Zeit vor der Schwangerschaft anders ist. Wir hatten ja während der Schwangerschaft schon einmal darüber gesprochen. Wenn ich mich recht erinnere, hatten Sie ja in den letzten Schwangerschaftsmonaten keinen Verkehr mehr?
F.: Nein, mir ist es ja damals nicht so gut gegangen.
A.: Und jetzt, haben Sie selbst wieder das Bedürfnis zum Geschlechtsverkehr mit Ihrem Mann?
F.: Deutlich weniger als vor der Schwangerschaft. Irgendwie bin ich abends zu müde dazu.
A.: Und Ihr Mann?
F.: Der hätte ganz gerne wieder regelmäßig Verkehr und ist etwas enttäuscht, daß ich so wenig Interesse habe.

A.: Da geht es Ihnen wie vielen Ehepaaren. Oft sind es die Frauen, die nach der Geburt weniger Lust zum Geschlechtsverkehr haben. Und die Männer sind dann enttäuscht. Haben Sie jetzt nach der Geburt schon Verkehr gehabt?

F.: Zweimal haben wir es versucht, aber es war für mich eher unangenehm. Es tut mir von der Narbe her (gemeint ist die Narbe vom Dammschnitt bei der Geburt) noch weh, kann das sein?

A.: Eigentlich sollte das gut verheilt sein, aber manchmal können doch beim Einführen des Gliedes noch Schmerzen auftreten, die mit verschiedenen Faktoren zusammenhängen können. Manche Frauen empfinden deshalb Schmerzen, weil sie gar nicht oder kaum erregt sind, wenn der Mann das Glied einführen will. Dann kommen die Schmerzen einfach daher, daß das Glied nicht so leicht in die Scheide eingeführt werden kann, weil die Gleitflüssigkeit fehlt. Andere Frauen haben Angst vor einer erneuten Schwangerschaft und verspannen sich dann. Gelegentlich kann es auch sein, daß die Frauen in Gedanken so mit ihrem Kind beschäftigt sind, daß sie sich gar nicht auf das Zusammensein mit ihrem Mann konzentrieren können. Oder aber sind es die Männer, die im Beruf überlastet sind und dann nur noch so schnell mal spät am Abend Geschlechtsverkehr haben wollen, ohne daß zuvor Zärtlichkeiten ausgetauscht werden. Da gibt es viele Gründe, die zu Schwierigkeiten im sexuellen Bereich führen können. Was könnten Sie sich vorstellen, was bei Ihnen eine Rolle spielt?

F.: Ich weiß es nicht...

A.: Ich werde Sie nachher noch einmal untersuchen, um sicher zu sein, daß von der Narbe her am Scheideneingang alles in Ordnung ist. Wichtig scheint mir, daß Sie jetzt eine sichere Empfängnisverhütung haben. Es wäre aber auch gut, wenn Sie mit Ihrem Mann einmal über Ihre sexuellen Beziehungen sprechen würden. Manche Probleme lassen sich durch ein Gespräch recht gut klären. Ihr Mann ist zu einem solchen Gespräch sicher bereit?

F.: Ich glaube schon.

A.: Vielleicht können wir so verbleiben, daß wir jetzt mal abwarten, wie sich das entwickelt, wenn Sie die Pille nehmen. Sie kommen ja dann ohnehin in 3 Monaten wieder vorbei, und dann können wir sehen, ob die Schwierigkeiten verschwunden sind. Wenn Sie bis dahin noch Probleme haben, fände ich es am besten, wenn Sie dann gemeinsam mit Ihrem Mann vorbeikommen könnten.

Kommentar zu diesem Gespräch:

Die Frage der Empfängnisverhütung bietet dem Arzt in den Monaten nach der Geburt die Gelegenheit zu einem Gespräch über sexuelle Schwierigkeiten. Dabei geht es vor allem darum, sexuelle Probleme frühzeitig zu erkennen und mit der Patientin darüber zu sprechen. Die Bemerkung, daß viele Ehepaare nach der Geburt eines Kindes gewiße Schwierigkeiten mit der Sexualität haben, bedeutet für die Patientin eine Entlastung. Durch seine Erklärungen versucht der Arzt, der Patientin mögliche Ursachen für ihre sexuellen Schwierigkeiten zu zeigen. Welche Gründe bei ihr eine Rolle spielen, bleibt in diesem Gespräch offen. Darüber sind sich sowohl die Patientin wie der Arzt nicht im klaren. Durch das Gespräch werden jedoch Faktoren, welche eine Zunahme der sexuellen Schwierigkeiten begünstigen könnten, angesprochen: Empfängnisverhütung, Schwierigkeiten der Frau und des Mannes, sich als Paar füreinander Zeit zu nehmen und auf die gegenseitigen Bedürfnisse einzugehen und unbegründete Ängste. Die Aufforderung an die Patientin, sie solle mit ihrem Mann über die Veränderungen in ihrem gemeinsamen Sexualleben sprechen, soll sie ermuntern, die Schwierigkeiten zunächst selbst zu bewältigen. Das Angebot, allenfalls in 3 Monaten mit dem Paar gemeinsam ein Beratungsgespräch zu führen, zeigt, daß der Arzt die Schwierigkeiten weder bagatellisiert noch dramatisiert. Im geschilderten Beispiel kam die Frau nach 3 Monaten und berichtete, daß die Schwierigkeiten in der Zwischenzeit verschwunden seien.

Eine Untersuchung aus England (110) über Veränderungen im sexuellen Erleben und Verhalten während der Schwangerschaft und im ersten Jahr nach der Geburt eines Kindes zeigte, daß sich durch die Familiengründung nicht nur bei der Frau, sondern auch beim Mann sexuelle Veränderungen einstellen können. 12 Monate nach der Geburt berichtete die Hälfte der jungen Mütter und immerhin 20 % der Väter über eine Verminderung ihrer sexuellen Reaktionsfähigkeit. Ein Drittel der Frauen bezeichnete die Sexualbeziehung zu ihren Männern ein Jahr nach der Geburt als weniger befriedigend als vor der Schwangerschaft. Insgesamt zeigte sich in den einzelnen Ehen eine recht unterschiedliche Entwicklung des Sexuallebens nach der Geburt. Als Gründe für die Beeinträchtigung der sexuellen Reaktionsfähigkeit und Zufriedenheit wurde von beiden Partnern vor allem körperliche Müdigkeit und die zeitliche Beschränkung der Möglichkeit zum Geschlechtsverkehr auf die Abend- und Nachtstunden genannt. Ich habe die Erfahrung gemacht, daß junge Eltern sehr erleichtert sind, wenn sie hören, daß während der Phase der Familiengründung Veränderungen im sexuellen Bereich ein weit verbreitetes Phänomen sind und daß sich beide Partner in dieser Phase in ihrem Sexualleben erst wieder aufeinander einspielen müssen.

14.4 Sexuelle Phantasien

Die Vorstellung eines bekannten oder anonymen Partners bei der Masturbation ist ein bekanntes Phänomen. Die Ansicht, Männer hätten häufig aggressive oder feindselige Phantasien, während Frauen eher romantische, liebevolle Vorstellungen hätten, ist dagegen nicht richtig (86). Die meisten Phantasien, sowohl von Männern wie Frauen, sind zärtlich getönt (148). Typisch männlich scheint die primär visuelle Orientierung der Phantasien zu sein: die bildliche Vorstellung einer attraktiven weiblichen Partnerin, wobei es sich dabei um eine bekannte oder anonyme Person handeln kann. Bei Frauen überwiegen hingegen Vorstellungen, selbst attraktiv und begehrenswert zu sein. Während außereheliche sexuelle Phantasien bei der Masturbation kaum als störend erlebt werden, können dieselben Phantasien beim ehelichen Geschlechtsverkehr als belastend empfunden werden. So berichten manche Patienten mit deutlichen Scham- und Schuldgefühlen über außereheliche homo- oder heteroerotische Phantasien. Vor allem homoerotische Phantasien können starke Ängste auslösen und zu einem generellen sexuellen Vermeidungsverhalten führen. Ein 35jähriger Jurist kam wegen eines ausgeprägten Libidomangels in die Sprechstunde und erzählte, daß er wegen seiner homoerotischen Phantasien Angst habe, homosexuell zu werden. Bei der Exploration zeigte sich, daß er so auf diese Phantasie und deren Unterdrückung fixiert war, daß ihm die liebevolle Zuwendung zu seiner Frau nicht mehr möglich war. In solchen Fällen ist es notwendig, die Einstellung des Patienten dahingehend zu verändern, daß er sich erlauben kann, solche Phantasien aktiv auszugestalten. Wichtig ist dabei, ihm gegenüber zu betonen, daß solche Phantasien weit verbreitet und harmlos sind, da Phantasie und Handlung zwei verschiedene Dinge sind. Wenn wir alle Phantasien, die wir im Verlauf eines Tages haben, in die Tat umsetzen würden, wäre unser Verhalten recht widersprüchlich und bisweilen grotesk. Ebenso wie wir bei der Arbeit, beim Zeitunglesen, beim Essen oder Autofahren plötzlich durch eine Phantasie abgelenkt werden können, so kann dies auch beim Geschlechtsverkehr geschehen. Die zwanghafte Kontrolle und Unterdrückung dieser Bilder und Motive würde die sexuelle Begegnung zu einer ernsten und eintönigen Erfahrung machen. Gelegentlich empfehle ich Frauen, die in der Sexualberatung berichten, sie hätten in ihrem Leben noch nie sexuelle Phantasien gehabt, ein von *Barbach* (111) herausgegebenes Buch über weibliche Sexualphantasien. Durch die Lektüre der Kurzgeschichten ermuntert berichten nicht wenige von ihnen, ihre sexuelle Phantasiewelt sei doch nicht so verkümmert, wie sie bis anhin gedacht hätten.

14.5 Sexuelle Störungen bei jüngeren Paaren

Wie wir bei der Besprechung der Ursachen sexueller Störungen im Kapitel 3 gesehen haben, können die auslösenden Faktoren für eine bestimmte Störung recht unterschiedlich sein. Einige *Beispiele* mögen dies verdeutlichen:

a) Ejaculatio praecox

Ein 34jähriger Techniker berichtet über eine plötzlich aufgetretene Ejakulationsstörung. Während eines berufsbedingten Aufenthaltes in Kanada hatte er dort eine gleichaltrige geschiedene Frau mit drei Kindern kennengelernt. Er lud sie ein, mit ihren Kindern für einige Wochen zu ihm in die Schweiz zu kommen. Während er in Kanada ohne Schwierigkeiten wöchentlich drei- bis viermal Verkehr hatte, ejakulierte er beim ersten Geschlechtsverkehr in der Schweiz bereits vor dem Einführen des Gliedes. Da die Störung persistierte, kam er in die Sprechstunde. Es zeigte sich recht schnell, daß er Angst vor einer intensiveren Bindung an die Frau hatte und im Grunde deren baldige Rückkehr nach Kanada wünschte. Ich riet ihm, mit seiner Freundin den Termin ihrer Abreise festzulegen. Nach der Vereinbarung des Rückflugtermins verschwand die Ejakulationsstörung ebenso plötzlich, wie sie aufgetreten war.

Bei der Bewertung von Ejakulationsstörungen sind vor allem auch kulturelle Unterschiede in der sexuellen Entwicklung zu berücksichtigen. Lange Zeit bereiteten uns in unserer Sprechstunde aus Sizilien und Süditalien stammende Männer, die mit Schweizer Frauen eine Partnerschaft eingegangen waren, große Schwierigkeiten. Sie wurden von ihren Partnerinnen wegen einer ausgeprägten Ejaculatio praecox geschickt, unter der die Männer selbst deutlich weniger litten. Als wir uns die süditalienischen Wohnverhältnisse einfacher Familien vorstellten — Großfamilien von sechs bis zehn Personen in einem Raum —, wurde uns klar, daß hier ein „ungestörter" Geschlechtsverkehr nur in Form einer Blitzaktion möglich war, die wenig Zeit für den Austausch von Zärtlichkeiten und gegenseitiger sexueller Stimulation ließ. Männer mit vorzeitigem Samenerguß haben fast immer eine deutlich verminderte Sensibilität gegenüber ihren eigenen Körperreaktionen. Sie sind in ihrer Aufmerksamkeit ganz auf ihre Partnerinnen ausgerichtet und nehmen so den raschen Anstieg ihrer eigenen sexuellen Erregung kaum wahr. In der Sexualtherapie dieser Störung spielt deshalb das Erlernen einer besseren Wahrnehmung der eigenen Körperreaktionen eine wichtige Rolle. In der Sexualberatung bewährt es sich, mit dem Patienten und seiner Partnerin Möglichkeiten zu besprechen, wie sie beim Verkehr etwas langsamer und behutsamer vorgehen können und sich jeder mehr auf sich selbst als auf den Partner konzentrieren kann. Längerfristig bestehende Ejakulationsstörungen sollten sexualtherapeutisch behandelt werden.

b) Erektionsstörungen

Gerade bei jungen Männern findet man nicht selten die Vorstellung, eine Erektion müße in jeder Situation möglichst schnell produziert werden können. Typische situative Erektionsstörungen findet man bei Paaren, die Angst haben, der Geschlechtsverkehr könne von der Umgebung bemerkt und beobachtet werden. Bei Mehrgenerationenfamilien ohne klare Abgrenzung der Wohnbereiche der einzelnen Generationen finden sich solche Erektionsstörungen, die leicht und schnell durch eine Beratung zu bessern sind. Die Verlegung des Schlafzimmers in ein anderes Stockwerk oder das Anfertigen einer neuen, abschließbaren Schlafzimmertür kann gelegentlich Wunder wirken.

Oft spielen auch Fehlvorstellungen über die Auslösung und die Dauer einer Erektion eine Rolle. Ich erinnere mich an einen frischverheirateten jungen Türken, der uns von einem Urologen wegen einer Impotenz zugewiesen wurde. Bei der Sexualanamnese ergab sich eine völlig normale Erektions- und Ejakulationsfähigkeit. Die Vorstellungen des Patienten entsprachen aber noch seinen sexuellen Primärerfahrungen aus der Türkei und einer Fehleinschätzung der sexuellen Ansprüche seiner Frau. In der Türkei hatte er auf der Straße beim Anblick einer leicht bekleideten Frau jeweils eine Erektion verspürt. Frauen in leichter Kleidung hatte er in der Kleinstadt, in der er aufgewachsen war, nur selten gesehen. Er war nun sehr beunruhigt, daß er in der Schweiz nicht dieselbe Reaktion hatte. Erst mein Hinweis, daß er ja dann im Sommer eine Dauererektion haben müße, machte ihm deutlich, daß ihm in der Zwischenzeit die Kleidungsgewohnheiten der Schweizer Frauen so vertraut geworden waren, daß nicht jeder Anblick eines Minirocks automatisch eine Erektion auslöste. Im Verkehr mit seiner Frau hatte er die Vorstellung, sie nur dann befriedigen zu können, wenn er zwei Mal kurz hintereinander ejakulieren konnte. Ein einmaliger Orgasmus schien ihm nur eine halbe Sache zu sein. Bis zur zweiten Konsultation hatte er auf meinen Rat hin mit seiner Frau gesprochen und von dieser gehört, daß sie mit einem einmaligen Orgasmus durchaus zufrieden sei.

Männliche Potenzphantasien orientieren sich nicht selten an den in Pornofilmen oder Sexjournalen dargestellten Leistungsnormen. Gerade bei der Beratung von Erektionsstörungen ist es deshalb wichtig, Fehlvorstellungen zwischen Wunsch und Wirklichkeit zu klären. Als Ergänzung zur Sexualberatung empfehle ich Männern häufig ein Buch von *Zilbergeld* (112) mit dem Titel ,,Männliche Sexualität". Darin wird anhand zahlreicher Beispiele geschildert, wie unterschiedlich auch Männer sexuell reagieren und erleben können. Der Hinweis, daß Erektionsstörungen häufig erst dadurch zum Problem würden, daß sich nach einem einmaligen sexuellen Versagen Erwartungsängste und sexueller Leistungsdruck entwickelten, welche die sexuellen Reaktionsabläufe zusätzlich hemmen würden, wirkt oft erleichternd. Dies vor allem dann, wenn die Partnerin gegenüber der Erektionsunsicherheit des Mannes eine tolerante und verständnisvolle Haltung einnimmt. Wiederholt konnte ich beobachten, wie Frauen durch eine verständnisvolle Einstellung wesentlich zur Behebung einer Erektionsstörung ihrer Männer beitragen konnten.

c) Libidostörungen

Libidoabnahme im Anschluß an die Geburt eines Kindes ist ein häufiges Symptom. Sie kann ein Hinweis sein, daß der Mann neben dem kleinen Säugling zu einer Randfigur geworden ist, die einfach ohne böse Absicht in Vergessenheit gerät. Auch hierzu ein Beispiel. Bei der ersten Konsultation mit einem jüngeren Paar trug die Frau den Säugling in einem Tragetuch vor dem Bauch. Während sie sprach, spielte sie ständig mit den Fingern ihrer Tochter. Ich schlug vor, der Vater möge sich auch mal die Tochter vor den Bauch binden. Das plötzliche Erleben ihres ,,leeren Bauches'' machte der Frau deutlich, daß sie die Tochter nach der Geburt noch nicht wirklich abgenabelt hatte. Wir besprachen, daß der Vater einige Aufgaben bei der Säuglingspflege übernehmen sollte. Bei der nächsten Konsultation berichtete die Frau eine spontane Zunahme ihrer sexuellen Appetenz. Auf die vielfältigen Ursachen von Libidostörungen, die nach meinem Eindruck in den letzten Jahren an Häufigkeit deutlich zugenommen haben, wird im nächsten Kapitel noch näher eingegangen.

d) Orgasmusstörungen

Manche junge Frauen stehen heute aufgrund eigener Erwartungen oder Erwartungen ihrer Männer unter einem *Orgasmuszwang*. Die in jedem Aufklärungsbuch zu lesende Feststellung, daß das zur Erreichung eines Orgasmus erforderliche Maß sexueller Stimulation von Frau zu Frau und auch situativ sehr unterschiedlich ist, wird offenbar von Frauen und Männern in gleicher Weise verleugnet. Andererseits wissen viele Frauen nicht, wie sie durch eigene oder vom Partner ausgeübte manuelle Stimulation ihre sexuelle Erregung steigern und einen Orgasmus erreichen können. Bei leichteren Orgasmusstörungen empfehle ich den Frauen immer die Lektüre des bereits mehrfach erwähnten Buches von Lonnie *Barbach:* For yourself — Die Erfüllung weiblicher Sexualität (7). Darin sind in recht ansprechender Weise die psychophysiologischen Zusammenhänge des weiblichen Orgasmus dargestellt, verbunden mit Übungen zur Verbesserung der eigenen körperlichen Reaktionen.

Für Paare, denen das Besprechen sexueller Fragen mangels Erfahrung oder wegen verschiedenster Hemmungen Mühe bereitet, empfehle ich gelegentlich die gemeinsame Lektüre des ins Deutsche übersetzten Buches: Making Love von Patricia *Raley* (59). Darin sind die Möglichkeiten des sexuellen Zusammenspiels in einer leicht verständlichen und emotional differenzierten Weise u. a. anhand von Fotos dargestellt. Beide Bücher sind nach den Erfahrungen von Kollegen, die unsere sexualmedizinischen Weiterbildungsseminare besucht haben, für die Sexualberatung in der Praxis eine gute Ergänzung.

14.6 Traditionelle und egalitäre Familienstruktur

Im Gegensatz zu vielen gesellschaftlichen Institutionen, die in zunehmendem Maße durch Vorschriften und Paragraphen starr und leblos werden, ist die Familie ein System, in dem vieles in Bewegung ist. Der Wandel im äußeren Erscheinungsbild und in der Beziehungsdynamik einer Familie ist vor allem auf drei

Ursachen zurückzuführen: Auf den *Anstieg der durchschnittlichen Lebenserwartung*, auf *Veränderungen im Verhältnis der Geschlechter zueinander* und auf einen *grundlegenden Bedeutungswandel der Ehe*. Die Situation der heutigen Ehe und Familie läßt sich thesenartig in folgenden Feststellungen zusammenfassen (119):

— Eheliche Zweierbeziehungen dauern, sofern sie nicht durch Scheidung vorzeitig aufgelöst werden, heute im Durchschnitt 45 Jahre.
— Die eheliche Partnerschaft ist durch die niedrigere Kinderzahl, die kürzere Arbeits- und die längere Freizeit sehr viel weniger ,,fremdbestimmt'' als früher.
— Für die Verteilung familiärer Aufgaben und Rollen haben Mann und Frau heute im Vergleich zu früher einen größeren Entscheidungsspielraum.
— Ehebeziehungen sind heute in stärkerem Maße Partner- als Elternbeziehungen.
— Die Idealvorstellungen von einer Ehe betreffen überwiegend den Bereich der intensiven emotionalen Bindung und Zufriedenheit.

Wie schon erwähnt, ist die *Phase der Familiengründung* (vergleiche Kapitel 9.2) für Mann und Frau im Hinblick auf die Entwicklung ihrer gegenseitigen Beziehung von zentraler Bedeutung. Das Spannungsfeld, in welches ein Paar nach der Geburt eines Kindes in unterschiedlichem Maß gerät, könnte man mit den Stichworten Wertekonflikt und Rollenkonflikt umschreiben.

Ein *Wertekonflikt* entsteht vor allem zwischen Leistungsdenken einerseits und Lebensqualitätsdenken andererseits. Während viele Männer heute noch einem Arbeitsmythos mit Leistung, Karriere und materiellem Lebensstandard huldigen, fühlen sich die Frauen eher einem Lebensstil verpflichtet, in dem die sinnvolle Gestaltung der Freizeit Priorität vor der Arbeit hat. Dabei werden Lebensfreude, Lebensgenuß und Offenheit als wichtiger eingeschätzt als Leistung und Besitz. Wertekonflikte finden sich vor allem bei einer *traditionellen Familienstruktur*, d.h. wenn zwischen Mann und Frau hinsichtlich Ausbildung und Beruf Unterschiede bestehen.

In einen *Rollenkonflikt* geraten vor allem Paare mit einer *egalitären Beziehungsstruktur*, von der man spricht, wenn zwischen Mann und Frau hinsichtlich Ausbildungsniveau und Beruf keine oder nur geringe Unterschiede bestehen. In diesem Fall stellt sich beiden Partnern die Aufgabe, vor allem ihre beruflichen Lebensziele und ihr Eheleitbild aufeinander abzustimmen und sich allenfalls auf einen Kompromiß zu einigen.

Die Veränderungen in der Beziehungsstruktur zwischen Mann und Frau sind u.a. darauf zurückzuführen, daß Familiengründung für die Mehrzahl der Frauen nach wie vor einen Ausstieg aus dem Berufsleben und eine Konzentrierung auf die Mutter- und Hausfrauenrolle bedeutet. Wie eine repräsentative Untersuchung an Schweizer Familien zeigte (120, 121), sind bei kinderlosen Paaren drei Viertel der Frauen berufstätig, nach der Geburt eines Kindes jedoch nur noch ein Drittel. Dies bedeutet, daß die Mehrzahl der Familien mit Kindern eine *traditionelle Familienstruktur* aufweist dahingehend, daß die Frau nicht berufstätig ist und der Unterhalt der Familie alleine vom Mann verdient wird. Welche *Vor- und Nach-*

teile hat die Entwicklung einer Zweierbeziehung in Richtung einer traditionellen Familienstruktur *(Tabelle 6)?*

Die gegenseitigen Erwartungen von Mann und Frau sind vergleichsweise klar umrissen. Ihr Verhalten kann sich an Vorbildern — am Verhalten der eigenen Eltern — ausrichten, so daß keine eigenen Normen geschaffen werden müssen. Diese Art der Familienorganisation bietet auf den ersten Blick ein hohes Maß an Sicherheit. Geht man jedoch davon aus, daß sich Menschen im Verlauf ihres

---

Tabelle 6:   Traditionelle Familienstruktur

Merkmale:

— klare Rollen- und Aufgabenverteilung zwischen den Partnern
— komplementäre Beziehungsstruktur
— Phase der Familiengründung eher konfliktarm
— Krise in den mittleren Lebensjahren
— Symptomanfälligkeit der Familienmitglieder nimmt mit der Ehedauer zu

Vorteile:

— relativ hohe Sicherheit für beide Partner und die Kinder
— hohes Erholungspotential in der Familie
— hohe gesellschaftliche Akzeptierung

Nachteile:

— geringe Rollenflexibilität beider Partner
— eingeschränkte Entwicklungsfähigkeit der Paarbeziehung
— familiäre Außenseiterposition des Mannes
— Identitätskrise der Frau in den mittleren Jahren
— Ablösungsprobleme der Kinder

Tabelle 7:   Egalitäre Familienstruktur

Merkmale:

— Rollen- und Aufgabenverteilung zwischen den Partnern flexibel, teilweise unklar
— symmetrische Beziehungsstruktur
— hohe Bedeutung von Drittpersonen
— Phase der Familiengründung eher konfliktreich
— mittlere Lebensjahre eher konfliktarm

Vorteile:

— *hohe Flexibilität beider Partner*
— *Wandlungsfähigkeit der Beziehung*
— *relative Selbständigkeit der Partner und Kinder*
— *Verteilung der Elternfunktionen*

Nachteile:

— Rollenüberlastung beider Partner, vor allem der Frau
— niedriges Erholungspotential in der Familie
— geringe Ressourcen zur Bewältigung zusätzlicher Belastungen
— gesellschaftliche Benachteiligungen

Lebens verändern, daß Wertsetzungen wechseln und Prioritäten sich verschieben, so erweist sich die Struktur der traditionellen Familienorganisation nicht selten als zu starr, um ohne tiefgreifende Krise oder gar einen Bruch den veränderten Bedürfnissen ihrer Mitglieder angepaßt werden zu können. Nach meinen Erfahrungen sind Paarbeziehungen bei einer traditionellen Familienstruktur in den ersten Jahren nach der Familiengründung vergleichsweise konfliktarm. Das Konfliktpotential nimmt jedoch in den mittleren Lebensjahren zu und führt dann nicht selten zu Ehekrisen, die mit Trennung oder Scheidung enden.

Anders ist die Situation, wenn sich beide Partner auch nach der Geburt eines Kindes um eine *egalitäre Beziehungsstruktur (Tabelle 7)* bemühen. Hier stehen Mann und Frau vor allem in den ersten Jahren nach der Familiengründung unter erhöhten Belastungen, da die Aufgabenteilung zwischen ihnen nicht klar geregelt ist, sondern immer wieder neu ausgehandelt werden muß. Vor allem solange Kinder klein sind, werden beide Partner in ihren Erwartungen häufig enttäuscht, sich in der Familie erholen und regenerieren zu können. Es ist deshalb nicht überraschend, daß bei diesen Paaren die Scheidungsrate in den ersten Ehejahren deutlich höher liegt als bei Familien mit traditioneller Familienstruktur. Längerfristig sind diese Ehen jedoch unproblematischer, da sie in ihrer Struktur weniger rigide und beide Partner voneinander weniger abhängig sind.

Fassen wir zusammen: Sowohl die Entwicklung in Richtung einer traditionellen wie einer egalitären Familienstruktur bringt für beide Partner Belastungen und Konflikte mit sich. Diese unterscheiden sich jedoch inhaltlich wie auch in ihrer zeitlichen Abfolge deutlich. Während die Entscheidung für eine *traditionelle Familienstruktur* — bildlich gesprochen — beiden Partnern häufig einen sonnigen, unbeschwerten Frühling und einen stürmischen Herbst beschert, ist bei der *egalitären Familienstruktur* der Frühling häufig gewitterhaft und der Herbst eher mild und warm. *Beide Formen der Familienstruktur haben sowohl Vor- als auch Nachteile.* Traditionelle Familien bieten ein höheres Erholungspotential für die einzelnen Familienmitglieder, sind aber anfälliger für Ablösungs- und Identitätskonflikte in den mittleren Jahren. Egalitäre Familien haben v.a. in den Anfangsjahren weniger Reserven zur Bewältigung zusätzlicher Belastungen, bieten aber dem einzelnen mehr individuelle Entfaltungsmöglichkeiten. Enttäuschungen bleiben Mann und Frau in beiden Beziehungsformen nicht erspart.

15 Die mittleren Jahre – rettet die Zärtlichkeit!

15.1 Die Identitätskrise der Eltern

Nach der Phase der ersten Ehejahre, in welcher viele Frauen mit der Erziehung der Kinder und Männer mit ihrer beruflichen Karriere beschäftigt sind, stellt sich für beide die Frage: Wie soll es weitergehen? Müdigkeit, Lustlosigkeit, Schwierigkeiten mit dem Kreislauf oder der Verdauung, Schlafstörungen oder Stimmungsschwankungen sind in dieser Zeit nicht selten der Anlaß, zum Arzt zu gehen, um sich untersuchen und beraten zu lassen. Die gestellten Diagnosen lauten: vegetative Dystonie, larvierte Depression, funktionelle Magen- oder Herzbeschwerden oder präklimakterisches Syndrom. Man verordnet Kuraufenthalte, physikalische Behandlungen oder Tranquilizer und rät dem Mann zu weniger beruflichem Streß und der Frau zu außerfamiliären Aktivitäten. In der Phase zwischen dem 40. und 55. Lebensjahr geraten Mann und Frau nicht selten in eine *Identitätskrise*: Sie blicken zurück auf die seit der Heirat vergangenen Jahre und fragen sich, ob das gemeinsame Leben so weitergehen kann und soll.

15.2 Bewältigungsversuche der Wechseljahre

Die *Frau* gerät in dieser Zeit in ihrer *beruflichen Identität* an einen *Tiefpunkt*. Die Kinder sind zu Jugendlichen herangewachsen, kritisieren den Lebensstil ihrer Eltern, von dem sie sich durch alternative Lebensweisen distanzieren wollen und sind mit sich selbst beschäftigt. Wenn sie zuhause ausziehen, macht sich bei ihren Müttern nicht selten ein Gefühl der Leere und Enttäuschung breit. Vor allem diejenigen Frauen, die vor ihrer Heirat keine oder nur eine unbefriedigende Berufsausbildung gemacht haben, kommen zu der Überzeugung, in ihrem bisherigen Leben zu kurz gekommen zu sein und als Dank für ihren Einsatz im Haushalt und in der Erziehung jetzt vor dem Nichts zu stehen. Die mit der Menopause einhergehenden biologischen Veränderungen verstärken das Erleben eines *umfassenden Wechsels im psychischen, sozialen und körperlichen Bereich*.

Die Versuche, diesen Wandel zu bewältigen, können recht verschieden sein. Der *Wiedereinstieg ins Berufsleben* ist ein Weg, wieder einen neuen Lebensinhalt zu finden. Die Möglichkeiten dazu sind jedoch, verglichen mit der großen Zahl daran interessierter Frauen, nach wie vor begrenzt. Die Möglichkeit, als *Großmutter* in der *Betreuung der Enkelkinder* eine neue Aufgabe zu finden, scheidet ebenfalls für viele Frauen aus. Zum einen ziehen ihre Kinder nach der Bindung an einen Partner häufig zunächst die kinderlose Ehe einer frühen Familiengründung vor, zum andern läßt die oft große räumliche Trennung von den erwachsen gewordenen Kindern nur einen zeitlich begrenzten Einsatz als Großmutter zu. Viele Frauen haben an dieser Aufgabe auch kein Interesse, sei es, daß sie dafür von Kindern und Enkelkindern zu wenig Anerkennung erhalten, sei es, daß sie ganz einfach von allem, was mit Kindererziehung und Haushalt zu tun hat, die Nase voll haben.

Manche Frauen — und ihre Zahl scheint zuzunehmen — sehen jedoch gerade in der *Wiederholung ihrer Mutterrolle* die einzige Möglichkeit, die Wechseljahre bewältigen zu können. Frauenärzte und vor allem gynäkologische Polikliniken mit einer speziellen Fertilitätssprechstunde registrieren eine zunehmende Zahl von Patientinnen, die jenseits des 40. Lebensjahres noch einmal schwanger werden wollen. Die Beratung und Behandlung dieser Frauen, so habe ich immer wieder von Kollegen gehört, ist oft ausgesprochen schwierig, da sie krampfhaft und verbissen darum kämpfen, das bisweilen nicht mehr Mögliche um jeden Preis zu erreichen: eine Schwangerschaft, von der sie sich eine Wiederbelebung ihrer Ehe und ihres eigenen Lebens erhoffen. Eine erfolglose, oft über mehrere Jahre durchgeführte Fertilitätsbehandlung kann das Sexual- und Eheleben eines Paares schwer belasten. Dies gilt nicht nur für jene Ehepaare, die noch kinderlos sind, sondern auch für Paare mittleren Alters, die schon ein oder zwei Kinder haben. Wiederholt habe ich in unserer Sprechstunde in den letzten Jahren solche Paare gesehen, die nach *erfolglosen Fertilitätsbehandlungen* in eine schwere Ehekrise gerieten. Zwei Probleme spielen dabei eine zentrale Rolle: die offen oder unterschwellig gestellte Frage, welcher der beiden Partner am Nichtzustandekommen einer Schwangerschaft *schuld* ist. Diese Frage steht vor allem von Seiten der in ihrem Kinderwunsch enttäuschten Frau im Vordergrund. Die Männer werfen dagegen ihren Frauen eine jahrelange *Frustration* ihrer *sexuellen Wünsche und Bedürfnisse* vor. In der Tat führt die Ausrichtung des Geschlechtsverkehrs auf einen Fortpflanzungsakt häufig zu einem Verlust der emotionalen und spielerischen Seiten des Sexuallebens. Die Beratung dieser Ehepaare sollte sich schon zu Beginn einer Fertilitätsbehandlung nicht nur auf die Besprechung der verschiedenen Möglichkeiten zum Erreichen einer Schwangerschaft konzentrieren, sondern auch die *Motive des Kinderwunsches* miteinschließen. Mögliche Fehlentwicklungen und eheliche Spannungen kann man dadurch vermindern, daß man schon von Anfang an den Ehemann in die Behandlung miteinbezieht. *Stauber* (82) hat die vielfältigen psychosomatischen Probleme der sterilen Ehe zusammenfassend dargestellt und Hinweise für die Beratung solcher Fälle gegeben.

Krankheiten können bei Männern und Frauen manchmal als (untauglicher) Versuch verstanden werden, die Krise der mittleren Lebensjahre zu bewältigen. Ich möchte diesen Problemlösungsversuch aus der Sicht der Frau am *Beispiel* der *psychosomatischen Symptombildungen nach einer Hysterektomie* kurz verdeutlichen. Viele Gynäkologen sprechen von einer *Sanierung,* wenn sie wegen eines Uterus myomatosus z. B. die Indikation zu einer Hysterektomie stellen. Was somatisch eine Heilbehandlung ist, kann jedoch psychisch die ohnehin in einer labilen Phase lebende Frau zusätzlich verunsichern. In meiner psychosomatischen Konsiliartätigkeit habe ich vor allem zwei Beschwerdebilder gesehen, die im Anschluß an eine Hysterektomie auftreten und auf einen offenen oder latenten Ehekonflikt hinweisen können. *Miktionsstörungen* unmittelbar im Anschluß an die Operation, für die sich keine organische Ursache finden läßt, sind eine typische Störung (113). Bei allen Frauen, die ich bisher mit dieser Symptomatik gesehen habe, spielte ein *unverarbeitetes Verlusterlebnis* aus früheren Jahren oder die *Enttäuschung über eine seit Jahren unbefriedigende Ehesituation* eine Rolle. Die

Möglichkeit, während des Beratungsgespräches einmal richtig weinen zu können, brachte in allen Fällen eine Erleichterung und Entspannung, in deren Folge sich auch die Harnverhaltung spontan besserte. In diesen Fällen schließe ich an das Erstgespräch mit der Patientin immer ein Paargespräch an, in welchem ich die unbewältigte Trauer oder die unbefriedigende Ehesituation gemeinsam mit beiden Partnern bespreche.

Schmerzen im Unterbauch oder direkt eine *Dyspareunie* sind ein Beschwerdebild, das im längeren Verlauf nach einer Hysterektomie auftreten kann. Hier können *Minderwertigkeitsgefühle*, keine vollwertige Frau mehr zu sein, *Ängste, den Mann zu verlieren oder eine Abneigung gegen Geschlechtsverkehr* eine Rolle spielen. Letztere kann sich dabei in einem generellen Vermeidungsverhalten, einer Libidoabnahme oder einer Verminderung der sexuellen Reaktionsfähigkeit zeigen. Sofern die Frauen den Geschlechtsverkehr nicht vollständig ablehnen, sind sie häufig gegen ein eingehendes Vorspiel mit manueller Stimulation durch den Partner. Das Einführen des Gliedes erfolgt ohne vorausgegangene Lubrikation, so daß der Verkehr dann als schmerzhaft erlebt wird. ,,Mach schnell, damit es mir nicht so weh tut'', ist eine häufige Aufforderung dieser Frauen an ihre Männer. Der hastige Geschlechtsverkehr verkürzt zwar das unangenehme Erlebnis, führt jedoch längerfristig zu einer Chronifizierung der Beschwerden und einer *sexuellen Aversion*. Auch hier kann eine *Sexualberatung der Frau oder des Ehepaares* nach der Hysterektomie der Entwicklung einer sexuellen Störung und einer länger dauernden Ehekrise vorbeugen.

15.3 Die Krise des Mannes

Beim Mann gehen die Veränderungen in der Lebensmitte zwar nicht mit so offenkundigen biologischen Veränderungen einher wie bei der Frau, dafür entwickelt sich seine Identitätskrise oft unbemerkt und kann latent über viele Jahre andauern. Im *Beruf* sind es vor allem zwei Aspekte, welche die Schwierigkeiten des Mannes deutlich machen. Entweder er ist auf der Leiter des beruflichen Erfolgs immer wieder abgerutscht und erlebt sich als *Versager,* oder er steht am oberen Ende der Leiter und spürt plötzlich *Zweifel am Sinn seiner beruflichen Erfolge.* Wer die Ziele, die er sich gesteckt hat, nicht erreichen konnte, sucht nach Entschuldigungen für sein Versagen. Im günstigen Fall werden dann unglückliche Umstände in der Umwelt verantwortlich gemacht: der Vorgesetzte, der die Fähigkeiten nicht erkannt oder einen am Weiterkommen immer gehindert hat, oder der Arbeitskollege, der seine eigenen Interessen rücksichtslos verfolgt hat. Nicht selten wird jedoch auch die Ehefrau für das Scheitern verantwortlich gemacht: ihr Zögern bei einem ins Auge gefaßten Wohnungswechsel, ihr fehlendes Verständnis für Überstunden und Wochenendarbeit oder ihr ständiges Nörgeln, das einem den Nerv gekostet hat. In beiden Fällen werden dabei eigene Insuffizienz- und Minderwertigkeitsgefühle nach außen projiziert, um sich vom bedrückenden Gefühl des ,,kleinen Mannes'' zu entlasten.

Anders zeigt sich die Problematik bei den ,,starken Männern''. Sie haben im Beruf Sieg um Sieg errungen und merken nun plötzlich die Schalheit ihrer Erfolge. Der Leistungsdruck der Gesellschaft oder die ehrgeizigen Erwartungen der Ehefrau werden dann dafür verantwortlich gemacht, daß man dort gelandet ist, wo man eigentlich nicht hin wollte: an die Spitze eines eigenen kleinen Betriebs, den Managerposten eines Großunternehmens oder — um die Problematik auch für uns Ärzte selbst zu zeigen — in eine gutgehende Praxis, in der man sich von Personal und Patienten fremdbestimmt fühlt. Die Unzufriedenheit und Ratlosigkeit zeigt sich bei diesen Männern in ganz ähnlicher Weise wie bei den zu kurz gekommenen Frauen. Wie versuchen die Männer ihre Identitätskrise zu bewältigen?

Da sind zunächst die *beruflichen Aussteiger* zu nennen. Dem Beispiel der eigenen Söhne folgend, die gegen die Leistungsideologie der Gesellschaft rebellieren, versuchen sie, durch einen totalen Berufswechsel die Krise in den Griff zu bekommen. Einzelne Beispiele solcher Männer, die vom Schreibtisch in die Schafszucht oder den biologischen Gemüseanbau gewechselt haben, werden in den Illustrierten immer wieder eingehend geschildert. Nicht ganz so spektakulär ist der Wechsel, der sich nur auf die äußere Fassade beschränkt. Besonders bei Psychotherapeuten und kritischen Geisteswissenschaftlern können lange Haare oder eine schäbige Kleidung, die man sich zulegt, Ausdruck des Bestrebens sein, wenigstens mit einem Bein aus dem bisherigen Trott auszusteigen. Dieser äußere Wandel ermöglicht einerseits die Abgrenzung und Distanzierung von der Masse der Angepaßten, andererseits kann der alte Ehrgeiz im neuen Gewande weiter befriedigt werden.

Manche Männer versuchen die Krise der Lebensmitte dadurch zu bewältigen, daß sie in irgendeinen Verein oder nostalgischen Männerklub eintreten, um wenigstens in ihrer Freizeit von ihren beruflichen und familiären Sorgen entlastet zu sein. Straßen- oder Eisenbähnlervereine, Modellbaugruppen für kleine Autos, Schiffchen oder Flugzeuge oder Initiativgruppen für die Wiederbelebung von Gesang oder Körperkultur bieten einen Ausgleich zum grauen Alltag. Sofern es gelingt, die Ehefrau für diese Aktivitäten mit zu begeistern, kann das Vereinsleben und der Kontakt zu Menschen, die vielleicht ähnliche Probleme haben, durchaus zur Bewältigung der Krise der mittleren Jahre beitragen.

Männer, welche die Ursache für ihre Unzufriedenheit hauptsächlich bei ihrer Frau und in einer schwierigen Ehe sehen, versuchen ihre Krise durch die Suche nach einer *neuen Partnerin* zu bewältigen. Außereheliche Beziehungen, häufig zu wesentlich jüngeren Frauen, sollen dann eine Entschädigung bringen für alles, auf das sie bisher verzichten mußten. Nicht immer stehen dabei unbefriedigte sexuelle Wünsche im Vordergrund, besonders dann, wenn der Mann auch in seiner Ehe den Eindruck gehabt hat, als Liebhaber versagt zu haben. Oft ist einfach der Wunsch, bewundert und anerkannt zu werden, das entscheidende Motiv für eine außereheliche Beziehung. Die Trennung oder Scheidung von der Frau erscheint dann manchen Männern als der beste Weg, aus einer Ehekrise auszusteigen. Oft zeigen sich dann in der neuen Beziehung schon nach kurzer Zeit die gleichen Probleme, vor denen man flüchten zu können gehofft hatte.

Die *Regression in die Krankheit* ist schließlich auch bei Männern eine Möglichkeit, aus der Krise der mittleren Jahre einen Ausweg zu finden. Herzbeschwerden, eine chronische Prostatitis oder die funktionelle Überlagerung einer seit längerer Zeit bestehenden Krankheit können das Bedürfnis nach Schonung und Umsorgtwerden symbolhaft zum Ausdruck bringen. Paardynamisch wird dabei der Ehefrau die Rolle der Pflegerin übertragen, in welcher diese vielleicht eine neue

Aufgabe und Befriedigung finden kann. Im sexuellen Bereich wünschen sich diese Männer häufig auch eine Entlastung von den Erwartungen ihrer Frauen. Eine Libidoabnahme oder eine Erektionsstörung können die Folge sein, die dann vom Hausarzt nicht selten mit Hormonen oder anderen sexualmedizinischen Placebos siehe Kapitel 10.4) behandelt werden. Für die Behandlung von Symptombildungen bei Männern in dieser Lebensphase bewährt es sich ebenfalls, die Ehefrauen in die Beratungsgespräche miteinzubeziehen.

15.4 Die Genitalisierung der Sexualität

,,Rettet die Zärtlichkeit!'' Diesen Spruch hatte Ende der 60er Jahre *Hans Giese*, der Anfang der 50er Jahre der deutschen Sexualwissenschaft wesentliche Impulse gab, an der Heckscheibe seines Autos. Als ich damals in Hamburg studierte, mußte ich jedes Mal schmunzeln, wenn ich ihn mit seinem Kleinwagen vor der Klinik vorfahren sah. Man könnte vielleicht neben der *Rettung* die *Wiederbelebung der Zärtlichkeit* als wichtigste Aufgabe in der Sexualberatung von Ehepaaren mittleren Alters nennen. ,,Ich habe mich meinem Mann nie entzogen...'', ist wohl der häufigste Satz, den ich beim sexualanamnestischen Erstgespräch von Frauen zwischen 40 und 60 gehört habe. Darin drückt sich die ganze Hilflosigkeit dem eigenen Körper und dem Partner gegenüber aus, welche diese Frauen bisher gehabt, jedoch noch kaum selbst wahrgenommen haben. Das Sexualleben vieler Paare, die in dieser Lebensphase in eine Beziehungskrise geraten, ist eintönig und trostlos: einmal pro Woche, meist am Wochenende, findet der Geschlechtsverkehr statt. Die Rollen sind klar verteilt und werden von Woche zu Woche ohne die geringste Variation gespielt. Spiel kann man diese Art von Sexualität beim besten Willen nicht mehr nennen. Es ist eine koitale Masturbation, bei der sich der Mann unter Duldung seiner Frau kurz abreagiert. Die Sexualität ist hier im wahrsten Sinne des Wortes auf eine verkehrsmäßige Begegnung der Geschlechtsorgane reduziert. Nach einem kurzen Griff an die Brust wird ohne jedes Streicheln, Schmusen oder Küssen das Glied in die Scheide gestoßen und schnell bis zur Ejakulation hin und her bewegt. Daß dabei beide Partner unbefriedigt bleiben, ist nicht verwunderlich.

Neben den intradyadischen Faktoren für eine Genitalisierung der Sexualität gibt es m. E. auch noch ein *soziokulturelles Phänomen*, das in dieser Hinsicht von Bedeutung ist. Die *Liberalisierung der Pornographie-Gesetze* in einigen Ländern Anfang der 70er Jahre hat zu einem Anstieg pornographischer Erzeugnisse geführt. Die zentrale Thematik dieser Artikel läßt sich einfach erkennen, wenn sie einmal einen Sex-Shop besuchen. Da geht es nur um steife, dicke, lange und jederzeit einsatzbereite männliche Glieder und um weibliche Scheiden, die nur darauf warten aus irgendeiner Position kräftig und tief bestoßen zu werden. Auch wenn der Konsumentenkreis pornographischer Produkte beschränkt ist, so hat die Pornowelle der letzten Jahre nicht unwesentlich zu einer genitalen Fixierung erotischer und sexueller Wünsche vor allem von Männern beigetragen.

Zurück zur Genitalisierung der Sexualität in den mittleren Ehejahren. Ich möchte diese *häufigste Problematik* von sexuellen Schwierigkeiten bei Paaren mittleren Alters an einem *Beispiel* verdeutlichen und dann mit einem Ausschnitt aus dem zweiten Beratungsgespräch dieses Paares zeigen, worauf es bei der Beratung dieser Ehepaare ankommt.

Ich möchte diese *häufigste Problematik* von sexuellen Schwierigkeiten bei Paaren mittleren Alters an einem *Beispiel* verdeutlichen und dann mit einem Ausschnitt aus dem zweiten Beratungsgespräch dieses Paares zeigen, worauf es bei der Beratung dieser Ehepaare ankommt.

Ich lernte das Paar zufällig über die Teilnahme an einer Studie kennen. Die Frau, 48jährig und ohne erlernten Beruf, war bei einer gynäkologischen Jahresuntersuchung gewesen und dabei als Teilnehmerin einer Kontrollgruppe ausgewählt worden. Sie selbst war ebenso wie ihr 54jähriger Mann, der als Bote in einer größeren Firma arbeitete, gesund. Das Paar füllte entsprechend den Bedingungen unserer Studie im Verlauf eines Jahres mehrmals einen Fragebogen aus, in welchem u. a. die Frage vorkam, ob das Paar an einer Beratung wegen sexuellen Schwierigkeiten Interesse habe. Bei der letzten Befragung brachte die Frau ihr Interesse offen zum Ausdruck, so daß ich ein eingehendes Gespräch vereinbarte. Dabei ergab sich folgende Situation: das Ehepaar hatte bis vor wenigen Jahren gemeinsam ein kleines Taxiunternehmen geführt, wobei sich beide Partner im Tag- und Nachtdienst abwechselten. In dieser Zeit hatten sie nur sehr selten, ein bis zwei Mal monatlich Geschlechtsverkehr ohne manifeste Symptombildung. Nachdem die beiden Söhne 20 und 19 Jahre alt, ihre Lehre abgeschlossen hatten, gaben beide das Taxiunternehmen auf, um mehr Zeit für ein gemeinsames Eheleben zu haben. Der Mann übernahm eine wenig anstrengende Arbeit als Bote, die Frau arbeitete einige Stunden in einem Pflegeheim, beide Söhne wohnten noch zuhause. Abends spielte sich häufig folgende Szene ab: Der Mann ging um 21 Uhr ins Bett, in der Erwartung, daß ihm seine Frau folgen und zu dem von ihm gewünschten Geschlechtsverkehr bereit sein würde. Statt dessen schaute sie mit den beiden Söhnen so lange fern, bis sie sicher war, daß der Mann eingeschlafen war. Ihr sexuelles Vermeidungsverhalten hatte den Hauptgrund darin, daß sie mit dem, was ihr von ihrem Mann ,,im Bett geboten wurde'', nicht zufrieden war. Der Geschlechtsverkehr fand in der oben geschilderten Weise im Sinn einer ritualisierten Turnübung statt. Die Frau war dabei zwar teilweise erregt, kam jedoch allein mit der koitalen Stimulation nie zum Orgasmus. Im ersten Gespräch hatte ich dem Paar die Aufgabe gegeben, sie sollten sich bemühen, an einem Abend pro Woche ohne Söhne etwas Gemeinsames außerhalb des Hauses zu unternehmen und gelegentlich abends gemeinsam ins Bett zu gehen. Zu Beginn des zweiten Gesprächs nach vier Wochen zeigte sich, daß das Paar die Anweisung nicht befolgt hatte. Jeder der beiden Partner hatte darauf gewartet, daß der andere die Initiative für eine gemeinsame Unternehmung ergreife. Hier nun ein Ausschnitt aus dem zweiten Beratungsgespräch in gekürzter Fassung:

A: Ja, was könnten wir tun, daß Sie einmal pro Woche etwas Gemeinsames unternehmen. Was macht jedem von Ihnen denn Spaß?
M: (zieht die Schultern hoch und sieht seine Frau an)
F: Ich fände es schon schön, wenn mein Mann mich abends abholen würde, wenn ich im Pflegeheim gearbeitet habe.
A: (zum Mann) Wäre das eine Möglichkeit?
M: Ich bin froh, wenn ich abends mal sitzen kann. Ich laufe den ganzen Tag umher. Außerdem muß ich nicht noch abends Auspuffgase einatmen.

A: Ja, aber könnten Sie dann irgendwo, wo es keinen Autolärm und Gestank gibt, nicht ab und zu einen Spaziergang machen?

F: Ich würde schon gerne.

M: Ich brauche abends meine Ruhe, vielleicht am Wochenende, aber da machen wir ohnehin gelegentlich Spaziergänge.

A: (zum Mann) Was würde Ihnen denn Spaß machen?

M: Bei meiner Frau muß immer etwas los sein. Bei allem, was ich vorschlage, bekomme ich schlußendlich zu hören, was für eine Tranfunzel (Langweiler) ich sei.

A: Wie sehen Sie sich denn selbst?

M: Ich bin schon eher einer, der es gemütlich nimmt, aber ganz so lahm, wie meine Frau mir immer vorwirft, bin ich nun auch nicht.

A: Könnten Sie mir einmal schildern, wie Ihr Wohnzimmer genau aussieht?

F: Auf der einen Seite ist die Eßecke, auf der anderen die Sitzgruppe, von der man aus fernsehen kann.

A: Was für Bilder haben Sie an der Wand?

F: Das sind Vergrößerungen von Fotos, die mein Mann gemacht hat. Bilder aus dem Urlaub und von früheren Jahren.

A: (zum Mann) Welches Bild gefällt Ihnen am besten?

M: Das Bild, auf dem ich beim Holzhacken zu sehen bin. Früher haben wir gelegentlich das Holz für unseren Kamin selbst im Wald geholt, gesägt und gespalten.

A: Haben Sie in Ihrer Wohnung jetzt auch noch einen Kamin?

F: Ja.

A: Wann war er zum letzten Mal in Betrieb? (beide Partner schauen sich an und lachen)

M: Das ist Jahre her.

A: Dann möchte ich Ihnen einen ganz dummen Vorschlag machen. Ich habe beinahe Hemmungen, Ihnen zu sagen, an was ich denke. Außerdem bin ich weitgehend sicher, daß Sie ihn doch nicht annehmen werden.

F: Sagen Sie doch mal . . .

A: Aber lachen Sie mich nicht aus. — Ich würde Ihnen vorschlagen, daß Sie am nächsten Wochenende gemeinsam in den Wald gehen und dort Holz für Ihren Kamin suchen. Die Streichhölzer zum Anzünden schenke ich Ihnen (beide Partner lachen).

M: So schnell kann man das Holz nicht anzünden . . .

A: Da sieht man, wie lange Sie schon kein Feuer gemacht haben. Wenn ich am Wochenende mit meiner Familie eine Wanderung mache, machen wir immer ein Feuerchen zum Würstebraten. Das geht ohne Schwierigkeiten. Etwas Papier und Puste . . . Gut, es raucht dann ziemlich, aber Ihr Kamin hat ja einen Abzug, oder nicht?

Soweit das Gespräch. Ich konnte das Paar schließlich ermuntern, auf meinen Vorschlag einzugehen.

Kommentar zum Gesprächsausschnitt: Zunächst habe ich mit meiner Absicht, vom Ehepaar selbst einen Vorschlag zu erhalten, den beide Partner akzeptieren könnten, keinen Erfolg. Der Mann gibt mir indirekt zu verstehen, daß es ihm ebenso Spaß macht, meine Vorschläge zu kritisieren, wie er sich immer von seiner Frau kritisiert fühlt. An dieser Stelle frage ich nach der Einrichtung des Wohnzimmers, um Anregungen für einen neuen Vorschlag zu erhalten. Der Vorschlag mit dem Holzhacken erscheint mir gut. Um jedoch nicht Gefahr zu laufen, daß der Vorschlag wieder abgelehnt wird, nehme ich die möglichen Widerstände des Paares schon vorweg (vergleiche Kapitel 10), indem ich meinem Vorschlag selbst keine Erfolgsaussichten einräume. Damit mache ich das Paar neugierig und lockere die Atmosphäre auf. Den letzten Widerstand des Mannes umgehe ich, indem ich etwas Persönliches von meiner Familie erzähle und mich als Feuermeister darstelle.

Zum nächsten Beratungsgespräch kamen beide Partner ganz beglückt und erzählten, was sie im Wald alles erlebt hatten. Die Beratung ist inzwischen abgeschlossen. Das Sexualleben des Paares hat sich wesentlich gebessert, ohne daß wir direkt die sexuellen Probleme durch Übungen angingen.

Die geschilderte Behandlung zeigt zwei wichtige Punkte. Bei Paaren mittleren Alters ist häufig nicht nur die Sexualität, sondern *sind weite Bereiche ihrer Beziehung verkümmert.* Die Partner leben mehr oder weniger nebeneinander her. Bei einer solchen Ausgangslage hat eine rein auf die Sexualität beschränkte Beratung wenig Aussicht auf Erfolg, da die Wahrscheinlichkeit, daß sich die beiden Partner gegenseitig sabotieren, sehr groß ist. Aussichtsreicher ist der Versuch, die Beziehung in einem anderen Bereich zu verbessern. Dabei braucht man gelegentlich Phantasie und auch etwas Humor. Oft bessern sich dann die sexuellen Beziehungen spontan, indem eine Verbesserung der Paarbeziehung sekundär auch die sexuellen Beziehungen verändert. *Sexualberatung sollte sich nicht nur auf die Genitalien und deren besseres Funktionieren beschränken, sondern die Partner dazu ermuntern, nicht nur innerhalb, sondern auch außerhalb des Bettes das miteinander zu tun, was ihnen Spaß macht.*

15.5 Lustverlust – psychosomatische Aspekte der Libido

In den letzten Jahren hat die Zahl der Patienten, welche wegen mangelnder Libido unsere sexualmedizinische Sprechstunde aufsuchen, ständig zugenommen. Nicht nur Frauen, auch Männer berichten immer häufiger, wenig oder kein Interesse an Sexualkontakten mit ihrem Partner zu haben. Die möglichen Ursachen einer fehlenden oder verminderten sexuellen Appetenz sind vielfältig. In der Regel sind Libidostörungen nicht auf eine Ursache zurückzuführen, sondern haben eine multifaktorielle Genese. In der folgenden *Tabelle* sind biologische, psychische und soziale Faktoren zusammengefaßt, die bei der Abklärung und Behandlung von Libidostörungen zu berücksichtigen sind.

Tabelle 8: Psychosomatische Aspekte der Libido

Biologische Faktoren	Psychische Faktoren	Soziale Faktoren
Hormone	Streß	geschlechtstypisches Rollenverhalten
Alter	Körperbild	sexuelle Normen
Medikamente	psychische Störungen u. Konflikte	sexuelle Stimuli in der Öffentlichkeit
schwere körperl. Krankheiten	sexuell deviante Neigungen	Notsituationen

Auf die Bedeutung von *Hormonen, Medikamenten, Alter und schweren körperlichen Krankheiten* für die sexuelle Lust und Reaktionsfähigkeiten wird an verschiedenen anderen Stellen schon hingewiesen (vergleiche Kapitel 3.1, 16.2, 17.1 und 17.6). Nach meinen Erfahrungen spielen *biologische Faktoren* vor allem bei Paaren mit einer deutlichen Altersdifferenz bzw. unterschiedlicher köperlicher Gesundheit eine Rolle. In solchen Fällen ist die Sexualberatung nicht selten schwierig, da sich die biologischen Gegebenheiten nicht ändern lassen. Häufig werden jedoch die biologischen Faktoren durch psychosoziale Aspekte verstärkt, welche sich leichter beeinflussen lassen. Hierzu ein kurzes *Beispiel:*

Ein 56jähriger Internist ist in dritter Ehe mit einer 15 Jahre jüngeren Sekretärin verheiratet. Er meldet sich, da sich seine Frau in letzter Zeit zunehmend über sein sexuelles Desinteresse beklagt und er ein neuerliches Scheitern seiner Ehe befürchtet. Die genaue Abklärung ergibt folgende Situation. Der Patient muß an seine Kinder aus den ersten beiden Ehen und an seine zweite Frau monatliche Unterhaltszahlungen in Höhe von 6000 Franken bezahlen. Seiner jetzigen Frau und seinem fünfjährigen Sohn aus dieser Ehe möchte er alle Wünsche erfüllen, um sie (und sich) glücklich zu machen. Dies veranlaßt ihn, täglich bis zu 12 Stunden in seiner Praxis zu arbeiten. Übers Wochenende erledigt er den Schriftverkehr. Aus Angst, Patienten an jüngere Kollegen zu verlieren, hat er seit drei Jahren keine Ferien mehr gemacht. ,,Wir würden eine Musterehe führen'', meint er beim Erstgespräch, ,,wenn ich meine Frau im Bett besser zufriedenstellen könnte. Aber wenn ich abends nach Hause komme, ist bei mir der Ofen aus. Da helfen selbst Verführungskünste meiner Frau nichts.''

Der vor allem seit der Geburt des Sohnes aufgetretene Lustverlust dieses Kollegen ist auf mehrere Gründe zurückzuführen. Zunächst spielt einmal eine langandauernde beruflich Überlastung verbunden mit Konkurrenzängsten eine Rolle. Durch die hohen Unterhaltszahlungen steht er finanziell unter starkem Druck und hat real wenig Möglichkeiten, sein berufliches Engagement zu vermindern, da er sonst seinen Zahlungsverpflichtungen nicht mehr nachkommen kann. Zusätzlich setzt ihn sein eigenes Männerideal unter einen sexuellen Leistungsdruck, welcher durch die Angst verstärkt wird, seine dritte Frau könne ihn wegen ihrer sexuellen Unzufriedenheit auf die Dauer verlassen. ,,Ich stecke in einem Korsett, aus welchem ich nur tot herausfallen kann'', äußert er mir gegenüber im zweiten Gespräch. Schließlich spielt auch die große Altersdifferenz für die unterschiedliche sexuelle Appetenz eine Rolle. In diesem Fall ermunterte ich die Frau, teilzeitlich wieder als Sekretärin zu arbeiten, da ich den Eindruck hatte, daß sie durch Haushalt und die Betreuung ihres Sohnes nicht genügend ausgelastet war, und zwar nicht in einem Korsett, aber in einer Art ,,goldenen Käfig'' gefangen war. Sie selbst nahm diesen Vorschlag gerne an, während ihr Mann zunächst Einwände hatte: ,,Das hat meine Frau nicht nötig'', meinte er. ,,Aber für Sie und Ihre Beziehung erscheint es mit wichtig, daß die Belastungen zwischen Ihnen etwas ausgeglichener verteilt werden'', entgegnete ich ihm. Seine Frau stimmte mir zu. Einige Monate später berichtete mir das Paar, daß sich ihr ,,Lustpegel'' einander angeglichen hätte und sie jetzt sexuell keine Schwierigkeiten mehr hätten.

Eine Auswertung der Behandlungsfälle von Frauen, welche in den Jahren 1988–1990 wegen Libidoproblemen unsere Sexualmedizinische Sprechstunde aufsuchten, zeigte einige interessante Unterschiede zwischen Patientinnen mit Appetenz- und solche mit anderen funktionellen Sexualstörungen (149). Frauen mit Libidoproblemen sind häufiger Hausfrauen ohne außerhäusliche Berufstätigkeit. Sie haben neben dem sexuellen Problem oft noch weitere psychische und/oder psychosomatische Störungen und sind für eine Behandlung ihres sexuellen Problems schlechter motiviert als Patientinnen mit Vaginismus, Dyspareunie oder Orgasmusschwierigkeiten. Nicht selten kommen sie auf Drängen ihres Partners, der unter ihrem sexuellen Desinteresse mehr leidet als sie selbst.

Bei vielen Libidostörungen handelt es sich um *Mangelzustände im spielerischen und liebevoll-zärtlichen Umgang sowohl mit sich selbst wie auch mit dem Part-*

ner. Das Hauptziel der Sexualberatung besteht häufig darin, beide Partner zu ermuntern, mit Phantasie und Mut ihr Alltagsleben und Freizeitverhalten umzugestalten. Der ,,frische Wind'' im täglichen Leben führt dann recht häufig auch zu einer Belebung des Schlafzimmers und der erotischen Bettkultur.

15.6 Ist Eifersucht eine Krankheit?

Eifrige Meschen gelten in unserer Gesellschaft als bewundernswert, die Süchtigen hingegen zählt man zu den Kranken. Wozu soll man die Eifersüchtigen zählen? Die Eifersucht kennt viele Spielarten, sie ist ein schillerndes Phänomen, das von zarten, flüchtigen Gefühlsregungen bis zu wahnhaft verformten Affekten reicht. *Lagache* (zit. n. 115 S. 59 ff.) unterscheidet vier Ausprägungen der Eifersucht. Seine Einteilung erscheint für die Beurteilung der Behandlungsbedürftigkeit der Eifersucht praxisnah und hilfreich.

Als *psychologische Eifersucht* bezeichnet er ein einfühlbares, angemessenes Gefühl des Leidens, welches danach trachtet, den Konflikt zu lösen, aus dem es entstanden ist. Eifersucht ist dabei *eine auf Wandel und Neuorientierung zielende Kraft,* welche im intrapsychischen wie im interpersonellen Bereich Entwicklungen und Veränderungen in Gang setzt. Man könnte diese weitverbreitete Form der Eifersucht auch *kreative Eiversucht* nennen.

Krankhafte Eifersucht liegt nach *Lagache* dann vor, wenn der Eifersüchtige in einem einfühlbaren Ambivalenzkonflikt verharrt und nach außen hin den Eindruck vermittelt, als ob er nichts anderes sucht als sein Leiden. Die Eifersucht ist dabei nicht mehr eine dynamische Kraft, sondern eine mehr oder weniger *starre Haltung.* Sie ist für die Umgebung zwar noch verständlich, erzeugt jedoch beim Unbeteiligten Gefühle von Unbehagen und Abneigung.

Ein *Eifersuchtswahn* liegt dann vor, wenn die *Verbindung zwischen der Situation und der Reaktion nicht mehr rational und objektiv ist.* Diese Form der Eifersucht findet man nicht selten im Rahmen eines schweren Alkoholismus. Der Eifersüchtige ist dabei durch rationale Überzeugungen nicht mehr beeinflußbar, sein Wahn ist für die Vernunft und Erfahrung unzugänglich und bleibt an die geliebte Person fixiert.

Bei der *Eifersuchtsparanoia* bietet sich für den außenstehenden Betrachter noch insofern eine Akzentverschiebung, als hier die Eifersucht den von ihr Betroffenen so verändert, daß er den *Bezug zur Umwelt verliert* und als einer in seiner Wahnwelt gefangener und geisteskranker Mensch erscheint.

Eifersucht findet in der Regel in *Beziehungsdreiecken* statt, meistens zwischen zwei gleichgeschlechtlichen und einer gegengeschlechtlichen Person. Die Beziehungsdynamik zwischen dem Eifersüchtigen und seinem Partner ist häufig durch eine Störung der intra- und extradyadischen Abgrenzung sowie der Gleichwertigkeitsbalance gekennzeichnet (vergleiche Kapitel 9.4). Auch der Dritte im Beziehungsdreieck, der Rivale, hat in der Regulierung von Nähe und Distanz ähnliche Schwierigkeiten wie das Paar (116), wie folgendes *Beispiel* veranschaulichen soll:

Eine 38jährige Frau meldet sich notfallmäßig und bittet um einen Konsultationstermin noch am selben Tag. Sie berichtet, ihr 3 Jahre älterer Ehemann habe gestern abend versucht, sich im Möbellager seines eigenen Betriebes zu erhängen. Nur per Zufall sei er von der Polizei noch rechtzeitig entdeckt worden. Über Nacht sei er in Polizeigewahrsam gewesen, aus der er jedoch noch heute entlassen werde. Sie habe Angst, wie es weitergehen solle, da ihr Mann auf ihren Freund krankhaft eifersüchtig sei. Beim Gespräch mit dem Paar, welches noch am selben Tag stattfindet, zeigt sich folgende Situation. Das Paar ist seit 14 Jahren verheiratet und hat zwei 12 und 9 Jahre alte Töchter. In den ersten Ehejahren arbeitete der Mann als Vertreter im Außendienst einer größeren Möbelfirma. Er engagierte sich mit Eifer und Erfolg in seinem Beruf, was jedoch dazu führte, daß er immer weniger Zeit für seine Familie hatte. Auf den Vorwurf seiner Frau, er verausgabe sich im Beruf und vernachlässige die Familie, hatte er vor 5 Jahren ein eigenes kleines Möbelgeschäft eröffnet, in welchem seine Frau mitarbeitete. Beide Partner waren so tagtäglich im Berufs- wie im Familienleben eng miteinander verbunden. Sie mühten sich ab, im Geschäft für die Kunden, in der Familie für die beiden Töchter, welche während der Woche teilweise von seiner Mutter versorgt wurden. Seit zwei Jahren unterhielt die Frau zunächst ohne, seit mehreren Monaten mit Wissen ihres Mannes eine außereheliche Beziehung zu einem 10 Jahre jüngeren Mann, den sie im Turnverein kennengelernt hatte. Auf das Bekanntwerden der außerehelichen Beziehung seiner Frau reagierte der Mann mit starken Eifersuchtsgefühlen. Einerseits fühlte er sich hintergangen und entwickelte ihr gegenüber Haßgefühle, andererseits empfand er intensive Liebesgefühle und versuchte, auf alle nur erdenkliche Art und Weise die Zuneigung seiner Frau zurückzugewinnen. Die Frau erlebte zunächst die Situation, von zwei Männern gleichzeitig umworben und geliebt zu werden, als angenehm und – wie sie es im Gespräch ausdrückte – als ,,Erlösung''. Nach allem, was sie in den vergangenen Jahren habe aushalten müssen, empfinde sie es als eine Art gerechte Entschädigung, sowohl von ihrem Mann wie ihrem Freund geliebt zu werden. Ihr Mann gebe ihr Sicherheit und Geborgenheit, ihr Freund Verständnis und jugendliche Frische. Sie habe beide Männer in gleicher Weise gern und könne sich nicht für den einen oder den anderen entscheiden. Der Mann hatte in den letzten Wochen gelegentlich von Suizidabsichten gesprochen, welche seine Frau jedoch nicht ernstgenommen hatte.

Wie ist die Beziehungsdynamik bei diesem Eifersuchtskonflikt zu verstehen? Schon in den ersten Ehejahren hatten beide Partner Schwierigkeiten, Nähe und Distanz in einer für beide befriedigenden Weise zu regulieren. Die emotionale Distanzierung konnte durch die äußere Verklammerung nicht korrigiert werden. Im manifesten Eifersuchtskonflikt zeigt sich zwischen beiden Partnern und dem Freund der Frau folgende *Abgrenzungskonstellation:*

Der Mann wünscht und sucht eine enge Bindung an seine Frau, wird jedoch von dieser mit dem Argument zurückgewiesen, sie brauche mehr Selbständigkeit und Unabhängigkeit. Zwischen der Frau und ihrem Freund besteht eine wechselseitig intensive emotionale Bindung, während zwischen dem Mann und seinem Rivalen keine Kontakte bestehen. *Der gemeinsame Nähe-Distanz-Konflikt zwischen Mann und Frau wird von beiden in ähnlicher Weise agiert. Beide sind nicht in der Lage, Bindungs- und Abgrenzungswünsche in ihrer gegenseitigen Beziehung in ein Gleichgewicht zu bringen, sondern spalten diese Wünsche auf zwei Personen auf. Der Mann richtet seine Wünsche nach intensiver Bindung auf seine Frau und sein Bemühen um klare Abgrenzung auf seinen Rivalen. Die Frau lebt ihre Wünsche nach einer intensiven Zweierbeziehung in der Beziehung zu ihrem Freund aus und grenzt sich gegenüber ihrem Mann in konsequenter Weise ab. Auch der Rivale spaltet seine Bindungs- und Abgrenzungswünsche auf. Es zeigt sich somit, daß in einem Eifersuchtskonflikt meistens alle drei beteiligten Personen hinsichtlich einer Nähe-Distanz-Problematik ähnliche Schwierigkeiten haben.*

Was die wechselseitige Wertschätzung und damit die Gleichwertigkeitsbalance betrifft, so resultiert die Fixierung in der Konfliktkonstellation vor allem aus der gleichen Bewertung des Eifersüchtigen und des Rivalen durch den umworbenen

Partner. In unserem Fallbeispiel bringt die Frau die Gleichwertung der beiden Männer durch die Bemerkung zum Ausdruck: Ich habe beide Männer in gleicher Weise gern und kann mich für keinen entscheiden. Durch diese Ambivalenz in ihrer Einstellung den beiden Männern gegenüber erreicht sie, daß diese in ihren positiven Wertungen der Frau gegenüber miteinander rivalisieren. Typisch für den Eifersüchtigen ist, daß er nicht selten zwischen Vergötterung und Verteufelung seines Partners hin- und herschwankt. Die Unklarheit im Beziehungsdreieck wird in der Regel vom Eifersüchtigen am deutlichsten wahrgenommen. Nützen seine Appelle oder Drohungen nichts, von seinem Partner eine klare Stellungnahme zu erhalten, so entwickeln sich bei ihm nicht selten Suizidgedanken, welche im Affekt dann in die Tat umgesetzt werden können. Der Wunsch, nicht mehr da zu sein, bedeutet häufig: Irgend etwas soll endlich aufhören (115)! Auch in dem geschilderten Fallbeispiel äußerte der Mann im Paargespräch recht klar und für seine Frau überraschend, er habe die Situation einfach nicht mehr ausgehalten, sterben wollte er eigentlich nicht. Da beide Partner in der Regel ein sehr brüchiges Selbstwertgefühl haben, ist jeder auf die Bestätigung und die Wertschätzung durch den anderen angewiesen. Wechselseitige Entwertungen, welche über Jahre geschluckt und nicht zurückgewiesen werden, spielen in der Entwicklung von Eifersuchtskonflikten eine wichtige Rolle. Etwas vereinfacht formuliert könnte man sagen, daß sich in unserem Beispiel die Frau für die jahrelangen Entwertungen durch ihren Mann dadurch an ihm rächt, daß sie sich durch den Rivalen aufwerten läßt und ihren Ehepartner durch die außereheliche Beziehung entwertet.

Die Behandlung von Eifersuchtspaaren ist nicht ganz einfach, da vor allem in der Anfangsphase recht dramatische Notfallsituationen eintreten können. Beratungsgespräche reichen in der Regel nur bei der leichtesten Ausprägung, d. h. der psychologischen und kreativen Eifersucht aus. Bei der krankhaften Eifersucht und beim Eifersuchtswahn sowie der Eifersuchtsparanoia sollten Beratungsgespräche vor allem das Ziel verfolgen, den Eifersüchtigen und seinen Partner für eine psychiatrisch-psychotherapeutische Behandlung zu motivieren. Kürzlich schrieb mir eine Patientin, die ich vor mehr als 10 Jahren mit ihrem Mann wegen einer Eifersuchtsproblematik behandelt hatte, anläßlich ihres 50. Geburtstages: „Das war damals schon eine heiße Sache für Sie als Therapeut. Inzwischen haben sich die Wogen in unserer Ehe geglättet und manchmal, so muß ich Ihnen ehrlich sagen, sehne ich mich wieder nach ein bißchen Eifersucht!'' Wenn ich an die älteren Ehepaare denke, die gelegentlich in meine Sprechstunde kommen, bin ich recht optimistisch, daß die Eifersuchtswünsche dieser Frau noch viele Jahre in Erfüllung gehen können.

15.7 Außereheliche Beziehungen

Gelegentlich höre ich von Patienten (und Kollegen) die Meinung, ein Seitensprung könne eine langweilig gewordene Ehe beleben. Ich will nicht ausschließen, daß für manchen Jäger und Sammler ein außereheliches Abenteuer dahingehend eine Hilfe sein kann, daß er die Bestätigung, ein flotter Typ zu sein, wenn nicht von seiner Frau, dann von einer Freundin bekommt. Nicht selten enden solche Abenteuer mit einem bösen Erwachen, wie folgendes *Beispiel* zeigt:

Ein 45jähriger Ingenieur, der seit 20 Jahren mit einer zwei Jahre jüngeren Frau verheiratet ist, wird vom Arzt wegen verschiedener funktioneller Beschwerden in einen Kuraufenthalt geschickt. Trotz lebhafter außerehelicher Phantasien hatte er bisher keine außerehelichen Beziehungen aufgenommen. Dies vor allem deshalb, weil sein Vater ein Schürzenjäger gewesen war und seine Schwiegereltern ihrer Tochter bei der Heirat prophezeit hatten, der Apfel — gemeint war der Mann — falle nicht weit vom Stamm. Während der Kur lernte er eine etwa gleichaltrige, verheiratete Pfarrfrau kennen, zu der er schnell intensive Liebesgefühle entwickelte und erstmals außereheliche sexuelle Beziehungen aufnahm. Nach seiner Rückkehr versuchte er, sein schlechtes Gewissen dadurch zu beruhigen, daß er seiner Frau vorschlug, mit dem Pfarrehepaar doch freundschaftliche Beziehungen aufzunehmen. Nach einigem Zögern willigte die Frau ein. Die beiden Paare trafen sich mehrmals zu viert und entschlossen sich im allseitigen Einvernehmen zum gelegentlichen Partnertausch. Schon bald zeigten sich in der Beziehung des Mannes zur Pfarrfrau Spannungen, während sich seine Frau mit dem Pfarrer immer besser verstand und gelegentlich auch mit ihm alleine Unternehmungen machte. Die Pfarrfrau hat sich inzwischen aus dem Quartett zurückgezogen, da sie einen neuen Freund kennengelernt hat. Während der Mann nun wieder mühsam versucht, die Beziehung zu seiner Frau zu verbessern, spielt diese mit dem Gedanken, sich von ihm zu trennen, um mit dem Pfarrer zusammenzuleben.

Abenteuer bergen immer ein gewisses Risiko in sich. Deshalb werden wohl die meisten außerehelichen Beziehungen ohne Wissen des Partners unterhalten. Das Geständnis des Mannes im geschilderten Fallbeispiel war wahrscheinlich Ausdruck seiner eigenen Trennungsängste, die ihn jetzt in starkem Maße belasten. Zweierbeziehungen sind immer wieder auf die Einbeziehung von Drittpersonen angewiesen, wenn sie nicht erstarren wollen. Dabei kann eine Beziehung zu einem Freund oder einer Freundin durchaus eine erotische Dimension haben. Eine länger dauernde außereheliche Beziehung, womöglich noch mit Wissen des Partners, ist jedoch mit einer harmonischen Ehe kaum vereinbar. Auch wenn außereheliche Beziehungen heute sehr in Mode gekommen sind und eheliche ,,Treue als neuroseverdächtig'' gilt (90, S. 202), bin ich doch der Auffassung, daß eine außereheliche Beziehung ein ungeeignetes Mittel ist, den Beziehungskonflikt eines Paares zu lösen. *Willi* (90, S. 207-211) hat in seinem Buch ,,Die Zweierbeziehung'' *verschiedene Formen von ehelichen Dreiecksbeziehungen* beschrieben. Danach kann eine Geliebte verschiedene Funktionen haben. In einer von Streit und Intrige geprägten Ehe kann sie der *Blitzableiter* für eheliche Spannungen sein. Unsicheren Männern kann sie als *Statussymbol* dienen. Bei Paaren, die eng aneinander gekettet sind, kann sie die Funktion eines *trennenden Riegels* haben, der dem unter der ehelichen Nähe leidenden Partner eine Distanzierung ermöglichen soll. Schließlich können Geliebte bei besonders infantilen Männern die Rolle einer *Ersatzmutter* übernehmen, welche die von der Ehefrau versagten Verwöhnungen bereitwillig gibt.

Nicht nur außereheliche Partner können als Drittpersonen in einen Ehekonflikt hereingezogen werden. Auch Kinder (61) können dazu mißbraucht werden, den Partner zu manipulieren und ihm eins auszuwischen. Wie soll man sich als Arzt verhalten, wenn man von einem Patienten erfährt, daß er oder sein Partner eine außereheliche Beziehung hat? Eine moralische Entrüstung (,,das hätte ich von Ihnen aber nicht gedacht...'') hilft ebenso wenig wie ein bewunderndes Lächeln oder ein Achselzucken. Eine längerdauernde Außenbeziehung ist meistens ein Signal für eine Störung in der Paarbeziehung. In diesem Sinne nehme ich gegenüber meinen Patienten Stellung. Positiv bewerte ich dabei, daß die Krise jetzt — vielleicht nach langjähriger Latenz — offenkundig geworden ist und damit angegangen werden kann. Fragezeichen setze ich dort, wo einer oder beide Partner

meinen, durch die außereheliche Beziehung oder deren Aufgabe sei der Ehekonflikt schon behoben. Wenn irgend möglich ermuntere ich die beiden Partner, die
Krise als Anlaß für eine Eheberatung oder Paartherapie zu nehmen. Außereheliche Beziehungen sind gelegentlich auch ein Symptom für unbefriedigende eheliche Sexualbeziehungen. In diesem Fall sollte die Krise zum Anlaß genommen
werden, um über Möglichkeiten zur Verbesserung der ehelichen Sexualität zu
sprechen.

15.8 Pornographie und oraler Sex

Wie verhalten Sie sich, wenn Ihnen eine entrüstete Ehefrau ein Sexjournal zeigt,
das sie zufällig in der Tasche ihres Mannes gefunden hat? Ich möchte hier nicht
auf die ganze Problematik der Pornographie eingehen. Es gibt zahlreiche Sexfilme und auch Sexjournale, die eindeutig schlecht und bedenklich sind, da sie Sexualität als Form von erotischer Aggressionsabfuhr darstellen und verherrlichen.
Diese Form der Pornographie finde ich abstoßend und deren Aufdringlichkeit lä-
stig. Nicht jedes Playboy-Heft mit dem Foto einer gutaussehenden nackten Frau
ist aber schon als verabscheuungswürdige Pornographie zu betrachten. Frauen,
die mir solche Hefte ihrer Männer zeigen, frage ich, was sie am konkreten Text
oder Foto abstoßend finden. Recht schnell zeigt es sich dann, daß sie sich nicht
über die Fotografie als solche empören, sondern über die Tatsache, daß ihr Mann
so etwas braucht. Das ist dann für mich der Aufhänger, mit der Frau darüber zu
sprechen, was sie sich vorstellen könne, weshalb ihr Mann solche Zeitungen kau-
fe. Pauschalurteile wie ,,er ist eben ein Schwein. . .'' oder ,,ich habe es schon immer gewußt, was er für einer ist. . .'' weisen eher auf die sexuellen Verklemmun-
gen der Frau als auf eine sexuelle Unersättlichkeit ihres Mannes hin. Die Intensität der moralischen Entrüstung steht meist in krassem Gegensatz zu der emotionalen Nüchternheit der Ehebeziehung. An diesem Punkt versuche ich dann, mit
der Frau und wenn möglich auch mir ihrem Mann ins Gespräch zu kommen.
   Gelegentlich fragen auch Männer mit einigen Schuldgefühlen, ob es nicht bedenklich sei, wenn sie solche Hefte anschauen würden. Hier ist es wichtig zu wissen, daß Männer in weit stärkerem Maße als Frauen auf visuelle Reize — Fotos,
Anblick von Reizunterwäsche — mit sexueller Erregung reagieren als Frauen, die
eher durch die Lektüre einer von Gefühlen angereicherten Liebesromanze selbst
in Erregung geraten. Wie wir schon bei den sexuellen Phantasien (Kapitel 14.4)
gesehen haben, bestehen hinsichtlich der sexuellen Ansprechbarkeit geschlechtstypische Unterschiede. Männer werden eher durch das Vorstellen und Betrachten
von Bildern nackter Frauen erregt, während sich Frauen mehr durch eine
Handlung oder eine Geschichte erotisch angesprochen fühlen, in der sie sich mit
einer geliebten und begehrten Person identifizieren können. Ich frage dann die
Männer, welche Zeitungen und Illustrierten ihre Frauen lesen und höre dann
meist die erwartete Antwort: Das ,,Grüne Blatt'' oder die ,,Bunte Illustrierte''.
Moralische Bedenken von Männern wegen ihrem Interesse an Fotos nackter
Frauen versuche ich zu entkräften. Ich frage aber immer, ob und wenn ja, welche
Auswirkungen das Anschauen der Bilder auf die Ehebeziehung habe. Hat die
Lektüre von Sexjournalen die Funktion einer sexuellen Ersatzhandlung, z.B.

dann, wenn der Mann die Bilder zur Anregung seiner Masturbationsphantasien benutzt und gleichzeitig die ehelichen Sexualbeziehungen verkümmert sind, dann sollte eine solche Frage auch zum Anlaß einer Sexualberatung genommen werden.

In ähnlicher Richtung gehen gelegentlich Fragen zum *oralen Sex.* Jüngere Paare können sich heute meist verständigen und einigen, ob sie oralen Sex als eine Spielart ihrer sexuellen Beziehung praktizieren wollen. Bisweilen wird eine Frau jedoch durch den für sie überraschenden Wunsch ihres Mannes schockiert, sie möge sein Glied in den Mund nehmen und daran lecken. Die Männer werden nicht selten durch das Lesen von sexuellen Aufklärungsbüchern oder auch durch eine außereheliche Erfahrung animiert, mit der eigenen Frau einmal auszuprobieren, was anderen so viel Spaß bereiten soll. Auch in diesem Punkt ist es so, daß die sexuelle Praktik als solche nicht als gut oder schlecht beurteilt werden kann. Sexuelle Fragen, besonders von dem, der entrüstet fragt, sind jedoch häufig ein Hinweis auf eine Eintönigkeit und emotionale Verarmung des praktizierten Sexuallebens. Als solche sollten sie Ausgangspunkt für ein eingehenderes Gespräch sein.

Am Ende dieses Kapitels noch ein paar kurze Bemerkungen zur *Brutalisierung der Sexualität,* wie sie durch die zunehmende Elektronisierung der Pornographie seit einigen Jahren zu beobachten ist (siehe auch Kap. 19.1). *Telephonsex* und sog. *Cybersex* sind in diesem Zusammenhang entstanden. Ihre Bedeutung für die Sexualität in den kommenden Jahren ist gegenwärtig noch nicht abzuschätzen. Sowohl beim Telephon- wie beim per Computer zugänglichen Cybersex wird den meist männlichen Konsumenten eine sexuelle Scheinwelt offeriert. Die Frau hat darin die Rolle einer elektronisch gespeicherten und manipulierbaren Liebesdienerin zu spielen. Den männlichen Kunden muß sie lustvoll schwelgend und stöhnend vorgaukeln, daß es für sie angeblich nichts Schöneres gibt, als sich von einem anonymen sexhungrigen Pascha oder rücksichtslosen Draufgänger im Schnellverfahren konsumieren bzw. vergewaltigen zu lassen. Diese Art von Pornographie finde ich höchst bedenklich, da sie die Frau in die Rolle eines jederzeit verfügbaren und aggressiv mißhandelbaren Sexualobjektes drängt.

16 Wenn die Kräfte nachlassen – Sexualität im Alter

16.1 Abschied von der Unabhängigkeit

„Herr Zingerle gibt nicht auf", unter diesem Titel zeigte das Schweizer Fernsehen vor einiger Zeit einen Dokumentarfilm, der mich stark berührte. Der Film schilderte die Lebens- und Liebesgeschichte eines 82-jährigen alleinstehenden Mannes, der darum kämpfte, seine 76jährige, pflegebedürftige Freundin zu sich in seine Wohnung zu bekommen. Gemeinsam mit dieser Freundin hatte er einige Jahre eine bescheidene Alterswohnung bewohnt, bis die Freundin eines Tages plötzlich durch einen Hirnschlag pflegebedürftig wurde. Sie kam zunächst in eine Klinik und von dort wegen eines psychoorganischen Syndroms in ein Pflegeheim. Herr Zingerle besuchte sie täglich. Obwohl er selbst gehbehindert war, konnte er seine Freundin im Rollstuhl ausfahren. Mit allen Mitteln versuchte er, die Freundin wieder zu sich in die gemeinsame Wohnung nehmen zu können. Die verschiedensten Ämter, bei denen er vorsprach, lehnten jedoch seinen Wunsch mit dem Hinweis auf seine eigene Gebrechlichkeit ab. Der Film endete mit der Beerdigung der Freundin. Man sah den alten Mann von zwei Freunden gestützt, klagend und weinend am Grab stehen.

Der Film zeigte eindrücklich die *Konfliktbereiche, in die wir beim Älterwerden geraten können,* der eine mehr, der andere weniger:

— Verlust von finanzieller Sicherheit durch die Aufgabe des Berufs und Abhängigkeit von Sozialleistungen;
— Abnahme der körperlichen und geistigen Leistungsfähigkeit bis hin zur Krankheit und Pflegebedürftigkeit;
— Verlust des Partners, von Freunden und Kollegen durch Pensionierung und Tod.

Der *Ruhestand ist eine hochdynamische Lebensphase,* in der sich sowohl im individuellen Erleben des einzelnen wie in seinen zwischenmenschlichen Beziehungen ständig Änderungen vollziehen. Der älter werdende Mensch kann sich jedoch auf Veränderungen nicht mehr so gut einstellen. Seine *Flexibilität* und *Anpassungsfähigkeit* sind vermindert, was zu einer *erhöhten Krisenanfälligkeit* führt. Für viele junge und mittelalterliche Menschen ist *das Alter die Horrorphase des Lebens,* vor der sie Angst haben und vor deren Probleme sie die Augen verschließen. Verlusterlebnisse am eigenen Körper und in den nächsten Beziehungen lösen schmerzliche Gefühle, Vereinsamungsängste und Gefühle von Hilflosigkeit und Ausgeliefertsein aus. Diese Gefühle sind für uns schwer zu ertragen und deshalb versuchen wir, sie zu verdrängen, so lange wir die Kraft dazu haben.

In einer Diskussion mit Sechzigjährigen über die Frage, was sie sich im Alter am meisten wünschten, war die übereinstimmende Antwort: *Unabhängigkeit!* Unabhängigkeit von den eigenen Kindern, denen man nicht zur Last fallen möchte, Unabhängigkeit von Ärzten, vor deren Behandlung man möglichst lange durch Gesundheit verschont bleiben möchte, Unabhängigkeit von fremder Unterstützung und Hilfe, die man nicht in Anspruch nehmen möchte. *Die Angst, abhängig zu werden, dem andern gegenüber unterlegen und nicht mehr gleichwertig zu sein,* ist eine gemeinsame Grundangst vieler älter werdenden Menschen. Hier zeigt sich das Gleichheitsideal, das von Jugendlichen und jungen Ehepaaren so hoch geschätzt wird, in einer vertikalen Variation. *Die Gleichheit der Geschlechter als horizontalem und der Gleichheit zwischen den Generationen als vertikalem Beziehungsideal* liegen ähnliche Wünsche und Bedürfnisse zugrunde: weder vom andern belastet zu werden noch ihm zur Last zu fallen, sich nicht einschränken zu müssen, frei von Verpflichtungen zu sein und das zu tun, was Lust und Spaß macht. Welche Rolle spielt dabei die Sexualität? Ist sie für älter werdende Menschen ebenso von Bedeutung wie in der Jugend und im mittleren Alter?

16.2 Altersbedingte Veränderungen der sexuellen Reaktionsfähigkeit

,,Als aber König David alt war und hoch betagt, konnte er nicht warm werden. Die Großen suchten ein schönes Mädchen . . . und fanden Abisag von Sunem. Sie umsorgte ihn . . . aber der König erkannte sie nicht!'' Diese im Alten Testament, im 1. Kapitel des Buchs der Könige beschriebene sexuelle Problematik des alten Königs David entspricht weitgehend den Veränderungen, die *Masters* und *Johnson* (41) für die Sexualität des älteren Mannes beschrieben haben. Auch die Vorstellungen, wie man diesen, von vielen Männern als krankhaft erlebten Veränderungen am besten begegnen sollte — die Suche einer jungen, verführerischen Frau —, haben sich offensichtlich bis heute nicht viel geändert. *Die Veränderungen in der sexuellen Reaktionsfähigkeit sind beim älter werdenden Mann wesentlich ausgeprägter als bei der älteren Frau.*

Wie die eingangs schon erwähnte Massechusetts male aging study (131), eine repräsentative Untersuchung an 40–70jährigen Amerikanern, zeigt, nehmen beim Mann bereits ab dem 40. Altersjahr Erektionsprobleme deutlich zu. Von den 40jährigen berichteten schon 40 % über leichte bis schwere Erektionsprobleme, bei den 70jährigen waren es 67 %. Als mögliche Gründe für die zunehmende Beeinträchtigung der Erektionsfähigkeit werden vor allem vaskuläre Faktoren vermutet. Beim über 50jährigen Mann zeigt sich auch eine Verzögerung und Verminderung der sexuellen Erregbarkeit. Erektion und Ejakulation treten erst nach längerer Stimulation ein. In der Regel haben ältere Männer eine bessere Ejakulationskontrolle als jüngere, was sich u. a. darin niederschlägt, daß die Patienten, die wegen einer Ejaculatio praecox eine sexualmedizinische Sprechstunde aufsuchen, nur in Ausnahmefällen älter als vierzig Jahre sind. Auch die Stärke der Expulsion des Ejakulates und das Samenvolumen sind deutlich reduziert. Nach der Ejakulation klingt die Erektion in der Rückbildungsphase rasch ab. Die Refraktärzeit (Zeit, in der eine erneute Erektion nicht möglich ist) wird wesentlich länger. Das Bedürfnis, beim Geschlechtsverkehr zu ejakulieren, läßt deutlich nach. Der Koitus ohne Ejakulation wird als durchaus befriedigend erlebt (41, S. 217-237). Was die Veränderungen in der Erregungsphase anbetrifft, so kann man sagen, daß sich die sexuelle Erregbarkeit und Orgasmusfähigkeit zwischen Mann und Frau im Alter angleichen. Während beim jungen Mann die interindividuellen Unterschiede im sexuellen Reaktionszyklus gering sind, zeigt sich bei älteren Männern – ähnlich wie bei der Frau während des ganzen Lebens – eine größere Variationsbreite.

Bei der Frau sind die sexualphysiologischen Veränderungen nach der Menopause gering. Mit Ausnahme einer verzögerten Lubrikation entspricht die sexuelle Reaktionsfähigkeit der älteren Frau weitgehend ihrem Reaktionsmuster in jüngeren Jahren. Ob sie Geschlechtsverkehr hat, hängt weniger von ihrer sexuellen Erlebnisfähigkeit ab, als von der Tatsache, ob sie einen Partner hat. Ältere Frauen sind von sich aus nur selten sexuell aktiv. Sie passen sich in ihrem Sexualverhalten häufig dem sexuellen Verlangen und den sexuellen Möglichkeiten des Mannes an. Einen guten Überblick über die verschiedenen Aspekte der Altersexualität gibt das kleine Buch von *Cyran* und *Hahlhuber* (150), welches man auch älteren Patienten zur Eigenlektüre empfehlen kann.

16.3 Zärtlichkeit ist wichtiger als Potenz

Welche Vorstellungen haben oder hatten Sie über das Sexualleben Ihrer Eltern? Auf diese Frage reagieren die meisten von uns mit Verlegenheit und Achselzucken. Sind die Eltern über 60 Jahre alt, kann man sich kaum vorstellen, wie sie sexuell aktiv sind. In der Tat ändern sich sowohl die *Quantität* wie auch die *Qualität* des Sexuallebens im Alter recht deutlich. Die Häufigkeit von Geschlechtsverkehr beginnt bereits ab dem 30. Lebensjahr langsam nachzulassen. Hierfür spielen sowohl biologische — beim Mann langsames Absinken des Androgenspiegels — wie psychische und soziale Faktoren eine Rolle. *Die sexuelle Aktivität im höheren Alter wird vor allem durch den körperlichen und seelischen Gesundheitszustand, das Alter, die Art der früheren sexuellen Betätigung und den Familienstand bestimmt* (41, 55, 57, 150). Auf die Bedeutung von körperlichen und psychischen Krankheiten für das Sexualverhalten und das sexuelle Erleben wird in den beiden folgenden Kapiteln näher eingegangen. Die im folgenden beschriebenen Veränderungen beziehen sich deshalb auf mehr oder weniger gesunde Männer und Frauen.

Die Sechzigjährigen haben durchschnittlich noch ein Mal die Woche einen Geschlechtsverkehr (37, 56). Erst nach dem 75. Lebensjahr nimmt die Häufigkeit sexueller Kontakte deutlich ab. Die Frauen sind im Alter um 10 bis 15 % weniger aktiv als die Männer, was jedoch nicht mit einer im Vergleich zum Mann verminderten Libido zusammenhängt. Viele alte Frauen haben nur deshalb keinen Geschlechtsverkehr mehr, weil ihre Ehepartner aus gesundheitlichen Gründen dazu nicht mehr in der Lage sind. Da Männer eher mit jüngeren Partnerinnen verheiratet sind, deren Fähigkeit zum Koitus durch Alter und Gebrechlichkeit noch nicht so stark beeinträchtigt ist, sind sie im Durchschnitt sexuell aktiver als die Frauen gleichen Alters.

Paare, die in jüngeren Jahren regelmäßig Geschlechtsverkehr hatten, pflegen im Alter häufiger sexuelle Beziehungen als Paare, die schon früher sexuell zurückhaltend waren. Innerhalb einer Paarbeziehung behält also die Sexualität den Stellenwert, den sie in den mittleren Jahren hatte, auch im Alter bei, sofern die sexuelle Funktionsfähigkeit durch biologische Faktoren nicht eingeschränkt ist. Was alleinstehende Ältere betrifft, so unterscheiden sich die verheirateten und partnerlosen Männer in ihrer sexuellen Aktivität nicht wesentlich voneinander. Im Gegensatz dazu haben jedoch nur wenige partnerlose ältere Frauen noch Geschlechtsverkehr.

Über 65jährige sehen in der *Zärtlichkeit* das Wesentliche eines Geschlechtsverkehrs (55). Vom Partner umarmt und gestreichelt zu werden ist für ihre sexuelle Zufriedenheit wichtiger als das Erreichen eines Orgasmus. In dieser Hinsicht unterscheiden sich ältere Männer und Frauen von Paaren jüngeren Alters, für welche das Erreichen eines Orgasmus für ihre sexuelle Zufriedenheit oft wichtiger ist als die Intensität der ausgetauschten Zärtlichkeiten. Man kann also sagen, daß die Sexualität des älteren Menschen weniger auf Leistung und Perfektion, als auf das Erleben von Nähe und Intimität ausgerichtet ist. Insofern tritt die psychische Dimension gegenüber der physiologischen Dimension im sexuellen Erleben in den Vordergrund. Eindrücklich ist für mich immer wieder der Besuch in Alters- und Pflegeheimen. Wenn ich dort die Alten im Café oder im Gemeinschaftsraum mit zufriedenem Gesicht, sich an den Händen haltend nebeneinander sitzen sehe, dann frage ich mich, ob das Alter wirklich nur ein Horror ist, oder ob es nicht eine Phase ist, in der man mit weniger Aktivität und Hektik mehr Zufriedenheit erleben kann.

16.4 Die Erektion und das junge (Un-)Glück

Eine Beeinträchtigung der Erektionsfähigkeit bis hin zum vollständigen Erektionsverlust ist die häufigste sexuelle Funktionsstörung des älteren Mannes. Wie bereits erwähnt, zeigt sich bei somatischen Abklärungsuntersuchungen jenseits des 50. Jahres sehr häufig ein Befund. Die Einschätzung dieser Befunde ist im Einzelfall nicht einfach. Gegenwärtig besteht ein Trend, somatische Befunde in den Vordergrund zu stellen und psychologische Gründe zu vernachlässigen. Bancroft (140) und Tiefer (141) haben auf diesen Trend zur Medikalisierung der männlichen Sexualität und seine psychosozialen wie ökonomischen Konsequenzen kritisch hingewiesen. Nach meiner Erfahrung gibt es einige typische Partnerkonstellationen, bei denen das Auftreten einer Erektionsstörung eindeutig psychogen bedingt ist. Jeder Arzt kennt die Situation, daß ein sportlicher Sechziger, der nach einer Trennung oder Scheidung eine neue Partnerschaft zu einer wesentlich jüngeren Frau eingegangen ist, bedrückt und ratlos in der Praxis erscheint und um eine möglichst rasche Beseitigung seiner Erektionsstörung bittet. Hierzu ein *Beispiel:*

Ein 62jähriger Angestellter, seit sechs Jahren von seiner ersten Frau geschieden, kommt mit seiner 35jährigen Freundin in die Sprechstunde. Er hat sie als Sekretärin an seinem Arbeitsplatz kennengelernt und wohnt seit drei Jahren mit ihr zusammen. ,,Alles wäre in Ordnung, wenn es im Bett klappen würde", deutet er unter Zustimmung seiner Freundin sein Problem an. Zwar trete bei der manuellen Stimulation durch seine Partnerin jeweils nach kurzer Zeit eine Erektion ein, diese lasse aber beim Versuch, das Glied einzuführen, plötzlich wieder nach, so daß er den Geschlechtsverkehr nicht ausüben könne. Das habe doch sicher mit den Hormonen etwas zu tun, ob man da nicht nachhelfen könne. In der Erwartung, daß der Arzt zum Rezeptformular greift und eine Wunderpille verordnet, wendet sich der Mann seiner Freundin zu, um von ihr die Anerkennung für seine mutigen Worte zu erhalten.

Wie soll man in dieser Situation vorgehen? — Besonders ältere Männer gehen immer wieder nach dem Motto: ,,Man ist so alt, wie man sich fühlt'', Beziehungen zu wesentlich jüngeren Frauen ein. Nach Enttäuschungen in der Ehe sehen sie in ihren Liebesgefühlen einer jungen Frau gegenüber eine Möglichkeit, die ehelichen Frustrationen zu vergessen und nachzuholen, was ihnen ihre Ehefrau jahrelang vorenthalten hat. Das junge Glück ist jedoch häufig nur von kurzer Dauer. Die erhoffte Verjüngung bleibt aus, stattdessen stellen sich Insuffizienzgefühle und Versagensängste ein.

Männer haben mit ihren sexuellen Gefühlen nicht selten Schwierigkeiten. In jungen Jahren beschäftigen sie sich mit den phantasierten Wünschen und Erwartungen ihrer Partnerinnen und entwickeln eine Ejaculatio praecox. Im vorgerückten Alter versuchen sie durch Liebesgefühle ihre Ängste vor dem Älterwerden zu verdrängen und zu vergessen. Was ihnen Mühe macht und häufig nicht gelingt, ist die Wahrnehmung der eigenen Zweifel und Bedenken an ihrer Männlichkeit: Bin ich wirklich so sicher und überlegen, wie ich es mir wünsche? Werde ich nicht ausgelacht und verspottet, wenn ich meine Ängste und Geborgenheitswünsche zeige? Werde ich im Stich gelassen, wenn ich in der Stunde der Wahrheit, beim Geschlechtsverkehr, versage? Die Flucht nach vorn ist ein typisches männliches Abwehrverhalten, das man in den verschiedensten Lebensbereichen beobachten kann: der sachliche Politiker, der mit kühlem Kopf die Geschicke und Mißgeschicke seiner Mitbürger lenkt und löst. Der unermüdliche Arzt, der Tag und Nacht im Dienste seiner Patienten steht. Der arbeitsame Gastarbeiter, der durch Akkordarbeit sein Häuschen in Kalabrien finanzieren will. Sie alle versuchen, sich selbst zu überholen, sich dort auszuweichen, wo man nicht mit Zahlen kalkulieren, mit Geschick taktieren oder mit Risiken jonglieren kann. Dieses Imponiergehabe kann lange gut gehen und einem Bewunderung und Anerkennung bringen. Schwierig wird es dann, wenn einem plötzlich die Luft ausgeht und sich die im Griff geglaubten Ängste und Schwächen plötzlich melden.

Es wäre einseitig, die Erektionsstörung des älteren Liebhabers nur als Scheitern männlicher Wunschträume darzustellen. Die junge Frau, die mit einem Freund, der ihr Vater sein könnte, eine Beziehung eingeht, befindet sich ebenfalls auf der Flucht. Im Gegensatz zum Mann ist es jedoch bei der Frau häufig eine Flucht zurück, zurück in die Jahre ihrer Kindheit, in denen sie auf einen Vater verzichten mußte oder von ihm in grenzenloser Weise bewundert wurde. Die Suche nach dem versäumten oder verlorenen Glück ist oft das Motiv, das junge Frauen bewegt, Vaterfiguren zu ihren Männern machen zu wollen. Auch sie haben Zweifel und Ängste, die sie verdrängen müssen: Angst vor der Suche nach der eigenen Identität, vor dem Konflikt ihrer Rolle als Berufs-, Hausfrau und Mutter, vor dem Augenblick, wo die Scheinwerfer ausgehen und sie nicht mehr im Rampenlicht stehen. Das hübsche Püppchen und der großzügige, um Jugendlichkeit bemühte Kavalier, sie ergänzen sich in der Abwehr ihrer gemeinsam verborgenen Ängste. Was können wir als Ärzte tun, wenn sich diese in Gestalt eines sexuellen Symptoms anmelden?

Früher habe ich meistens versucht, in Einzelgesprächen mit dem Mann oder mit der Frau auf die verborgenen Ängste hinzuweisen und sie zu ermuntern, diese Ängste sich gegenseitig zu zeigen. Die Erfolge dieser Beratungsstrategie waren jedoch bescheiden. Allzu groß erwiesen sich die Widerstände, sich die Kehrseite der gegenseitig bewunderten Fassaden zu zeigen. Heute gehe ich eher so vor, daß ich — wie in Kapitel 8 beschrieben — mit beiden gemeinsam ein ausführliches sexual-anamnestisches Gespräch führe. Dabei zeigen sich in der Regel bei beiden Partnern Enttäuschungen und Schwierigkeiten in vorausgegangenen Partnerschaften, in denen es beiden nicht gelungen ist, die Konflikte offen auszutragen und zu lösen. Ich frage dann, ob beide nach soviel vorausgegangener Enttäuschung überhaupt noch in der Lage seien, sich jetzt auch noch mit dem sexuellen Problem ihrer neuen Beziehung zu beschäftigen. Eine medikamentöse Behandlung lehne ich ab (vergleiche Kapitel 10.4). Im ersten Beratungsgespräch gehe ich nicht weiter, sondern verabschiede beide mit der Bitte, sich bis zum nächsten Gespräch zu überlegen, ob sie sich so viel zumuten könnten, das Problem der sexuellen Störung eingehender zu besprechen. Die Reaktionen auf diese Infragestellung der Konfliktfähigkeit sind unterschiedlich: manche Paare erscheinen zum nächsten Gespräch nicht und flüchten zum nächsten Kollegen. In diesen Fällen bleibt mir nichts anderes übrig, als das Flüchten zu akzeptieren. Andere Paare trennen sich oft schon nach diesem ersten Gespräch. In diesen Fällen sind dann eher die Männer als die Frauen bereit und interessiert, zu weiteren Gesprächen zu kommen. Wenige Paare entschließen sich, gemeinsam zu weiteren Gesprächen zu kommen. In diesen zeigt sich dann häufig doch ein umfassenderer Paarkonflikt, dessen Klärung eine länger dauernde Paartherapie erfordert. Eine Beratung kann jedoch die wichtige Funktion haben, die glücklosen Glücksucher von weiteren frustrierenden Abenteuern abzuhalten.

16.5 Sexuelle Schwierigkeiten nach dem Tod des Ehepartners

Verwitwete Männer und Frauen gehen häufig nach dem Tod ihres Partners neue Partnerschaften ein. Ähnlich wie junge Paare leben sie dabei oft unverheiratet zusammen. Der Wunsch, die letzte Lebensphase nicht allein, sondern gemeinsam zu verbringen und sich gegenseitig zu helfen, ist das tragende Motiv für das Konkubinat im Alter. Erotische Wünsche und Anziehung spielen in diesem Fall bei der Partnerwahl keine vorrangige Rolle. Doch stellt sich für die neuen Partner recht bald die Frage, ob sie platonisch als Kameraden zusammenleben oder auch als Sexualpartner gemeinsames Glück und Zufriedenheit erleben wollen. Die Initiative zur Aufnahme sexueller Beziehungen geht meist von den Männern aus, wobei die Frauen je nach ihrem früheren Sexualleben auf diese Wünsche mehr oder weniger bereitwillig eingehen. *In der weit überwiegenden Zahl solcher Partnerschaften treten keine sexuellen Schwierigkeiten auf.* Die Männer stehen nicht unter einem Druck, ihre Männlichkeit durch sexuelle Leistungen unter Beweis zu stellen, und auch die Frauen sehnen sich mehr nach Zärtlichkeit als nach sexueller Perfektion. Dennoch können auch bei solchen Paaren sexuelle Störungen auftreten, unter denen beide Partner leiden, wie folgendes *Beispiel* zeigt:

Ein 64jähriger Coiffeur wird wegen Hodenschmerzen und Brennen beim Wasserlassen vom Hausarzt zum Urologen überwiesen. Die urologische Untersuchung ergibt keinen pathologischen Befund. Die Bemerkung des Patienten, die Beschwerden seien besonders am Wochenende ausgeprägt, veranlassen den Urologen, sich nach der Lebenssituation des Patienten genauer zu erkundigen. Der Mann hatte vor einem Jahr seine Frau nach längerdauernder Krankheit verloren und lebte zunächst als Witwer alleine in seinem Haus. In den ersten Monaten nach dem Tod seiner Frau nahm sich eine langjährige Bekannte des Ehepaares, die ebenfalls seit einigen Jahren verwitwet war, des Mannes an, kochte gelegentlich für ihn und besorgte ihm die Wäsche. Beide verstanden sich gut, so daß sie beschlossen, zusammenzuwohnen und ihren Lebensabend miteinander zu verbringen. Beim ersten Versuch eines Geschlechtsverkehrs trat bei dem Mann eine Erektionsstörung auf, die auch bei weiteren Koitusversuchen anhielt. Obwohl die Freundin sehr viel Verständnis hatte und auch bereit war, die Beziehung ohne sexuelle Kontakte weiterzuführen, geriet der Mann in eine mittelschwere Depression mit Antriebshemmung, Appetitlosigkeit und Schlafstörungen. Beim eingehenden Gespräch berichtete er, daß die sexuellen Beziehungen in seiner früheren Ehe recht unbefriedigend gewesen seien. Seine Frau habe sich ihm wegen Schmerzen beim Verkehr meistens sexuell versagt, ihn aber gleichzeitig über Jahre außerehelicher Beziehungen verdächtigt. Unter anderem habe sie auch nach dem Tod des Mannes seiner jetzigen Freundin den Verdacht geäußert, er habe mit dieser gemeinsamen Bekannten gelegentlich heimlich sexuelle Beziehungen. Zwar habe er solche Phantasien gelegentlich gehabt, sei aber seiner Frau bis zum Tode treu geblieben.

In diesem Fall war das sexuelle Symptom Ausdruck eines in der Ehe des Patienten unbewältigt gebliebenen sexuellen Konfliktes und einer noch nicht verarbeiteten Trauer um den Tod der Frau. Die Aufnahme sexueller Beziehungen zu seiner Freundin bedeutete für den Mann in seinem Erleben eine späte Bestätigung der Verdächtigungen seiner Frau, eine Entdeckung seiner außerehelichen Phantasien, mit denen er jahrelang gelebt, sie aber nicht in die Tat umgesetzt hatte. In diesem Fall gelang es, mit einigen wenigen Gesprächen dem Patienten zu helfen. Nachdem er sowohl den Ärger über die sexuellen Hemmungen und Verdächtigungen seiner Frau als auch seinen Schmerz über ihren Tod besser zulassen konnte, besserte sich die Erektionsstörung spontan. Auch die Depression, welche senkundär als Folge der sexuellen Störung aufgetreten war, verschwand ohne besondere medikamentöse Behandlung.

Diese Art sexueller Konflikte im Alter findet sich gelegentlich auch bei Frauen, wobei als Symptome eher eine Libidostörung oder eine sexuelle Aversion auftreten. Durch die Aufnahme von Intimbeziehungen zu einem neuen Partner werden frühere Beziehungskonflikte reaktiviert. Die vielleicht viele Jahre verdrängten sexuellen Wünsche können jedoch wegen Schuldgefühlen dem verstorbenen Partner gegenüber nicht zugelassen und ausgelebt werden. Diese Fälle sind einer Beratung oft gut zugänglich und ermöglichen beiden Partnern das Erleben eines Glücks, auf das sie viele Jahre verzichten mußten.

16.6 Kindliche Moralapostel als Störenfriede sexueller Beziehungen im Alter

Funktionelle Beschwerden oder neurotische Ängste bei älteren Menschen können auch Hinweis auf eine verborgene sexuelle Problematik sein. Die vom Patienten geklagten Symptome — Herzschmerzen, Verdauungsstörungen, Angstanfälle oder Zwangsgedanken — lassen den Arzt dabei zunächst nicht primär an ein sexuelles Problem denken. Auch hierzu ein *Beispiel:*

Ein 65jähriger Bauunternehmer meldet sich wegen anfallsweise auftretenden Herzschmerzen und Beklemmungsgefühlen bei seinem Hausarzt. Die eingehende somatische Abklärungsuntersuchung ergibt keine nennenswerten Befunde. Die Ehefrau des Patienten war vor Jahren gestorben. Der jetzt 35jährige Sohn, der als Ingenieur eine akademische Laufbahn eingeschlagen hatte, war bis zum Tod seiner Mutter eng an diese gebunden und hatte seine Freizeit und Ferien überwiegend mit seinen Eltern verbracht. Nach dem Tod seiner Frau hatte der Pat. zunächst einige Jahre allein in seinem Hause gelebt, wobei sich zwischen ihm und seinem Sohn eine zunehmende Distanzierung entwickelte. Der Sohn arbeitete auch am Wochenende in seinem Institut und habilitierte sich entsprechend einem jahrelangen Wunsch seiner Mutter. In seiner Einsamkeit fand sein Vater Kontakt zu einer um wenige Jahre jüngeren Frau, die ebenfalls verwitwet war. Die beiden unternahmen gemeinsame Reisen. Aus Angst vor Vorwürfen seines Sohnes verheimlichte der Vater lange Zeit die neue Beziehung und schickte seine Freundin jeweils aus dem Haus, wenn sein Sohn über das Wochenende nach Hause kam. Schließlich wagte er es, seinen Sohn über die neue Beziehung zu informieren. Dieser reagierte mit Empörung und Entrüstung und äußerte, die Vorstellung, eine andere Frau schlafe im Bett seiner Mutter, sei für ihn unvorstellbar. Er selbst ging eine Beziehung zu einer gleichaltrigen Hebamme ein und heiratete diese nach kurzem Kennenlernen. Zur Heirat lud er die Freundin seines Vaters nicht ein, obwohl diese in der Zwischenzeit zur festen Lebensgefährtin seines Vaters geworden war. Die Herzbeschwerden traten einige Zeit nach der Heirat des Sohne auf und veranlaßten den Mann, seinen Hausarzt aufzusuchen.

Hier liegt die Ursache für die funktionellen Beschwerden in einem ungelösten ödipalen Konflikt, in welchem Vater und Sohn jahrelang um die Zuneigung und Bewunderung der Mutter rivalisiert hatten. Der Haß auf den Vater blieb jedoch bis zum Tod der Mutter verdrängt und zeigte sich erst, als der Vater eine neue Beziehung eingehen wollte. Die Nichterfüllung der ödipalen Phantasien, ohne den väterlichen Störenfried mit der Mutter in einer harmonischen Zweierbeziehung leben zu können, wandeln sich nach dem Tod der Mutter in aggressive Impulse, den Vater nun seinerseits bei der Wiederaufnahme einer Zweierbeziehung zu stören. Der moralische Anspruch auf die Reinheit des mütterlichen Bettes zeigt hier, daß sowohl Vater wie Sohn in einem Beziehungskonflikt stehen, der durch den Tod der Mutter nicht gelöst, sondern nur verschoben wurde. Dieser neurotische Familienkonflikt läßt sich durch eine Beratung alleine nicht lösen, sondern allenfalls mildern. Der Sohn konnte den Rat des Hausarztes widerwillig akzeptieren, die Freundin seines Vaters nicht mehr weiter zu ignorieren, sondern ihr als Pflegerin einen Platz an der Seite seines Vaters und im Bett seiner Mutter zuzugestehen.

Die drei in diesem Kapitel geschilderten Fälle verdeutlichen einige Aspekte, die nicht nur für die Beurteilung und Beratung sexueller Störungen im Alter Gültigkeit haben, sich jedoch in dieser Lebensphase immer wieder eindrücklich zeigen:

— das sexuelle Symptom kann sowohl Ausdruck eines umschriebenen wie eines langjährigen komplexen Beziehungskonfliktes sein;
— sexuelle Konflikte können sich auch in anderen psychosomatischen Symptombildungen äußern;
— in sexuellen Konflikten von älteren Menschen können auch ihre Kinder eine wichtige Rolle spielen. Dies gilt ebenso in umgekehrter Weise; sexuelle Verhaltensstörungen von Kindern können Ausdruck eines Beziehungskonfliktes ihrer Eltern sein;
— selbst wenn es sich um eine komplexe Konfliktproblematik handelt, ist nicht immer eine eingehende Psychotherapie notwendig, möglich oder sinnvoll;
— der richtige Ratschlag eines Arztes kann einen Konflikt so weit neutralisieren, daß das neurotische Familienspiel wenigstens gemildert oder beendet wird.

Ältere Menschen haben gelegentlich weniger Hemmungen über ihre Sexualität zu sprechen als jüngere, für die sexuelle Funktionsfähigkeit eine Prestigeangelegenheit ist, in die man sich von einem Arzt nicht gerne hineinreden läßt. Unsere eigenen Hemmungen, mit älteren Menschen über sexuelle Fragen zu sprechen, zeigen jedoch, daß trotz aller Liberalisierung der Sexualität alte Tabus nach wie vor weiterbestehen. Die Tabuisierung der sexuellen Schwierigkeiten älterer Menschen ist ein Betandteil der umfassenden Tabuisierung von Alter, Sterben und Tod. Wie hilfreich oder hinderlich ist uns dieses Tabu?

17 Sexuelle Probleme von körperlich Kranken und Behinderten

17.1 Krankheit und Sexualität – Vorurteile und Ängste

Weit verbreitet ist die Vorstellung, Sexualität sei nur etwas für Gesunde, Kranke sollten auf Geschlechtsverkehr verzichten. Obwohl nur ein kleiner Teil von Krankheiten direkt oder indirekt zu einer Einschränkung der sexuellen Funktionsfähigkeit führt bzw. nur bei einzelnen Krankheiten aus therapeutischen Gründen eine Einschränkung in der sexuellen Aktivität angezeigt erscheint, löst die Vorstellung, ein Krebskranker oder Querschnittgelähmter z. B. könnten Geschlechtsverkehr haben, bei vielen Menschen ablehnende und abstoßende Gefühle aus. Nicht nur bei Ärzten und bei Gesunden, auch bei den betroffenen Kranken selbst findet man die Überzeugung, wenn jemand schon krank sei, dann brauche er nicht auch noch Geschlechtsverkehr zu haben. Gerade an der Sexualität von Kranken zeigt sich, daß hinter unseren Vorurteilen teilweise die Vorstellung steht, Sexualität sei selbst eine Krankheit, die nur Gesunde verkraften könnten. Für Kranke — dieses Argument wird häufig geäußert — sei sexuelle Aktivität und vor allem ein Orgasmus etwas Anstrengendes, vor dem sie sich hüten sollten. Ich spüre diese Vorurteile in mir auch noch, habe aber in den vergangenen Jahren in Gesprächen mit schwerkranken Patienten lernen müssen, daß meine Vorurteile ungerecht und unbegründet sind. Daß sich meine Einstellung doch verändert hat und ich mich nicht mehr so ratlos fühle, wenn mich körperlich Kranke oder Behinderte wegen sexuellen Schwierigkeiten um Hilfe bitten, verdanke ich vor allem einem Patienten, den ich während meiner neurologischen Ausbildung zur Behandlung hatte.

Der Mann, ein 57jähriger früherer Kaufmann, kam in Begleitung seiner um vier Jahre jüngeren, gutaussehenden Frau in die Sprechstunde. Wegen einer Neurofibromatose von Recklinghausen (bindegewebige Wucherungen an Nervenscheiden, die zum Ausfall einzelner Hirn- und peripheren Nerven führen können) war er auf beiden Ohren taub. Zusätzlich litt er als Folge einer neuralen Muskelatrophie einzelner Muskelgruppen an einer zunehmenden Kraftlosigkeit beider Arme und an einer schweren Gangstörung. Der Patient war sowohl beim Gehen wie auch bei der Verständigung mit der Umgebung voll auf seine Frau angewiesen. Sie schrieb ihm jede Frage auf einen kleinen Schreibblock, so daß er sie lesen und dann beantworten konnte. Während der Untersuchung hatte ich den Gedanken, für diese Frau sei es sicherlich eine kaum zu bewältigende Belastung, die zunehmende Invalidisierung ihres Mannes miterleben zu müssen, ohne daß man ihm helfen konnte. Da ich zu dem Paar einen guten Kontakt fand, erlaubte ich mir am Ende der Konsultation die Frage, wie es mit den sexuellen Beziehungen zwischen den beiden Partnern aussehe. Meine Erwartung war die, daß das Paar wohl seit Jahren keinen Geschlechtsverkehr mehr hatte und die Frau möglicherweise eine außereheliche Beziehung unterhielt. Die Reaktion und Antwort des Paares machten mich sprachlos. Nachdem die Frau die Frage für ihren Mann aufgeschrieben hatte, ergriff sie seine Hand, lachte ihn an, stand auf und gab ihm einen Kuß auf die Wange. Der Patient war zunächst etwas verlegen, sagte aber dann überzeugt und mit fester Stimme: ,,Seidem ich invalide bin, haben wir viel häufiger Geschlechtsverkehr als früher, ungefähr drei bis vier Mal pro Woche. Die Sexualität ist der einzige Lebensbereich, in welchem ich meiner Frau noch ein einigermaßen gleichwertiger Partner sein kann. Die Zuneigung und Liebe meiner Frau ist das einzige, was mich am Leben hält.'' Ich war beschämt und konnte nichts mehr sagen. Da mich dieses Gespräch tief bewegte, schrieb ich einige Wochen später an das Ehepaar einen Brief, bedankte mich für ihre Offenheit und teilte ihnen mit, daß mir das Gespräch mit ihnen geholfen habe, meine Vorurteile über die Sexualität von Kranken zu korrigieren.

Inzwischen habe ich einige ähnliche Beispiele gehört. Sie haben mich zu der Überzeugung gebracht, daß vermutlich viele Kranke, die mit ihrer Sexualität nicht so unbefangen leben können wie das geschilderte Ehepaar, dankbar wären, wenn wir mit ihnen gelegentlich auch einmal über ihre Sexualität sprechen würden. Welche Ängste stehen hinter dem bei Gesunden wie Kranken in gleicher Weise tief verwurzelten Vorurteil, Krankheit und Sexualität seien unvereinbar? Ich habe vor allem folgende *Angstmotive* als Begründung für ein sexuelles Vermeidungsverhalten oder die Empfehlung zu Asexualität gehört:

— Die Angst, ein körperlich Kranker könne durch den Geschlechtsverkehr und die Zeugung eines Kindes seine Krankheit auf das Kind übertragen. Rational begründet sind diese *Fortpflanzungsängste* bei Erbkrankheiten, irrational jedoch bei allen anderen Krankheiten, die nicht vererblich sind.
— Die Angst, sexuelle Aktivität sei für Kranke zu anstrengend und berge die Gefahr eines plötzlichen Liebestodes (Tod beim Geschlechtsverkehr) in sich. Im weitesten Sinn handelt es sich hierbei um *Todesängste,* zu deren Abwehr dem Kranken allgemeine Schonung, nicht zuletzt auch im sexuellen Bereich empfohlen wird.
— Mit den Todesängsten eng verwandt sind *Krankheitsängste,* die sich z.B. darin äußern, daß manche Frauen nach der operativen Entfernung eines gutartigen Knotens aus einer Brust diese vom Partner nicht mehr berühren lassen, aus Angst, die Berührung könne zur Entstehung einer Brustkrebserkrankung beitragen.
— Die Angst von Gesunden, sich durch Geschlechtsverkehr mit einem Kranken mit der Krankheit infizieren zu können. Diese *Ansteckungsängste* findet man zum Beispiel bei Männern, deren Frauen wegen eines Genitalkarzinoms operiert oder bestrahlt wurden, und die danach keine sexuellen Beziehungen zu ihren Frauen mehr aufnehmen.

Die bei Gesunden nach wie vor noch ausgeprägte Tabuisierung der Sexualität und Fehlvorstellungen hinsichtlich des Sexualverhaltens sind bei Kranken, deren Partnern und uns Ärzten noch ausgeprägter. *Sexualität und Sexualberatung kann, muß aber nicht in jedem Fall für einen Kranken etwas Wichtiges sein.* In diesem Sinne stimme ich *Sigusch* (75, S. 443) zu, der vor einem allzugroßen sexualtherapeutischen Eifer gegenüber kranken Menschen mit der Feststellung warnt: ,,Namentlich US-amerikanische Mediziner scheinen mir in ihrer grenzenlosen Naivität und Sexualbesessenheit Patienten mit der sexuellen Frage immer mehr zu belästigen — nach dem Menschenbild: *Jeder muß sexuell aktiv sein, koste es, was es wolle.* Sie ahnen nicht, wie befreiend es sein kann, *dem Sexuellen entronnen zu sein* oder einfach in Ruhe gelassen zu werden.''

17.2 Organisch bedingte Sexualstörungen

In Kapitel 3.1 habe ich bereits einen Überblick über mögliche organische Ursachen sexueller Funktionsstörungen gegeben. In diesem Abschnitt sollen vor allem Schwierigkeiten von Patienten besprochen werden, die durch Erkrankungen der Genitalorgane bzw. der für die sexuelle Funktionsfähigkeit verantwortlichen Gefäße oder Nerven in ihrem Sexualleben beeinträchtigt sind. Es geht mir dabei nicht um eine vollständige Beschreibung aller möglichen Erkrankungen, sondern mehr um die *psychische Verarbeitung eines teilweise oder vollständigen Verlustes der sexuellen Funktionsfähigkeit.* Die Anpassung an eine nicht behandelbare Funktionsstörung hängt von vielen Faktoren ab: Der Art und der Entwicklung der Krankheit, der krankheitsbedingten Beeinträchtigungen anderer Organsysteme, dem Alter und Zivilstand des Patienten, seiner Persönlichkeit sowie der Persönlichkeit eines allfälligen Partners und der prämorbiden Sexual- und Paarbeziehung. *Unabhängig von der Art der Erkrankung lassen sich folgende allgemeingültige Gesichtspunkte formulieren:*

— jüngere Patienten habe größere Schwierigkeiten als ältere Patienten, sich mit einer bleibenden Sexualstörung abzufinden;
— ein plötzlich eintretender Funktionsverlust, etwa durch einen Unfall, wird anders verarbeitet als eine langsam progrediente Funktionseinschränkung;
— das Ausmaß der organisch bedingten Funktionseinschränkung beeinflußt die sexuelle Aktivität nicht in jedem Fall. Der Funktionsverlust kann bei entsprechendem Interesse und Bereitschaft durch sexuelle Alternativpraktiken kompensiert werden;
— die Einstellung des nicht erkrankten Partners ist für die Fortführung sexueller Beziehungen ebenso von Bedeutung wie die Einstellung des Patienten;
— die Einstellung der die Grundkrankheit behandelnden Ärzte beeinflußt das sexuelle Vermeidungsverhalten des Patienten.

Wenn Sie mit einem Patienten, der z. B. an einer Erektionsstörung als Folge eines langjährigen Diabetes mellitus leidet, nie über seine Sexualität sprechen, dann vermitteln Sie ihm damit den Eindruck, ebenso wie Sie sollte auch er sein sexuelles Problem ignorieren. Diese Einstellung kann für einzelne Patienten richtig sein, für andere jedoch unverständlich und zusätzlich belastend. Was ich damit sagen möchte: Sexualberatung von Patienten mit einer organisch bedingten sexuellen Funktionsstörung kann besonders schwierig, aber auch besonders dankbar sein.

a) Traumatisch bedingte Funktionsstörungen

Patienten, die durch einen Unfall — z. B. Schädigung der im Rückenmark gelegenen Sexualzentren oder direkte Traumatisierung von Glied oder Scheide — einen plötzlichen und vollständigen Funktionsverlust erleiden, reagieren häufig mit einer *totalen Verdrängung sexueller Wünsche und einem generellen sexuellen Vermeidungsverhalten.* Ich habe einzelne Patienten gesehen, die mit dieser Form der Anpassung (einer Ausklammerung der Sexualität aus ihrem Leben) relativ gut zurecht kamen und deren Partner diese Einstellung mitakzeptieren konnten. Wichtig ist dabei, ob der Unfall noch zu weiteren Schädigungen geführt hat, oder ob er sowohl in seinen somatischen als auch psychosozialen Folgen einigermaßen verarbeitet werden konnte. Bei einer neurotischen Unfallverarbeitung, z. B. mit Entwicklung sekundärer funktioneller Symptome, kann eine organisch bedingte Erektionsstörung zum zentralen Symptom der erlebten Schädigung werden. In solchen Fällen ist die Behandlung schwierig und sollte einem psychiatrischen Fachkollegen übergeben werden.

b) Genitaloperationen

Schorsch und *Spengler* (69) haben eine umfassende Untersuchung über die psychische und sexuelle Situation von Patienten nach Genitaloperationen durchgeführt und kamen dabei für die einzelnen Operationen zu folgenden Ergebnissen:

Mastektomie wegen Mammakarzinom:

Ungefähr die Hälfte der Frauen ist nach einer Brustamputation sexuell völlig inappetent, wobei der Libidoverlust bei den älteren Frauen ausgeprägter ist als bei den jüngeren. Eine Erregungs- oder Orgasmusstörung als Folge der Mastektomie tritt selten auf. In der Sexualität mastektomierter Frauen kristallisieren sich zentrale Konflikte der Krankheitsverarbeitung. Dabei sollte *in der Nachbetreuung mastektomierter Frauen keinesfalls auf eine Sexualberatung verzichtet werden.* Unsere Erfahrungen mit einem Forschungsprojekt über die Auswirkungen einer Brusterkrankung auf die Ehebeziehung der betroffenen Frauen (16) entsprechen voll und ganz den von der Hamburger Arbeitsgruppe mitgeteilten Erfahrungen.

Beispiel: Eine 56jährige Bauersfrau berichtet ein Jahr nach der Mastektomie über eine zunehmende Entfremdung von ihrem Ehemann. Während sie vor der Operation zwei bis drei Mal wöchentlich Geschlechtsverkehr hatte, hat sie seit der Operation jegliche Intimbeziehungen oder Austausch von Zärtlichkeiten mit ihrem Mann vermieden. Ein zweimaliges Beratungsgespräch, das zweite gemeinsam mit dem Ehemann, führte dazu, daß das Paar innert kurzer Zeit die Sexualbeziehungen in der früheren Weise wieder aufnahm, worüber beide Partner sehr erfreut waren.

Die Frage, zu welchem Zeitpunkt die Sexualberatung erfolgen soll, handhabe ich unterschiedlich. Bei Frauen, die nach der Mastektomie noch eine einschneidende Chemotherapie oder Radiotherapie haben, deute ich die Notwendigkeit der Besprechung der Sexualität während der Nachbehandlung an, spreche aber erst nach Abschluß der Nachbehandlung eingehender mit beiden Partnern über ihre Sexualität, sofern ich nicht den Eindruck habe, daß die sexuelle Problematik schon während der Nachbehandlung zu einer zusätzlichen Belastung wird.

Prostatektomie:

Nach einer transvesikalen Prostatektomie wegen einer Prostata-Hypertrophie muß in jedem Fall mit einer retrograden Ejakulation (Entleerung des Ejakulates in die Blase) als Folge eines mangelnden Blasenhalsverschlusses gerechnet werden (33). Die eingehende Information des Patienten über diese Veränderung des Ejakulationsvorganges sollte *in jedem Fall vor der Operation stattfinden.* Bei Patienten, die mit Befürchtungen über eine schwerere Beeinträchtigung ihres Sexuallebens durch eine retrograde Ejakulation rechnen, empfiehlt es sich, die

Partnerin vor der Operation in die Beratung miteinzubeziehen. Häufig sind die Befürchtungen der Männer über mögliche negative Folgen dieser Veränderung wesentlich größer als die ihrer Partnerinnen. Vom subjektiven Empfinden her wird das Orgasmuserlebnis sowohl des Mannes wie der Frau durch eine retrograde Ejakulation im allgemeinen wenig beeinträchtigt.

Bei Patienten, die wegen eines *Prostatakarzinoms* mit einer retropubischen radikalen Prostatektomie behandelt werden müssen, sind die Auswirkungen auf die sexuelle Funktionsfähigkeit nicht im voraus abzusehen (69). Es tritt nicht in jedem Fall eine generelle Impotenz ein. Ungefähr die Hälfte der Patienten hat auch nach einer Operation partielle oder volle Erektionen, ein Viertel kann sogar gelegentlich den Koitus durchführen. Hier ist die Miteinbeziehung der Partnerin in ein Beratungsgespräch vor der Operation in jedem Fall zu empfehlen.

Hysterektomie wegen Uterus myomatosus:

Nach einer einfachen abdominalen Hysterektomie wegen eines Uterus myomatosus ist ungefähr bei einem Fünftel der Frauen mit Auswirkungen auf das Sexualleben, vor allem im Sinne einer sexuellen Inappetenz zu rechnen (69). Störungen sind vor allem bei präoperativ sexuell inaktiven Frauen zu erwarten, bei gehäuften gynäkologischen Operationen in der Vorgeschichte und bei psychischen Reaktionen auf frühere Verlusterlebnisse. Bei *Genitalkarzinomen* der Frau — Collum-, Corpus-Karzinom — sind die Auswirkungen auf die Sexualität ausgeprägter und die Beeinträchtigungen der Funktionsfähigkeit — z. B. Scheidenatrophie und Lubrikationsverlust nach Bestrahlung — größer. Auch hier ist es wichtig, im Laufe einer längerfristigen Behandlung die Frauen und ihre Männer hinsichtlich einer Modifizierung ihrer sexuellen Beziehungen, z. B. vermehrte manuelle oder orale Sexualpraktiken, zu beraten.

Zusammenfassend läßt sich sagen, daß für Patienten nach einer Genitaloperation die Wiederherstellung körperlicher Nähe und Intimität — z. B. durch Ansehen und Berühren des veränderten Körpers durch den Partner — *für die Überwindung der Krise in ihrem körperlichen Selbstbild eine wichtige Rolle spielt.* Die durch eine Krankheit und die Veränderung des Körpers ausgelösten Ängste führen häufig zu einem *weitgehenden körperlichen Vermeidungsverhalten,* bei dem nicht nur auf Geschlechtsverkehr, sondern auch auf jede Form körperlicher Zärtlichkeit verzichtet wird. Vermeiden körperlicher Nähe bedeutet aber auch *Verzicht auf Geborgenheit und emotionale Nähe.* Das Vermeidungsverhalten kann dann sekundär zu zusätzlicher Angst und Depressivität führen. Bei manifesten Funktionsstörungen ist es in der Sexualberatung wichtig, den Patienten und ihren Partnern zu sagen, daß körperliche Empfindungen weiterhin erfahrbar sind, und sie zu ermuntern, darauf nicht zu verzichten.

c) Diabetes mellitus

Beim Diabetes mellitus ist vor allem bei Männern in einem hohen Prozentsatz längerfristig mit einer Beeinträchtigung ihrer sexuellen Funktionsfähigkeit zu rechnen (60). Wichtig ist jedoch zu wissen, daß eine diabetische Sexualstörung nicht in jedem Fall organisch bedingt und irreversibel sein muß. Es lassen sich *drei Formen von Sexualstörungen* unterscheiden (22):

— die *seltene passagere Erektionsstörung,* die im Zusammenhang mit akuten Stoffwechselentgleisungen auftreten kann;
— die *recht häufige chronische Erektionsstörung,* die unabhängig von Dauer und Kontrolle des Diabetes auftreten kann, und deren Ursachen in vaskulären Verschlüssen der Penisarterien und/oder einer nervalen Neuropathie der autonomen Nerven zu suchen sind;
— die *psychogene Erektionsstörung* als Ausdruck einer nicht geglückten Anpassung an die Krankheit.

In unserer Sprechstunde sehen wir sowohl Diabetiker mit einer organischen wie einer sekundär psychogenen Erektionsstörung. Für die Differentialdiagnose ist das Vorhandensein bzw. Fehlen nächtlicher und morgendlicher Spontanerektionen eine wichtige Information. Nicht selten habe ich den Einduck, daß eine partielle organische Impotenz durch psychogene Überlagerungen schließlich zu einem vollständigen Erektionsverlust führt. Welchen Anteil einerseits somatische und andererseits psychische Faktoren dabei haben, ist im Einzelfall schwer zu entscheiden.

Soll man jeden Diabetiker nach seiner Sexualität befragen? Diabetologen, die über viele Jahre alle ihre Patienten nach sexuellen Funktionsstörungen befragt haben, tendieren zu der Auffassung, daß dies nicht in jedem Fall sinnvoll sei (22). Bei manchen Patienten können wohlgemeinte und einfühlsam gestellte Fragen auch zusätzliche Ängste hervorrufen, welche die Verarbeitung der nicht nur die Sexualität betreffenden Krankheitsfolgen erschweren können. Ich bin der Meinung, daß die Frage nach der Sexualität bei einem Diabetiker nicht als Routinefrage gestellt werden darf, wie z.B. Fragen nach der Einhaltung der Diät und nach der Einnahme der verordneten Medikation. Der Diabetes ist hinsichtlich seiner Auswirkungen auf die sexuelle Funktionsfähigkeit vor allem beim Mann eine unberechenbare Krankheit. Die Angst vor einer irreversiblen Erektionsstörung kann man nicht durch permanentes Fragen verhindern, ob sie schon eingetreten sei. Bei länger dauernder Behandlung werden es jedoch die meisten Patienten als hilfreich empfinden, wenn sich der Arzt auch einmal nach ihrem Sexualleben erkundigt und ihnen Fragen beantworten und einen Ratschlag geben kann.

d) Koronare Herzkrankheit und Herzinfarkt

Parallel zum Anstieg der sexuellen Erregung steigt beim Geschlechtsverkehr die Herz- und Atemfrequenz an, um beim Orgasmus Werte von 110-180 pro Minute (Herzfrequenz) bzw. 40 pro Minute (Atemfrequenz) zu erreichen. Auch der Blutdruck steigt bis zum Orgasmus systolisch um 20 bis 60, diastolisch um 10 bis 20 mm Hg (41). Auch wenn Herz und Kreislauf nicht direkt die Funktion der Genitalorgane beeinflussen, so soll die Frage, ob sich Patienten mit einer koronaren Herzkrankheit oder nach einem Herzinfarkt am besten jeder sexuellen Aktivität enthalten sollen, um nicht eine Überlastung ihres Herz-Kreislauf-Systems zu riskieren, in diesem Abschnitt besprochen werden. Diese Frage spielt für die Sexualberatung in der ärztlichen Praxis eine wichtige Rolle. *Mehr als die Hälfte aller Herzinfarkt-Patienten, die nach einer entsprechenden Behandlung und Rehabilitation beschwerdefrei und leistungsfähig sind, geben — auch im jüngeren bis*

mittleren Lebensalter — Libido- und Erektionsstörungen an (32). Diese Sexualstörungen sind *psychogen bedingt* und sind auf die Angst vieler Infarktpatienten
und ihrer Partner zurückzuführen, sexuelle Beziehungen könnten zu einer Ver-
schlechterung des Herzzustandes oder gar zum plötzlichen Tod während des Geschlechtsverkehrs führen.

,,Extreme Aggressivität, leicht auslösbare Feindseligkeit, das anhaltende Gefühl der Zeitnot und Rivalitätsverhalten'' (zit. n. 66, S. 21), werden als typische
prämorbide Persönlichkeitsmerkmale des späteren Infarktpatienten angesehen.
Nach dem Infarkt geraten die Patienten innerhalb ihrer Paarbeziehung nicht selten in eine ,,Pascha- oder Kindchenrolle'' (31), in der sie wie in einer Art Glas-
haus von jeder Belastung verschont bleiben sollen. Nicht nur der Patient und sein
Partner, sondern auch die meisten Ärzte neigen dazu, die körperlich-seelische Belastung beim Koitus zu überschätzen (32). Der Anstieg der Herz- und Atemfrequenz sowie des Blutdrucks beim Koitus entspricht der Wirkung einer fahrrader-
gometrischen Belastung von ca. 75 Watt (34). Diese Leistung entspricht im Alltagsleben einer Belastung, die man erbringen muß, wenn man eine Treppe hoch-
steigt oder raschen Schritts um einen Häuserblock geht (32). Diese körperliche
Leistung ist praktisch von jedem Patienten nach einem Herzinfarkt ohne jedes
Risiko zu erbringen. Wieviele Männer sterben aber wirklich an einem plötzlichen
,,Liebestod''?

Nach aller Erfahrung ist der plötzliche Herztod während des Geschlechtsverkehrs außerordentlich selten. Die einzige methodisch korrekt durchgeführte Untersuchung über den Tod beim Geschlechtsverkehr stammt aus Japan. Nach dieser Untersuchung ,,von 5.559 Fällen eines plötzlichen Todes ereigneten sich 34
während sexueller Aktivitäten, 18 der Verstorbenen hatten eine Herzerkrankung.
Von diesen 18 Todesfällen ereigneten sich 80 % während einer außerehelichen
Beziehung, 50 % in einem Hotelzimmer'' (87, zit. n. 32, S. 52).

Die sexuellen Schwierigkeiten von Herzpatienten — so läßt sich zusammenfassend sagen — *sind psychogener Natur.* Sie sind Ausdruck einer Kombination von
Leistungsdruck, Versagens- und Todesangst. Die körperliche Belastung beim Geschlechtsverkehr ist so gut wie allen Patienten nach einem Infarkt ohne jedes Risiko zuzumuten. Die Sexualberatung von Herzpatienten und ihren Partnern sollte sich nach einer Aufklärung über die körperliche Belastung vom Koitus vor allem auf die Besprechung und den Abbau unbegründeter Ängste konzentrieren.
Das Leben als ,,Pascha'' oder ,,Kindchen'' ist auf die Dauer sicherlich wesentlich
belastender und gefährlicher als die Fortsetzung des gewohnten ehelichen Sexuallebens.

17.3 Psychosomatische Aspekte genitaler Infektionskrankheiten

Patienten, welche an rezidivierenden Infektionskrankheiten der Scheide oder
Harnröhre leiden und immer wieder wegen Flour, Schmerzen oder Mißempfindungen im Genitalbereich in die Sprechstunde kommen, bereiten dem Arzt nicht
selten diagnostisch wie therapeutisch einige Schwierigkeiten. Solange sich bei der
Abklärung Bakterien, Pilze und andere Erreger nachweisen lassen, bietet sich in
der Regel die Möglichkeit zu einer medikamentösen Therapie. Probleme entstehen dann, wenn der Patient trotz sachgerechter antibiotischer Behandlung immer

wieder mit denselben Beschwerden kommt und die Suche nach dem Erreger der Infektion einmal positiv, das andere Mal negativ ausfällt. Im folgenden möchte ich kurz drei Krankheitsbilder beschreiben, bei denen psychische Faktoren pathogenetisch bedeutungsvoll sind und in der Behandlung berücksichtigt werden sollten.

Bei *rezidivierenden Pilzinfektionen* der Scheide zeigen sich in der psychosozialen Anamnese nicht selten Beziehungskonflikte im sexuellen Bereich, wie das folgende kurze *Fallbeispiel zeigt.*

Eine 22jährige Patientin, die seit zwei Jahren mit ihrem gleichaltrigen Freund zusammenlebt, leidet seit mehreren Monaten an einer rezidivierenden Soorkolpitis. Bei einer konsiliarischen psychosomatischen Untersuchung äußert sie auf die Frage, welche Auswirkungen ihre Erkrankung auf ihre Partnerbeziehung habe: ,,Das Jucken und Brennen sowie der Ausfluß sind zwar unangenehm, aber wenigstens läßt mich mein Freund in Ruhe.'' Im Gespräch zeigt sich, daß sich die Patientin durch die sexuellen Bedürfnisse ihres Freundes überfordert fühlt, der jeden Abend mindestens einmal Geschlechtsverkehr mit ihr haben will. Sowohl im sexuellen Bereich wie auch in anderen Beziehungsbereichen hat sich die Patientin bisher weitgehend den Ansprüchen und Forderungen ihres Freundes angepaßt. Im Verlauf einiger Beratungsgespräche zeigt sich, daß sie sich von ihm dominiert fühlt und bisher nicht gewagt hat, ihm zu widersprechen. Nachdem sie einigemale die Erfahrung gemacht hat, daß der Freund ihre Meinung und Kritik durchaus respektieren konnte und auch im Sexualleben ein für beide Partner befriedigender Kompromiß gefunden werden konnte, bessert sich die Kolpitis nachhaltig.

Psychosomatische Symptombildungen bringen häufig in einer symbolhaften Körpersprache zum Ausdruck, was der Patient in Worten nicht ausdrücken kann, oder nicht auszudrücken wagt. Im geschilderten Beispiel scheint die genitale Infektionskrankheit der Patientin die *Funktion einer sexuellen Weigerung* zu haben. Dank ihrer Beschwerden konnte sie sich den sexuellen Ansprüchen ihres Freundes widersetzen, ohne ihm widersprechen zu müssen. Rezidivierende Pilzinfektionen als Symptom einer sexuellen Weigerung finden sich nach meiner Erfahrung vor allem bei jüngeren Frauen. Sie fühlen sich gelegentlich von seiten ihrer Partner sowohl in bezug auf die Frequenz des Geschlechtsverkehrs als auch hinsichtlich ihrer sexuellen Funktionsfähigkeit unter einem Leistungsdruck. Ängste, sexuell zu versagen, z. B. nicht zum Orgasmus zu kommen, und Hemmungen, sexuelle Ansprüche ihrer männlichen Partner teilweise zurückzuweisen, sind bei jüngeren Frauen ein nicht selten zu beobachtendes Phänomen. Infolge des häufig praktizierten Geschlechtsverkehrs entsteht in der Vagina durch die sexualphysiologischen Reaktionen ein feuchtes Milieu, welches die Entwicklung von Soorinfektionen begünstigt. Bei rezidivierenden Genitalinfektionen sollte deshalb auch an die Möglichkeit einer Störung im sexuellen Beziehungsbereich gedacht werden.

Beim *pseudoinfektiösen Syndrom* der Scheide klagen die Patientinnen über einen Fluor, wobei sich jedoch im reichlich vorhandenen Scheidensekret keine Erreger nachweisen lassen. Ursache dieser Überreaktion der Vaginalschleimhaut ist nach *Molinski* (117) eine ,,persistierende Lustphysiologie'', welche jedoch infolge einer Verdrängung der sexuellen Gefühle von der Frau psychisch nicht als sexuelle Sensation wahrgenommen wird. Der physiologische Zustand einer partiellen Erregung mit vermehrter Durchblutung und Sekretion wird also subjektiv nicht in seiner sexuellen Bedeutung erlebt. Vielmehr stehen Klagen über den

Fluor, gelegentlich auch pochende oder juckende Sensationen im Genitalbereich im Vordergrund der Beschwerdeschilderung. Im ausführlichen ärztlichen Gespräch zeigt sich dann oft recht deutlich die sexuelle Problematik. Die Patientinnen berichten, daß sie zwar orgasmusfähig seien — häufig haben sie sogar eine sehr niedrige Orgasmusschwelle, d. h. daß sie nur ein geringes Maß an sexueller Stimulation brauchen, um zum Orgasmus zu kommen —, den Höhepunkt jedoch als ,,schwach'', ,,neutral'' oder ,,oberflächlich'' und damit als unbefriedigend erleben. Nicht selten entwickelt sich aus dem pseudoinfektiösen Syndrom der Scheide sekundär eine echte Infektion. Die Sensationen im Genitalbereich veranlassen die Frau zu allerlei Manipulationen, wodurch leicht Erreger in das warme und feuchte Scheidenmilieu eingebracht werden und dort zu einer Infektion führen. Patientinnen mit chronischen Flourbeschwerden haben nicht selten abwechselnd positive bzw. negative bakteriologische Befunde. Bei dieser Symptomatik wird vermutlich viel zu selten an eine sexuelle Problematik als Teilkomponente des Krankheitsbildes gedacht.

Bei manchen Patienten, Frauen und Männern, äußert sich die sexuelle Erlebnisstörung in *urologischen Symptomen.* Die Symptomatik ist außerordentlich mannigfaltig und reicht von brennenden oder juckenden Sensationen am Genitale bis zum Harndrang, häufigem Wasserlassen und Schmerzen bei der Miktion. Vor allem der Juckreiz läßt zunächst an eine Infektion denken, welche jedoch bei genauer Abklärung nicht nachgewiesen werden kann. *Diederichs* (118) hat auf die Mannigfaligkeit der Symptomatik von psychosomatischen Miktionsstörungen hingewiesen und betont, daß dabei nicht nur abgewehrte sexuelle Ängste und Wünsche, sondern auch unbewußte aggressive Impulse oder Geltungsdrang eine Rolle spielen können. In dem Begriff *,,urethral-erotisches Syndrom''* (117) kommt zum Ausdruck, daß die Schleimhaut der Urethra analog zu der des Mundes, der Vagina oder des Afters eine erogene Bedeutung haben kann und bei atypischen Beschwerdebildern im Bereich der Urethra auch an eine sexuelle Symptomatik zu denken ist. Die Tatsache, daß die sexuellen Funktionsabläufe beim Koitus nicht gestört sind und der Patient in der Regel von sich aus nicht über eine sexuelle Unzufriedenheit klagt, erklärt, weshalb auch bei diesem Beschwerdebild die sexuelle Problematik oft verkannt wird.

17.4 Emotionale Nähe durch Körperkontakt bei schweren körperlichen Erkrankungen

Bei schweren körperlichen Erkrankungen, wie z. B. einem chronischen Nierenleiden, einer chronischen Polyarthritis oder einer fortschreitenden Krebserkrankung, werden die vielfältigen Ängste sowohl vom Patienten wie seinem Partner durch Verdrängung, Verleugnung oder Projektion abgewehrt. Ein gewisses Maß an Abwehr ist dabei notwendig, um mit der Krankheit leben und sich an ihre Auswirkungen anpassen zu können. Der Chronischkranke und sein Partner sind neben der somatischen Erkrankung durch *zwei Gefahren bedroht,* die ihnen das Leben mit der Krankheit zusätzlich erschweren: *Außerfamiliär durch eine gesellschaftliche Isolierung und Stigmatisierung und innerfamiliär durch eine emotionale Distanzierung und Vereinsamung.* Beide Belastungen können von den Betroffenen ohne Hilfe nur selten bewältigt werden. Bei der Sexualität von Chronischkranken geht es nicht um die Frage der sexuellen Funktionsfähigkeit. Den meisten Chronischkranken fehlt verständlicherweise jegliches Bedürfnis zum Geschlechtsverkehr. *Sie haben jedoch ein großes Verlangen nach körperlicher Nähe und Geborgenheit, nach Berührung, Verbunden- und Gehaltensein.* Zur Überwindung von emotionaler Isolierung reicht Beratung alleine meist nicht aus. Der Arzt hat hier jedoch die Möglichkeit, dem Patienten und seinem Partner selbst zu zeigen, wie man emotionale Nähe durch körperliche Berührung verwirklichen kann. Hierzu zwei Beispiele:

Beispiel 1: Ein 45jähriger Mann, der seit einem Jahr an einer myatrophischen Lateralsklerose (degenerative Erkrankung der motorischen Nervenzellen im Rückenmark mit Muskelatrophien und -lähmungen, die in den allermeisten Fällen innerhalb von drei Jahren zum Tode führen) leidet, kommt mit seiner zwei Jahre jüngeren Frau zur Untersuchung in die Neurologische Poliklinik. Nach dem Betreten des Zimmers und der Begrüßung des Arztes zieht er sich ohne Aufforderung aus und legt sich aufs Untersuchungsbett. Der Arzt beginnt mit einer eingehenden, ca. dreißig Minuten dauernden körperlichen Untersuchung, bei welcher die Ehefrau des Patienten neben dem Untersuchungsbett steht. Während der Untersuchung bewegt der Arzt die Arme und Beine des Patienten immer wieder hin und her, um die Kraft zu prüfen und das Fortschreiten der Erkrankung festzustellen. Diejenigen Muskelfunktionen, die seit der letzten Untersuchung unverändert erhalten geblieben sind, erklärt er dem Patienten während der Untersuchung ausführlich: Die Kraft in der rechten Hand ist so wie beim letzten Mal, als Sie hier waren . . ., der Umfang der Unterschenkelmuskulatur hat sich nicht verändert . . . Diejenigen Muskelfunktionen, die sich verschlechtert haben, erwähnt er nicht, läßt aber seine Hand wortlos einen kurzen Augenblick auf dem rechten Oberschenkel und dem linken Arm ruhen. Am Ende der Untersuchung fragt die Frau, welche die Untersuchung aufmerksam verfolgte, den Arzt: Herr Doktor, was kann ich für meinen Mann tun? Der Patient richtet sich langsam auf, schaut seine Frau an und sagt nach eine kurzen Pause: Kannst du mich so berühren und festhalten, wie es jetzt der Herr Doktor bei der Untersuchung getan hat?

Beispiel 2: Ich werde zu einer sterbenden 58jährigen Krebspatientin gerufen. Den Schwestern ist in den letzten Tagen aufgefallen, daß der Ehemann seine Frau zwar täglich mehrere Stunden besuchte, dabei aber stumm und wie versteinert in einer Ecke des Zimmers saß, während seine Frau mit schwerem Atem und geschlossenen Augen im Bett lag. Als ich das Zimmer betrete, spüre ich die leblose Rat- und Hilflosigkeit der beiden Partner. Ich muß mich am Bettende festhalten, um nicht in den Knien einzusacken. Nachdem ich mich etwas aufgefangen habe, nehme ich mir einen Stuhl, setze mich neben die schwerkranke Frau und ergreife schweigend ihre Hand. Nach einigen Minuten stehe ich auf, gehe zu dem Mann hin, ergreife seinen Arm und führe ihn ans Bett seiner Frau. Während wir beiden Männer am Bett sitzen, halte ich mit der einen Hand die Hand der Patientin, mit der anderen die ihres Mannes. Nach einer Pause beginne ich mit dem Mann ein Gespräch: Es ist für Sie sicherlich ebenso schwer wie für Ihre Frau, daß wir in dieser Situation nicht mehr helfen können. . . Auch für uns Ärzte ist es nicht leicht. . . Die weiteren Sätze sind mir nicht in Erinnerung geblieben. Hingegen ist in meiner Erinnerung noch sehr lebendig, wie der Mann langsam mit seinem Stuhl näher rückte, und ich schließlich seine Hand nahm und in die Hand der Frau legte. Beide fingen an zu weinen. — Einen Tag nach meinem Besuch starb die Frau. Ihr Mann saß, wie mir die Schwestern berichteten, an ihrem Bett und hielt ihre Hand, bis ihm eine ebenfalls anwesende Schwester die Hand auf die Schulter legte und ihn aus dem Zimmer führte.

Wir haben alle Angst vor körperlicher Nähe mit einem Menschen, von dem wir wissen, daß er in absehbarer Zeit sterben wird. Es fällt uns leichter, ihn mit Spritzen und Infusionsnadeln, Untersuchungsinstrumenten, Waschlappen und Bettdecken zu ,,berühren'' als mit unseren Händen. Wäre es für uns manchmal nicht auch eine Erleichterung, als Ärzte ein oder zwei Hände zu ergreifen und zu warten, was geschieht?

17.5 Die Bedeutung der sexuellen Erlebnismöglichkeit für körperlich Behinderte

,,Die Leute sollen sehen, daß wir Behinderten auch jemand sind und daß wir Sexualität genau so brauchen wie Nichtbehinderte'' (28, S. 23). Mit diesen Worten umschreibt eine junge Frau die sexuellen Probleme von körperlich Behinderten. Ich selbst habe in der Sexualberatung von körperlich Behinderten wenig eigene Erfahrung. Deshalb möchte ich aus der Arbeit von *Fuchs* (28) über das Sexualverhalten und die Partnerbeziehungen junger Körperbehinderter einige Gesichtspunkte berichten, die zeigen, wie Querschnittgelähmte, Menschen mit Mißbildungen und anderen körperlichen Behinderungen unter der Ignorierung ihrer sexuellen Bedürfnisse und der Tabuisierung ihrer sexuellen Probleme leiden. Zunächst einige Aussagen von Behinderten, die *Fuchs* eingehend über ihre sexuellen Wünsche und Schwierigkeiten befragte (28, S. 52-59):

— ,,Es sollte die Gelegenheit bestehen, mit jemand über Sexualität zu reden.''
— ,,Sexualität im Heim sollte etwas Natürliches sein. Direktion und Personal sollten uns entgegenkommen.''
— ,,Das Personal sollte bei der Selbstbefriedigung helfen.''
— ,,Der Freund stört sich an meinem Urinsäcklein. Wenn wir darüber sprechen, geht es dann.''
— ,,Es ist schwierig, weil wir beide behindert sind. Wir müßten jemanden fragen, um ins Bett gehen zu können. Das ist im Heim unmöglich, weil das sonst herumerzählt würde. Die Lösung wäre ein Doppelzimmer.''
— ,,Ich habe beim Geschlechtsverkehr keinen Orgasmus. Ich habe aber beim Geschlechtsverkehr große psychische Befriedigung, einfach ein gutes Gefühl.''
— ,,Diese Probleme sind nie ganz lösbar.''

Die sexuellen Probleme von Behinderten werden wahrscheinlich nie ganz lösbar sein. Sie wären aber zu vermindern, wenn wir Nichtbehinderten mit unserer Sexualität besser zurechtkämen. Dann müßten wir die Fragen von Behinderten nicht weiter mit der Bemerkung: ,,Du wirst ja doch nicht heiraten'' (28, S. 54) abweisen. Für die meisten, vor allem junge Körperbehinderte ist die Sexualität ein mehr oder weniger wichtiger Bestandteil ihres Lebens. *Fuchs* (28, S. 64) nennt verschiedene Gründe, welche die Behinderten in ihrer sexuellen Entfaltung einschränken können:

— behinderungsbedingte Einschränkungen der Sexualfunktion, die jedoch nur bei querschnittgelähmten Männern von zentraler Bedeutung sind;
— die gesellschaftliche Isolierung und Geringschätzung der Behinderten;
— Kommunikationsstörungen zwischen Behinderten und Nichtbehinderten;
— die Persönlichkeit des Behinderten selbst, dessen Hemmungen und mangelnde Initiative, die seine Beziehungslosigkeit mitbegünstigen können;
— die sexualfeindliche Einstellung von Eltern, Bekannten und Betreuern;
— die Lebenssituation in Heimen.

Eine Änderung der sexuellen Unzufriedenheit von Behinderten wird nur möglich sein, wenn sich Ärzte, Betreuer, Heimleiter und Behinderte zusammensetzen und über Lösungsmöglichkeiten miteinander sprechen. Der Abbau der sprachlichen Barrieren ist eine erste Voraussetzung dafür, daß die Information und Sexualberatung von Behinderten verbessert werden können. Viele Behinderte wünschen sich Hilfe von Drittpersonen beim Geschlechtsverkehr oder bei der Selbstbefriedigung (28, S. 65). Können wir die Bitte nach einer solchen Hilfe weiterhin überhören?

17.6 Medikamentös bedingte sexuelle Störungen

Bei der Besprechung der organischen Ursachen sexueller Funktionsstörungen wurde schon auf die hemmende Wirkung von verschiedenen Medikamenten hingewiesen (vergleiche Kapitel 3.1). Für die Beurteilung einer medikamentös bedingten sexuellen Störung gilt in ganz besonderer Weise, daß der somatische und psychische Anteil im Einzelfall recht schwierig abzuschätzen ist. Ich möchte hier noch kurz auf die *Wirkung von Alkohol und Antihypertonika* eingehen, da Kollegen in der Praxis vor allem mit diesen Fragen häufiger konfrontiert werden. Wie beim Diabetes und bei Herz- und Kreislauferkrankungen sind es vor allem Männer, die durch den längeren Konsum von Alkohol und Drogen und die Einnahme von Medikamenten in ihrer sexuellen Appetenz und ihrer Erektionsfähigkeit beeinträchtigt sind.

Pharmakologisch läßt sich die Sexualität auf vier Ebenen beeinflussen (39): Im zentralen Nervensystem durch eine *Beeinflussung sexueller Bewußtseinseindrücke und sexueller Motivation.* Auf einer zweiten Ebene kann z. B. durch Psychopharmaka auf die *reflexartigen Reaktionen* auf sexuelle Stimuli und Reize eingewirkt werden, die ebenfalls über das zentrale Nervensystem verlaufen und in ihren physiologischen Strukturen noch weitgehend unbekannt sind. Die dritte Ebene betrifft die *peripheren nervösen Vorgänge,* welche z. B. Erektion und Ejakulation steuern. Schließlich können die *effektorischen Organe* der neuralen Regulation wie Gefäße, Corpora cavernosa und die glatte Muskulatur des Samenleiters, der Samenblase und der Prostata beeinflußt werden. Dieser Mechanismus ist vor allem für Medikamente bekannt, die auf die Neurotransmitter einwirken. Für die meisten Medikamente gilt, ,,daß man ihnen in Bezug auf die Sexualität weder Gutes aber auch nicht von vorneherein Schlechtes nachsagen kann'' (39, S. 234). D. h. daß über die Art und die Wirkungsweise vieler Medikamente noch manche Fragen offen sind.

Alkohol: Alkohol wirkt sowohl direkt auf die Genitalorgane wie indirekt auf die sexuelle Erregbarkeit und Reaktionsfähigkeit. Die *akute Alkoholvergiftung* vermindert in Abhängigkeit vom Blutalkoholspiegel die sexuelle Reaktionsfähigkeit. Ab einem Blutspiegel von 0,4 bis 0,5 ‰ wird die Erektionsfähigkeit gehemmt, ab ca. 1,0 ‰ ist sie meist total aufgehoben (39, S. 326). Beim *chronischen Alkoholismus* kommt es zusätzlich zu diesen Effekten häufig zu einer Endokrinopathie. In der Leber werden vor allem die auch beim Mann vorhandenen Oestrogene nicht genügend abgebaut und damit ausgeschieden. Als Folge kann es zu einer Gynäkomastie und ,,Bauchglatze'', in jedem Fall aber zu einer Einschränkung der Leydigzellfunktion in den Hoden kommen. *Geringe Alkoholdosen* wirken dagegen sexuell eher stimulierend. Versagens- und Erwartungsängste werden vermindert, Hemmungen werden abgebaut und die üblichen sozialen Schranken leichter durchbrochen. In welchem Ausmaß sich die geschilderten Wirkungen im Sexualverhalten eines einzelnen Alkoholikers zeigen, hängt noch von vielen anderen psychosozialen Gegebenheiten ab.

Antihypertonika: Ungefähr 20 % der Bevölkerung in den zivilisierten Ländern leiden unter einem Bluthochdruck. Entsprechend verbreitet ist die Einnahme von Medikamenten, die den Blutdruck senken können. Die Wirkung der Antihypertonika auf die Sexualität hängt mit ihrer *antisympathikotonen Funktion* zusammen (39, S. 327). Sie können *zentrale Sedierung, Schlafstörungen, Verwirrtheitszustände und Depressionen* hervorrufen und damit sekundär die sexuelle Appetenz hemmen. Vor allem vom Reserpin sind solche Nebenwirkungen bekannt. *Periphere Wirkungen* haben Guanethidin, Methyldopa und Clonidin. Bei ungefähr einem Drittel der mit diesen Medikamenten behandelten Patienten kann es zu einer Hemmung der Erektion und Ejakulation oder infolge eines mangelhaften Verschlusses des Blasensphinkters zu einer retrograden Ejakulation kommen (39, S. 327). Bei manchen Patienten, bei denen medikamentös bedingte Sexualstörungen auftreten, kann durch die Wahl einer anderen Medikation die sexuelle Funktionsfähigkeit wieder gebessert werden. Gelegentlich wird dem Arzt keine andere Möglichkeit bleiben, als den Patienten und seinen Partner zu beraten, wie sie mit der Beeinträchtigung ihres Sexuallebens am besten fertigwerden können. Nähere Einzelheiten über die Wirkung einzelner Medikamente auf die Sexualität können auch einer Übersichtsarbeit von *Lauritzen* (122, 123) entnommen werden.

18 Sexualität und psychische Krankheit

18.1 „Normales" und abweichendes sexuelles Verhalten

In den vorangegangenen Kapiteln sind wir immer wieder auf das Phänomen gestoßen, daß Sexualität oder genauer sexuelle Betätigung als schädlich angesehen wird: Kindern wurden und werden auch heute noch sexuelle Spielereien verboten aus Angst, ihre Entwicklung könne Schaden nehmen, wenn sie ihre Genitalien zu intensiv berühren. Von der Schädlichkeit der Selbstbefriedigung sind auch heute noch viele Menschen überzeugt, obwohl ihnen die Masturbation keine Schmerzen, sondern Lust bereitet. Die unbeschwerte Aufnahme heterosexueller Beziehungen in der Adoleszenz kann nicht nur zum „Dauerschaden" eines ungewollten Kindes führen, sondern — so die Meinung vieler Erwachsenen — die Beziehungsfähigkeit von Jungen und Mädchen in Frage stellen. Nach der Heirat ist es weniger die sexuelle Betätigung, die als potentiell schädlich angesehen wird, als vielmehr die sexuelle Inaktivität, die zu Ehekrisen, Trennung und Scheidung führen kann. Auch sexuelle Phantasien und außereheliche sexuelle Beziehungen werden als potentiell schädlich angesehen. Schließlich wird körperlich Kranken zu sexueller Enthaltsamkeit geraten, da man ihnen die „Anstrengungen" sexueller Kontakte nicht zumuten möchte.

Gerade an der Frage der Schädlichkeit sexueller Betätigung wird deutlich, daß ein Verständnis von Sexualität, das sich nur auf sexuelles Verhalten beschränkt, zu einer oberflächlichen Betrachtung und Beurteilung der Sexualität führt. Daß das Sexualverhalten zur Sexualität gehört, daran zweifelt niemand. Daß aber Sexualität ebenso ein Erlebnisbereich ist (vergleiche Kapitel 4), der für die Psyche des Menschen eine wichtige Rolle spielt, diese Vorstellung ist uns noch wenig vertraut. Das Erleben von Empfindungen, Gefühlen, Phantasien ist die intrapsychische und interpersonelle Dimension der Sexualität, die ebenso wichtig ist wie das sexuelle Handeln.

Wir haben uns bisher in diesem Buch überwiegend mit der Wechselbeziehung von sexueller Funktionsfähigkeit und psychischem Erleben befaßt und dabei gesehen, daß diese beiden Aspekte in einem komplementären Interaktionszirkel zueinander stehen: *Eine sexuelle Funktionsstörung kann ebenso Ursache wie Folge einer Erlebnisstörung sein.* Die Wechselbeziehung zwischen diesen beiden Faktoren ist nicht linear-kausal, sondern zirkulär, d. h. daß der somatische und psychische Anteil der Sexualität eine Einheit bilden. Sexualität als eine psychosomatische Funktionseinheit und sexuelle Störungen als Symptome einer Störung im körperlich-seelischen Gleichgewicht: diese Vorstellung wird dem Phänomen Sexualität wohl eher´gerecht als eine einseitige Betrachtungsweise einzelner Elemente dieses Wechselspiels.

Vielleicht haben Sie bis zu diesem Punkt gegen meine Auffassung und Argumentation nichts Grundsätzliches einzuwenden. Wenn ich jedoch das heiße Eisen *Homosexualität* anfasse, dann befürchte ich, daß einige von Ihnen vieles von dem, was ich über Sexualität, sexuelle Störungen und Sexualberatung bis jetzt gesagt habe, wieder in Frage stellen. Es wäre für mich einfacher, mich an diesem Thema vorbeizudrücken mit dem Hinweis, Schwierigkeiten von Homosexuellen spielten in der ärztlichen Praxis keine Rolle. Die einzigen, die sich damit zu befassen hätten, seien Psychiater und Psychotherapeuten. Können diese mit der Sexualität und sexuellen Schwierigkeiten besser umgehen als ihre somatischen Kollegen? In der Regel sind sie ebenso hilflos und ratlos, wenn einer ihrer Patienten sie um einen Rat wegen sexueller Probleme bittet. *Das Thema Sexualität wird in der Psychiatrie und Psychotherapie ebenso tabuisiert wie in der somatischen Medizin.* Dies gilt auch — und ich möchte beinahe sagen — in besonders eindrücklicher Weise für die Psychoanalyse, die zwar alle möglichen Theorien über die Rolle der Sexualität in der Entwicklung des Menschen oder der Entstehung von Neurosen entwickelt hat, aber mit dem Phänomen Sexualität ebenso einseitig umgeht wie konfessionelle Moralapostel, die den Zeigefinger heben, wenn sich das Glied im falschen Augenblick regt. Vielleicht war es notwendig, daß die Psychoanalyse als Gegengewicht zur Verhaltensideologie der traditionellen Sexualmoral das Augenmerk vor allem auf das intrapsychische Element der Sexualität richtete. Sie hat aber dadurch eine sehr einseitige Einstellung zum sexuellen Verhalten eingenommen, indem sie die Frage, was normales bzw. abweichendes sexuelles Verhalten ist, überwiegend durch die Brille des psychischen Haushaltes betrachtet hat. Die ,,Dampfkesseltheorie der menschlichen Sexualität'' (63, vergleiche Kapitel 4.2) ist Bestandteil einer allgemeinen Haushaltsideologie der Sexualität, in der im Gegensatz zur moralistischen Verhaltensideologie alles Platz hat, was sich im sexuellen Erleben abspielt. Es ist sicherlich das Verdienst der Psychoanalyse, daß uns heute homosexuelle, exhibitionistische oder fetischistische Verhaltenweisen nicht mehr so fremd und unverständlich sind. Aber an unserer Abneigung gegen Homosexuelle, Exhibitionisten oder Fetischisten hat diese vermehrte Einsicht wenig geändert.

Ich will ehrlich sein: Auch ich verspüre nach wie vor ,,komische Gefühle'', wenn ein Patient mit Problemen zu mir kommt und mir erzählt, er finde seine sexuelle Zufriedenheit in einer homosexuellen Beziehung. Ich fühle mich irgendwie hilflos und ratlos, weil mir diese Form der Sexualität unvertraut ist. Auch ich bin nicht frei von Tendenzen, diese Sexualität im Gegensatz zu meiner eigenen als krankhaft abzugrenzen, mich davor zu schützen. Ich laufe dann Gefahr, mich mit den eigenen Vorurteilen des Patienten zu verbünden und seine Homosexualität als etwas anzusehen, was man vielleicht behandeln sollte. Wenn es uns gelingt, uns von der Vorstellung zu lösen, wir müßten einen Menschen deshalb behandeln, weil er homosexuell sei, dann wird es uns eher gelingen, auch Menschen in Schwierigkeiten zu beraten, deren sexuelles Verhalten nicht dem unsrigen entspricht. *Morgenthaler* (47, S. 333) ist zuzustimmen, wenn er sagt: ,,Die Annahme, daß eine gleichgeschlechtliche Partnerwahl bereits ein Symptom darstelle, daß die Homosexualität an sich ein Individuum psychisch krankmache, ist eine Unterstellung. Die Erfahrung der Menschen aller Kulturen zeigt, daß Homosexualität eine immer und überall vorkommende, ernstzunehmende Ausformung des menschlichen Sexuallebens sein kann. Nur unter bestimmten gesellschaftlichen Bedingungen wird Homosexualität zu einer Krankheit hochstilisiert. Für die Perversionen gilt dasselbe. Die Annahme, daß beispielsweise Fetischismus und

Transvestitismus als solche zur Psychopathologie des menschlichen Seelenlebens gehören, wird durch zahlreiche Bräuche und Institutionen in Gesellschaften uns fremder Kulturen widerlegt.''

Diese offene Einstellung gegenüber einem uns nicht vertrauten, als abweichend erlebten sexuellen Verhalten ist notwendig, wenn man Homosexuelle oder sexuell Deviante nicht nur verurteilen, sondern ihnen helfen will. *Morgenthaler* (47, S. 364) fordert mit Recht, daß Homosexuelle vom Ratgebenden oder Therapeuten soviel Entgegenkommen beanspruchen können, ,,daß sie als Homosexuelle so gesund wie möglich, und nicht so krank, wie möglich, beurteilt werden''. Wenn wir als Ärzte die Vorstellung haben, Homosexuelle von ihrer Homosexualität heilen zu wollen, oder sie sogar heilen zu können glauben, dann können wir ihnen in den meisten Fällen nicht helfen. Wo liegen die Aufgaben und Möglichkeiten des Arztes in der Beratung von Homosexuellen und Menschen mit sexuell abweichendem Verhalten? Sie liegen *nicht* in der Infragestellung und Behandlung des sexuellen Verhaltens. Wenn ein Homosexueller mit dieser Erwartung in Ihre Sprechstunde kommt, dann helfen Sie ihm am meisten, wenn Sie versuchen, ihn für eine Psychotherapie zu motivieren. Er leidet an einer Identitätskrise, die man durch noch so wohlgemeinte Ratschläge nicht lösen kann. Liegen die Schwierigkeiten jedoch darin, daß ein Homosexueller in einer aktuellen Lebenssituation in eine Krise gerät, weil er mit den Erwartungen und Vorwürfen der Umgebung und seinen dadurch beeinflußten Gefühlen nicht fertig wird, dann kann man ihm durch Beratung sehr wirkungsvoll helfen. Ein *Beispiel* soll dies verdeutlichen:

Ein 56jähriger Kaufmann kommt mit seiner Frau in die Sprechstunde und berichtet, seine Ehe stehe kurz vor dem Scheitern. Schuld daran seien seine homosexuellen Neigungen, die er jahrelang unter Kontrolle gehabt habe, die ihn jedoch so belasten würden, daß er kein Bedürfnis mehr habe, mit seiner Frau sexuelle Beziehungen zu haben. Vor seiner Heirat hatte er mehrere kurzdauernde homosexuelle Beziehungen, von denen er seiner Frau jedoch vor der Eheschließung offen berichtet hatte. Die Ehe war bisher ohne allzu große Krisen geblieben. Das Paar hatte vier Kinder, von denen sich das jüngste, ein 19jähriger Sohn, anschickte, als letzter das Elternhaus zu verlassen, um in einer anderen Stadt zu studieren. Es zeigte sich im Gespräch recht schnell, daß die bevorstehende Ablösung des Sohnes und nicht die homosexuellen Neigungen des Mannes der Auslöser für die jetzige Ehekrise war. Die Frau hatte ihrem Mann wiederholt mitgeteilt, daß sie sich eigentlich freue, jetzt wieder mehr Zeit für ihn und ihre gemeinsame Beziehung zu haben. Vor dieser Annäherung seiner Frau hatte der Mann jedoch Angst. Er hatte Phantasien, die Erwartungen seiner Frau sowohl in der gemeinsamen Freizeit wie im sexuellen Bereich nicht erfüllen zu können. Die Angst zu versagen führte zu einer Wiederbelebung seiner Schuldgefühle gegenüber seinen homosexuellen Neigungen. Durch das Besprechen der Ablösungsproblematik gelang es, dem Ehepaar in vier Beratungsgesprächen zu helfen, die bevorstehende Zeit ihrer Zweisamkeit im Alter konkreter und hoffnungsvoller zu sehen. Die homosexuellen Tendenzen des Mannes änderten sich dadurch selbstverständlich nicht. Aber das Problem Homosexualität konnte von der Sündenbock-Funktion befreit werden, so daß der Mann seine homosexuellen Neigungen nicht mehr als Bedrohung für seine Ehe erlebte.

In der Beratung von Homosexuellen und Menschen mit sexuell abweichendem Verhalten geht es nicht oder nur am Rande um ihre sexuelle Andersartigkeit, sondern um die Bewältigung von Schwierigkeiten, die sich aus diesem Anders-Sein sekundär entwickeln können bzw. diesem Anders-Sein fälschlicherweise zugeschoben werden. Nähere Einzelheiten über Behandlungsmöglichkeiten von sexuellen Straftätern finden sich in einem Buch von *Schorsch* u. Mitarbeiter aus der Abteilung für Sexualforschung der Universität Hamburg (124). Darin werden sehr eindrücklich Erfahrungen und Ergebnisse einer über 10 Jahre reichenden Therapiestudie mit 86 Exhibitionisten, Pädophilen und sexuell aggressiven Männern mitgeteilt.

18.2 Sexuelle Beziehungsstörungen Schizophrener

Homosexualität und die Neigung zu übermäßiger Masturbation wurden bis vor wenigen Jahren als typische Besonderheiten der Sexualität Schizophrener beschrieben. Teilweise wurde sogar die Homosexualität als das zentrale Problem des Präschizophrenen und Schizophrenen angesehen (27). Aufgrund verschiedener Untersuchungen (6, 8, 11, 12, 25) läßt sich zum *Sexualverhalten von Schizophrenen* kurz zusammengefaßt heute folgendes sagen:

— spätere Schizophrene unterscheiden sich vor Beginn ihrer Erkrankung in ihrem Sexualleben nicht wesentlich von der Durchschnittsbevölkerung;
— Homosexualität und sexuelle Deviationen finden sich bei Schizophrenen nicht überdurchschnittlich häufig;
— homosexuelle Verhaltensweisen sind — sofern sie auftreten — Folge der tiefgreifenden schizophrenen Persönlichkeitsstörung und des insitutionellen Rahmens psychiatrischer Kliniken (getrenntgeschlechtliche Stationen), jedoch auf keinen Fall krankheitsspezifisch;
— schizophrene Störungen gehen sowohl beim Patienten wie auch bei seinem Partner häufig mit sexuellen Funktionsstörungen einher. Diese unterscheiden sich jedoch in ihrer Symptomatik nicht von sexuellen Störungen Nicht-Schizophrener;
— die sexuellen Störungen sind beim Schizophrenen auf eine Hemmung bzw. Enthemmung sexueller Triebimpulse zurückzuführen;
— nach Abklingen der Psychose sind viele Schizophrene sexuell wieder voll funktionsfähig.

Für die *Sexualberatung von Schizophrenen* und ihren Partnern sind vor allem zwei Aspekte von praktischer Bedeutung. Das häufig zu beobachtende *sexuelle Desinteresse* Schizophrener kann sowohl Ausdruck ihrer Krankheit als auch Folge der medikamentösen Behandlung sein. Von vielen Neuroleptika ist bekannt, daß sie bei längerer Anwendung zu Libidoverlust, Erektions- und Ejakulationsstörungen führen und so das Sexualleben Schizophrener in beträchtlichem Maße beeinflussen können (4, 125). Bei vielen Schizophrenen kann die medikamentöse Behandlung nach Abklingen der akuten psychotischen Symptome reduziert oder abgesetzt werden. *Medikamentös bedingte sexuelle Funktionsstörungen bessern sich häufig spontan nach Absetzen der Medikation.* Diese Information ist vor allem für Schizophrene wichtig, die während einer Krankheitsphase unter einer sexuellen Funktionsstörung leiden.

Der zweite Aspekt betrifft die Problematik eines die *Krankheitsphase überdauernden sexuellen Vermeidungsverhaltens.* Wie wir gesehen haben (vergleiche Kapitel 11.3), kann sexuelles Versagen zu Versagens- und Erwartungsangst und als Folge davon zu einem generellen sexuellen Vermeidungsverhalten führen. Dieses Vermeiden sexueller Beziehungen aus Angst vor Versagen findet man bei vielen gut remittierten Schizophrenen. Deshalb ist es wichtig, bei der langfristigen

Betreuung von Schizophrenen an diese mögliche Fehlentwicklung und Fixierung einer sexuellen Symptomatik zu denken. Die Sexualberatung Schizophrener und ihrer Partner ist eine sehr wichtige und dankbare Aufgabe. Ich habe in vielen Fällen erlebt, wie ich durch ein bis zwei Beratungsgespräche die Paare zur Wiederaufnahme sexueller Beziehungen ermuntern konnte und die Verbesserung der sexuellen Beziehungen positive Auswirkungen auf weitere Bereiche der Paarbeziehung hatte.

18.3 Sexuelle Störungen bei affektiven Psychosen

Die Libidostörung des depressiven und die sexuelle Enthemmung des manischen Patienten sind weitgehend bekannte Erscheinungen endogener Depressionen oder manisch-depressiver Erkrankungen. Beim *Depressiven* sind der Libidoverlust oder eine Erektionsstörung Ausdruck einer umfassenden Antriebshemmung, welche den Depressiven in seinem Kontakt zur Umgebung behindert. Diese sexuellen Schwierigkeiten stehen aber selten im Vordergrund des Krankheitserlebens eines Depressiven. Hingegen kann die Klage über sexuelle Schuldgefühle oder Versündigungsideen gelegentlich im Vordergrund eines depressiven Syndroms stehen. Beim *manischen Patienten* kann eine sexuelle Überaktivität als Folge einer allgemeinen Enthemmung zu teilweise schwierigen Situationen führen. Das wahllose Eingehen sexueller Kontakte oder die Übersteigerung sexueller Bedürfnisse können zu unerwünschter Schwangerschaft, Ehekrisen oder auch zu Strafanklagen führen. Auch hier kann die sexuelle Störung zur im Zusammenhang mit der Symptomatik der Grundkrankheit gesehen und behandelt werden.

In der *Sexualberatung von Patienten mit affektiven Psychosen* spielen die beiden selben Gesichtspunkte eine Rolle, wie ich sie für die Beratung Schizophrener genannt habe. Auch Thymoleptika können zu medikamentös bedingten sexuellen Funktionsstörungen führen, die jedoch ebenfalls nach Absetzen der Medikation wieder verschwinden (126). Die in der akuten Krankheitsphase akzeptierte sexuelle Inaktivität kann nach Abklingen einer Depression als Folge von Versagensangst und Vermeidungsverhalten weiter bestehen und den Patienten in seinem Selbstwertgefühl beeinträchtigen. Auch bei Depressiven sollte deshalb in der Nachbehandlung die Entwicklung der partnerschaftlichen Beziehung im Auge behalten werden, um bei allfälligen Fixierungen durch entsprechende Beratung zusätzlichen Fehlentwicklungen entgegenwirken zu können.

18.4 Sexuelle Verhaltensstörungen bei geistig Behinderten

Für geistig Behinderte ist es besonders schwierig, ihre sexuellen Bedürfnisse in ein Verhalten umzusetzen, das von ihren Bezugspersonen in der Familie oder im Heim akzeptiert wird. Ist die Behinderung so stark, daß der Behinderte seinen Lebensunterhalt nicht verdienen kann und auf Betreuung angewiesen ist, so ist er auch nicht in der Lage, eine heterosexuelle Beziehung einzugehen. Er ist dann zur Befriedigung seiner sexuellen Impulse auf genitale Spielereien und Selbstbefriedigung angewiesen. Schwierigkeiten können dann entstehen, wenn die Betreuungspersonen am Masturbationsverhalten der Behinderten Anstoß nehmen und versuchen, durch disziplinierende Maßnahmen das sie störende Verhalten zu unterbinden. Hierzu ein *Beispiel:*

Ein 22jähriger schwer geistig behinderter junger Mann wird von seiner Mutter in die Sprechstunde gebracht. Als Folge einer in den ersten Lebensmonaten durchgemachten Meningitis ist er imbezill. Er konnte nur eine Behindertenschule besuchen und geht jetzt tagsüber in eine Behinderten-Werkstätte. Rolf wohnt ebenso wie sein drei Jahre älterer Bruder und seine drei Jahre jüngere Schwester zuhause bei seinen Eltern. Sein Vater ist Lehrer, die Mutter Hausfrau. Die fünfköpfige Familie bewohnt ein Einfamilienhaus am Rande der Stadt. Die Mutter berichtet, daß Rolf während der Kindheit häufig und langdauernd mit seinem Glied gespielt habe. Seit dem 11. Lebensjahr zeige er eine Verhaltensweise, die sie, ihren Mann und die beiden anderen Kinder zunehmend störe. Rolf fasse sich mehrmals am Tage mit beiden Händen zwischen die Oberschenkel, reibe sich am Hoden und am Glied und beuge gleichzeitig rhythmisch seinen Oberkörper. Er habe ein großes Glied, so daß man die Erektion durch die Hosen sehen könne. Erst wenn er zum Samenerguß gekommen sei, höre er mit diesem Verhalten wieder auf. In den letzten Monaten empfindet die ganze Familie diese Art Selbstbefriedigung zunehmend als störend, da Rolf sie unvermittelt beim Essen am Tisch, bei Besuchen von Verwandten und in der Öffentlichkeit zeige. Sie hätten schon alles mögliche versucht, Rolf von der Selbstbefriedigung abzulenken, was jedoch bisher nicht gelungen sei. Rolf kann zwar sprechen, aber nur ganz einfache Fragen mit Satzbruchstücken beantworten. Immerhin äußert er, daß ihm die Selbstbefriedigung Spaß mache. Eine genaue Analyse der Situationen, in welchen er masturbiert, ergibt folgende Informationen: Das Masturbieren hat für Rolf einerseits die Funktion, die Aufmerksamkeit der Familie auf sich zu lenken, andererseits eine zu intensive Zuwendung ihm gegenüber zu unterbrechen. So masturbiert Rolf z. B. bei Verwandtenbesuchen und in der Öffentlichkeit immer dann, wenn er längere Zeit nicht angesprochen und beachtet wird. Die Masturbation mit den auffälligen Körperbewegungen führt dazu, daß sich seine Mutter ihm zuwendet und mit ihm das Zimmer verläßt bzw. in der Öffentlichkeit Gespräche mit Bekannten abbricht. Andererseits tritt dasselbe Verhalten auch bei den gemeinsamen Mahlzeiten zuhause auf, wenn sich Vater und Geschwister sehr intensiv um Rolf kümmern und mit ihm ein Gespräch führen wollen.

Dieses Fallbeispiel zeigt recht typisch die soziale Funktion des Masturbationsverhaltens: Rolf hat gelernt, mit der Masturbation seiner Umgebung mitzuteilen, wann er mehr oder weniger beachtet werden möchte. Die sexuelle Verhaltensstörung ist dabei nicht Ausdruck eines übermäßigen sexuellen Drangs, sondern ein sehr wirksames Kommunikationsmittel. In zwei Beratungsgesprächen mit der ganzen Familie gelang es, die Eltern und Geschwister zu einer Änderung ihres Verhaltens gegenüber Rolf zu bewegen. Einerseits empfahl ich, beim Essen Rolf weniger Beachtung zu schenken, andererseits bei Besuchen oder in der Öffentlichkeit Rolf früher als bisher zu beachten. Innerhalb von acht Tagen verminderte sich die tägliche Masturbationshäufigkeit von sechs auf null bis ein Mal.

Bei geistig Behinderten haben autoerotische Verhaltensweisen eine wichtige Kommunikationsfunktion. Sie können wie im geschilderten Fallbeispiel stellvertretend für verbale Äußerungen die Unzufriedenheit oder emotionale Überforderung eines Behinderten zum Ausdruck bringen. Für die *Beratung* ist es wichtig, nicht nur das individuelle Verhalten des Behinderten, sondern auch die Interaktion zwischen ihm und den Bezugspersonen genau zu explorieren. Wenn es gelingt, die soziale Funktion der sexuellen Verhaltensstörung zu erfassen, kann das Verhalten des Behinderten durch eine Verhaltensänderung der Bezugspersonen in vielen Fällen wirksam beeinflußt werden. Wie in einer Paarbeziehung sind auch innerhalb einer Familie die Verhaltensweisen der einzelnen Familienmitglieder interdependent, d. h. daß das Verhalten als ein kreisförmiges Wechselspiel zu betrachten ist, in welchem eine Handlung sowohl die Funktion einer Reaktion auf die Umgebung als auch einer Aktion zur Beeinflussung der Umgebung hat.

19 Sexuelle Ausbeutung und Gewalt

19.1 Formen sexueller Mißhandlungen

Es gibt verschiedene Gründe, weshalb die Thematik Sexualität und Gewalt in den letzten Jahren zunehmend in den Brennpunkt des öffentlichen Interesses gerückt ist. Dank der sexuellen Liberalisierung in den 60er und 70er Jahren werden heute heikle, bisher tabuisierte Themen der Sexualität offener und direkter diskutiert. Als negative Folgeerscheinung dieser Liberalisierung hat im Bereich der Pornographie eine Entwicklung stattgefunden, die man als *Brutalisierung der Sexualität* bezeichnen kann. Sexjournale, Videos und per Computer konsumierbarer, sog. Cyber–Sex, überbieten sich in Darstellungen sexueller Handlungen, in welchen Kinder und Frauen zu Objekten sexualisierter Aggression und Gewalt von Männern werden. Vergewaltigungen als Form der Kriegsführung und der systematischen psychischen Vernichtung von Menschen haben sich in jüngster Zeit in verschiedenen Kriegsgebieten ereignet. Die Schilderungen der Opfer solcher Verbrechen sind schockierend und dürfen nicht überhört werden.

Es ist das Verdienst u.a. der Frauenbewegung, daß sie auf diese Entwürdigungen und Mißhandlungen von Kindern und Frauen hingewiesen und sie zu einem Thema der öffentlichen Diskussion gemacht haben. Daß sexuelle Gewalterfahrungen nicht nur ein einmaliges Trauma sind, sondern längerfristig zu schwerwiegenden psychischen und psychosomatischen Krankheiten führen, zeigen neuere Untersuchungen aus dem Bereich der Psychiatrie und Psychosomatischen Medizin (152–155). Depressionen, Eßstörungen, chronische Schmerzerkrankungen, Sexualstörungen und Persönlichkeitsstörungen haben nicht selten ihren Ursprung in sexuellen Gewalterfahrungen in der Kindheit oder Jugendzeit. Sexuelle Ausbeutung findet jedoch nicht nur in extremer Form statt. Sie ereignet sich in alltäglichen Beziehungen zwischen Lehrern und Schülern, Ärzten bzw. Psychotherapeuten und Patienten, am Arbeitsplatz zwischen Vorgesetzten und Untergebenen und in Familien zwischen Eltern und Kindern. In der überwiegenden Zahl sind die Initianten und Täter solcher sexueller Übergriffe und Gewalthandlungen Männer und die Opfer Mädchen und Frauen.

Für Ärzte und Psychotherapeuten ist diese Thematik in verschiedener Hinsicht von Bedeutung. Zum einen erleben sie gelegentlich in der Behandlung von Patienten bei sich selbst erotische Phantasien und Wünsche oder nehmen diese von Seiten der Patienten ihnen gegenüber wahr. Zum anderen werden sie in Behandlungsfällen immer wieder mit akuten oder längerfristigen Folgeerscheinungen von sexuellen Gewalterfahrungen konfrontiert. Fragen des Umgangs mit eigenen sexuellen Phantasien gegenüber Patienten und der Behandlung sexuell mißbrauchter Kinder und Frauen wurden bisher in der Ausbildung und in Therapiesupervisionen vernachlässigt. Die Ignorierung dieser Phänomene dürfte mit dafür verantwortlich sein, daß in Beziehungen zwischen Therapeuten und Patienten immer wieder sexuelle Übergriffe stattfinden. Bevor ich auf einzelne Aspekte der sexuellen Ausbeutung und Gewalt näher eingehe, scheint mir die Klärung einiger Begriffe und Abgrenzungen wichtig.

Sexuelle Belästigung

Sie findet vor allem in Arbeitsbeziehungen zwischen Vorgesetzten und Untergebenen statt und kann in folgender Weise definiert werden (156, S. 11): „Als sexuelle Belästigung wird ein verbaler Ausdruck oder physisches Verhalten oder jedes visuelle Vorgehen bezeichnet, das die Würde oder physische und psychische Integrität des Menschen verletzen kann". Sexuelle Belästigung kann unterschiedliche Formen annehmen: Lästige Blicke, sexistische Sprüche, vulgäre und peinliche Kommentare, Aufhängen oder Verwenden von pornographischem Material, Berührungen, anzügliche Aufforderungen, Annäherungsversuche mit gleichzeitigem Versprechen von Belohnung oder Androhen von Repressalien.

Sexuelle Belästigung bewirkt oder bezweckt die Schaffung eines feindseligen oder einschüchternden Arbeitsklimas für die betroffene Person, schränkt ihre Freiheit ein, gefährdet ihre Stelle, zieht Repressalien oder Vorteile für das Opfer nach sich, das diese Aufforderungen ablehnt oder akzeptiert, und verletzt ihr Recht auf Gleichstellung am Arbeitsplatz.

Sexuelle Belästigungen am Arbeitsplatz finden häufig statt. In einer repräsentativen Umfrage bei Arbeitnehmerinnen des Kantons Genf gaben 59% der befragten Frauen an, im Verlauf der letzten zwei Arbeitsjahre sexuelle Belästigungen erlebt zu haben. 87% der Belästigten gaben an, dieses Verhalten mehrmals erlitten zu haben (156).

Männer reagieren auf Vorwürfe, sexuell belästigende Äußerungen oder Handlungen begangen zu haben, in der Regel mit bagatellisierenden Erklärungen. Von seiten der Betriebsleitungen größerer Unternehmen wurde das Problem bis in jüngster Zeit nicht wahr – bzw. ernstgenommen. Erst langsam setzt sich die Überzeugung durch, daß das Thema sexuelle Belästigung ein fester und regelmässiger Bestandteil innerbetrieblicher Weiterbildung sein sollte.

Sexuelle Ausbeutung, sexueller Mißbrauch

Der Begriff *sexuelle Ausbeutung* hat in den letzten Jahren immer mehr denjenigen des *sexuellen Mißbrauchs* ersetzt. Das Wort Mißbrauch impliziert vom Sprachlichen her, daß es auch einen (sexuellen) Gebrauch – von Kindern, von Patienten – gibt. Der Begriff sexuelle Ausbeutung ist auch deshalb vorzuziehen, weil darin die Komponenten der Macht und der Unterdrückung enthalten sind (157). Im Hinblick auf die Abgrenzung zwischen Zärtlichkeit und Ausbeutung besteht heute ein Konsens dahingehend, daß die Grenze da zu ziehen ist, wo die Bedürfnisse, die befriedigt werden sollen, die des Erwachsenen oder – im Falle der Ausbeutung in therapeutischen Beziehungen – des Therapeuten sind und nicht die des Kindes bzw. des Patienten (158,159). Findet die sexuelle Ausbeutung innerhalb der Familie, zwischen Eltern und Kindern oder zwischen Geschwistern statt, spricht man von *Inzest*.

Angaben über die Häufigkeit sexueller Ausbeutung in verschiedenen Beziehungskonstellationen korrelieren stark mit der Operationalisierung des Phänomens in der jeweiligen Untersuchung. *Finkelhor* (zit. nach 160) schlägt für die Abgrenzung verschiedener Formen der sexuellen Ausbeutung folgende *Kategorien* vor:

– Versuchter, simulierter oder vollzogener Geschlechtsverkehr.
– Streicheln der Genitalien des Opfers durch den Täter einschließlich oraler Kontakte.
– Zeigen der Genitalien durch den Täter.
– Sexuelles Berühren, Umarmen oder Küssen.
– Schockierende sexuelle Angebote durch den Täter.

Wie schon erwähnt, findet sexuelle Ausbeutung in der Regel in *Vertrauensbeziehungen*, d.h. zwischen Eltern und Kindern, zwischen Geschwistern, zwischen Lehrern und Schülern sowie Therapeuten und Patienten statt. Auf die Häufigkeit sexueller Ausbeutung in den verschiedenen Beziehungskonstellationen soll an dieser Stelle nicht näher eingegangen werden (siehe hierzu 157–160). Generell kann jedoch gesagt werden, daß sexuelle Ausbeutung sehr viel häufiger stattfindet als gemeinhin angenommen wird.

Vergewaltigung und sexuelle Nötigung
Diese beiden Begriffe werden vor allem in Gesetzestexten und in der Rechtsprechung verwendet. Der Straftatbestand einer Vergewaltigung – früher auch als Notzucht bezeichnet – ist dann gegeben, wenn zwischen Täter und Opfer unter Gewaltandrohung oder -anwendung ein koitaler Kontakt stattfindet. Alle anderen Formen sexueller Gewalthandlungen werden juristisch unter dem Begriff der sexuellen Nötigung – früher Unzucht – zusammengefaßt. Das zentrale Kriterium ist hier die Gewalt, unter welcher sexuelle Kontakte erzwungen werden. *Godenzi* (161, 162) hat mit Recht nachdrücklich darauf hingewiesen, daß bei sexueller Gewalt weniger von *gewalttätiger Sexualität* auszugehen ist als vielmehr von sexueller *Gewalttätigkeit*. Das Phänomen der Gewalt ist hier das Entscheidende. Die Gewalt sucht sich den Bereich der Sexualität, um den Gewalteffekt zu erhöhen. Aus diesem Grund wird gelegentlich auch von „sexualisierter Gewalt" gesprochen. Wichtig dabei ist die Feststellung, daß diese Gewaltform Körper, Geist und Seele einer Frau zum Zwecke egoistischer Interessen des Täters zu besetzen versucht.

Sexuelle Gewalt hat in nahezu allen bekannten Gesellschaften einen traditionsreichen Platz. Sie gehört zur Reihe etablierter Umgangsformen, wo immer Männer auf Frauen stoßen. In den USA wird jährlich mit mindestens einer Viertelmillion Vergewaltigungen gerechnet. In der Schweiz gehen mittlere Schätzungen von 4 000 Vergewaltigungen im Jahr aus. Nicht erfaßt ist in diesen Statistiken die sexuelle Gewalt in der Ehe. Schätzungen des Bundeskriminalamtes in Wiesbaden liegen für den Bereich der alten Bundesländer in der Höhe von etwa 160 000 Fällen ehelicher Vergewaltigungen pro Jahr (zit. nach 161).

Ein gemeinsames Merkmal sexueller Gewalttaten ist, daß nur in etwa 10 % der Fälle Anzeige erstattet und nur in ca. 2 % die Täter verurteilt werden (161). Die

Gründe dafür, daß die Opfer sexueller Gewalterfahrungen so selten Anzeige erstatten, liegen einerseits in den unmittelbaren psychischen Folgen der Opfer (siehe Abschnitt 19.5) sowie den potentiell sekundär traumatisierenden Erfahrungen im Verlauf der polizeilichen und juristischen Ermittlungen und andererseits in der im Einzelfall oft großen Schwierigkeit oder Unmöglichkeit, die für eine Verurteilung der Täter erforderlichen eindeutigen Tatbeweise zu erbringen. Wird ein Täter mangels Beweisen freigesprochen, so bedeutet dies für das Opfer eine weitere Demütigung und Erniedrigung. Es ist zu hoffen, daß sich die Situation für die Opfer sexueller Gewalterfahrungen in den kommenden Jahren dank der in verschiedenen Ländern in Kraft getretenen Opferhilfe–Gesetze verbessert.

19.2 Sexuelle Phantasien und Übergriffe in der Therapie

Phantasien und Wunschvorstellungen sind Phänomene, welche in der Gedankenwelt jedes Menschen eine wichtige Rolle spielen. Ohne Phantasie würden wir in der aktuellen Konstellation unserer Beziehungen, unserer Arbeitssituation und unserer Freizeitgestaltung erstarren. Phantasien haben ein kreatives Potential im Hinblick auf Wandel und Veränderung unserer jeweiligen Lebenssituation. Erotik und Sexualität sind zentrale Themen von Phantasien. Ihr Stellenwert zeigt individuell und situativ grosse Schwankungen und sie variieren in ihren Bildern und Geschichten. Im Gegensatz zu sexuellen Verhaltensweisen sind sexuelle Phantasien nach wie vor stark tabuisiert. Das Gespräch darüber fällt den meisten Menschen schwer. Hemmungen und Schamgefühle sind Barrieren, hinter denen sich sexuelle Phantasien verbergen können, so daß sie von uns gar nicht oder nur rudimentär wahrgenommen werden.

Ich erinnere mich noch gut an ein Ereignis während meiner psychotherapeutischen Weiterbildungszeit, welches mir die Bedeutung erotischer Phantasien und die Verantwortung des Therapeuten für die Einhaltung von Distanz in einer therapeutischen Beziehung deutlich machte. Im Rückblick auf diese jetzt schon mehrere Jahre zurückliegende Erfahrung scheint es mir, daß es sich um eine jener Schlüsselerfahrungen handelt, welche mir die Bedeutung und Brisanz erotischer Aspekte in der Arzt-Patient-Beziehung nachhaltig vor Augen führte.

Eine damals Ende 30jährige Stewardess hatte wegen einer schweren Angsterkrankung bei mir eine tiefenpsychologisch orientierte Psychotherapie mit wöchentlich drei Sitzungen aufgenommen. Ihre seit mehreren Jahren unbefriedigende Ehebeziehung zu einem 10 Jahre älteren Piloten spielte, wie sich in der Behandlung schon bald zeigte, für die Entstehung und Psychodynamik der Angsterkrankung eine wichtige Rolle. Ihr Mann hatte immer wieder außereheliche Beziehungen, die sie sich selbst aus Gewissensgründen und mit Rücksicht auf ihre beiden Kinder versagte. Trotz des deutlichen Altersunterschiedes zu mir – ich war damals etwa 10 Jahre jünger als die Patientin – erlebte ich die Patientin schon nach wenigen Stunden der in sitzendem Setting durchgeführten Behandlung als recht attraktiv. Etwa in der 20sten Therapiesitzung berichtete sie mir über ein für sie erneut frustrierendes Wochenende mit ihrem Mann. In einer längeren Schweigepause, während der ich mir die Formulierung meiner nächsten Intervention überlegte, stand sie plötzlich von ihrem Stuhl auf, eilte auf mich zu, umarmte mich flüchtig und gab mir einen Kuß. Ich war konsterniert, fühlte mich überrumpelt und hilflos und war froh, daß die Patientin unmittelbar nach diesem für mich völlig überraschenden Coup das Therapiezimmer verließ. Ich brauchte einige Minuten, bis ich das Geschehene realisiert und die Fassung wieder gefunden hatte.

- Bei positivem Resultat:
  Wer soll ins Vertrauen gezogen werden und wie?
  Was ist in den nächsten Stunden und Tagen geplant?
  Wo sieht der Patient/die Patientin die Hauptschwierigkeiten?
  Präventives Verhalten ansprechen;
  versichern, daß emotionale Reaktionen in dieser Situation häufig sind;
  bekanntgeben, welche Beratungsstellen (im Notfall und generell) zur Verfügung stehen;
  weitere medizinische Betreuung besprechen;
  nächsten Gesprächstermin vereinbaren, um auf psychische Reaktionen eingehen zu können.

Eine Frage wird in der Diskussion um den HIV-Test immer wieder gestellt, ob nämlich die *Durchführung eines Tests zur Reduktion des Risikoverhaltens* beiträgt. Ergebnisse bisher vorliegender Studien zu dieser Frage deuten darauf hin, daß das Risikoverhalten unmittelbar nach der Durchführung der Untersuchung abnimmt, diese Abnahme aber wahrscheinlich durch andere Faktoren bewirkt wird als durch das Wissen um den eigenen Serostatus (191). In der Verlaufsstudie von *Sieber* (185) zeigte sich, daß rund 40 % der von ihm untersuchten Patienten 12 Monate nach der Testdurchführung die Safer-Sex-Regeln nicht konstant eingehalten hatten. Dies weist darauf hin, daß die präventive Wirkung eines Tests im Hinblick auf das weitere Sexualverhalten nicht überschätzt werden darf.

Zum Schluß dieses Abschnitts möchte ich noch kurz zu der Frage Stellung nehmen, wie man vorgehen sollte, wenn man bei einem verheirateten Patienten neu einen HIV-positiven Befund erhoben hat, der Patient aber seinen *Partner über diesen Befund nicht informieren will*. Ohne auf Einzelheiten der juristischen Sachlage einzugehen, bin ich der Meinung, daß ein Partner eines neu HIV-Infizierten das Recht hat, darüber informiert zu werden. Falls sich ein Patient konsequent weigert, entweder selbst seine/n Partner/in zu informieren bzw. mit ihr/ihm zu einem gemeinsamen Beratungsgespräch zu kommen, bin ich der Meinung, daß sich der Arzt bei der zuständigen Behörde von der ärztlichen Schweigepflicht entbinden lassen und den Partner informieren sollte. Dieser Schritt sollte aber nicht ohne Mitteilung an den Patienten und die Abklärung einer allenfalls möglichen suizidalen Kurzschlußhandlung erfolgen.

20.5 Begleitung HIV-infizierter und AIDS-kranker Menschen

Zwei persönliche Erfahrungen sollen abschließend andeuten, was für mich in diesem Bereich wichtig geworden ist. Für ausführlichere Informationen sei auf die Arbeiten von *Clement* (192) und *Zenz u. Zenz* (193) verwiesen. Während eines Studienaufenthaltes in den USA begegnete ich 1987 erstmals einem terminal kranken AIDS-Patienten auf der geschlossenen Abteilung einer Psychiatrischen Klinik. Er war wegen einer schweren chronischen Enzephalitis dorthin eingewiesen worden. Das Elend dieses jungen Menschen hat mich zutiefst erschüttert und das Bild, wie er in seinem Bett lag, ist mir bis heute noch vor Augen. Vielleicht deshalb, weil ich damals aus eigener Angst seine Hand, die er mir unvermittelt zustreckte, nicht ergreifen konnte, sondern mit einem Schaudern auf dem Rücken einen Schritt zurückwich. Der Kollege, der mich begleitete, gab dem Patienten seine Hand und verharrte wortlos einen kurzen Augenblick. Ich denke, daß er damit nicht nur dem Patienten geholfen hat, sondern auch mir. Nach diesem Erlebnis war es mir in den letzten Jahren leichter möglich, solche Hände zu ergreifen und für einen Moment intensiv mitzufühlen, was in jungen AIDS-kranken Menschen vorgehen mag.

Und eine zweite sehr persönliche Erfahrung: Ich betreue seit mehreren Jahren einen Mann mit einer Hämophilie, der Mitte der 80er Jahre anläßlich einer Bluttransfusion mit dem HIV-Virus angesteckt wurde. Im Zusammenhang mit der Abklärung eines Wunsches nach einer heterologen Insemination lernte ich auch seine Frau kennen. Das Ehepaar hat nach eingehender Auseinandersetzung mit der Kinderfrage zwei durch heterologe Insemination gezeugte Kinder. Der Patient ist inzwischen wegen einer chronisch aggressiven Hepatitis invalidisiert und nur noch beschränkt arbeitsfähig. Er beteiligt sich intensiv an der Erziehung seiner beiden Kinder. Im Eheleben der beiden Partner spielt die Sexualität keine zentrale, aber eine nicht unwesentliche Rolle. Auch diesem Patienten und seiner Frau verdanke ich viel für meine heutige Haltung gegenüber HIV-infizierten Menschen.

21 „Mißratene" Beratungen

21.1 Forciertes Explorieren

In meiner psychotherapeutischen Ausbildung habe ich aus eigenen Fehlern oder Fehlern von Kollegen einiges gelernt. Ich erinnere mich an ein Seminar über Paartherapie, in welchem der Leiter ein Videoband einer von ihm durchgeführten Paartherapie zeigte, bei der er in einseitiger Weise für die Frau Partei ergriff, die ihren Mann wegen wiederholten außerehelichen Beziehungen kritisierte. Der Mann wurde im Verlauf der Stunde immer stiller und erschien zur nächsten Therapiesitzung nicht mehr, so daß die Paartherapie abgebrochen werden mußte.

Auch in der Sexualberatung können dem Arzt unbeabsichtigt Fehler unterlaufen, welche die Patienten veranlassen, die Beratung abzubrechen. Mir scheinen vor allem *vier Konstellationen* typisch, die zum Abbruch oder Scheitern der Beratung führen können:

— die Überrumpelung des Patienten durch forciertes Explorieren,
— die Fehleinschätzung des sexuellen Symptoms,
— die einseitige Parteinahme,
— das verselbständigte Symptom.

Besonders wenn man unsicher ist und die eigene Unsicherheit nicht wahrnimmt, kann es sein, daß man bei der Sexualanamnese mit der Tür ins Haus fällt, d. h. durch zu eingehendes und detailliertes Fragen den Patienten so unter Druck setzt, daß er sich überrumpelt fühlt und die Beratung nach dem ersten Gespräch abbricht. Hierzu ein *Beispiel:*

Eine 25jährige hübsche junge Frau kommt in die Sprechstunde wegen fehlender sexueller Appetenz. Sie ist seit zwei Jahren mit einem gleichaltrigen Geigenbauer verheiratet und hat eine einjährige Tochter. Im Gespräch wirkt sie sehr gehemmt, andererseits scheint sie unter einem deutlichen Leidensdruck zu stehen. Auf meine eingehenden Fragen hin berichtet sie, daß sie im Elternhaus nicht aufgeklärt worden sei, 18jährig ihren jetzigen Mann kennengelernt und 22jährig ihn geheiratet habe. Vor der Heirat hatte sie beim Geschlechtsverkehr gelegentlich beim Einführen des Gliedes in die Scheide leichte Schmerzen. Nach der Heirat bestanden zunächst keine sexuellen Schwierigkeiten. Vor zwei Jahren wurde sie ungewollt schwanger. Während sie sich über die Schwangerschaft freute, wollte der Mann einen Schwangerschaftsabbruch, da er für die nächste Zeit die Eröffnung einer eigenen kleinen Geigenbau-Werkstatt vorhatte und dabei auf die Mithilfe seiner Frau hoffte. Die Frau konnte sich mit ihrem Kinderwunsch durchsetzen und gebar ohne Schwierigkeiten eine Tochter. Nach der Geburt trat bei ihr ein völliges sexuelles Desinteresse ein, welches zu Spannungen in der Ehe führte. Diese veranlaßten die Patientin, ihren Gynäkologen zu konsultieren, der sie in unsere Sexualmedizinische Sprechstunde überwies. Ich fand während des Gesprächs die Patientin sehr sympatisch und fühlte mich sehr engagiert, ihr bei der Überwindung ihrer Schwierigkeiten zu helfen. Nach dem Erstgespräch vereinbarte ich einen zweiten Termin für ein Gespräch mit dem Ehemann. Dieser rief mich kurz vor dem vereinbarten Termin an und sagte, seine Frau sei von dem ersten Gespräch bei mir so enttäuscht gewesen, daß sie nicht mehr kommen wolle. Meine Fragen habe sie als peinlich und bohrend erlebt, sie wolle sich nicht noch einmal zu einem Verhör unterziehen. Trotz einiger Bemühungen gelang es mir nicht, den Mann zu überreden, entweder allein oder mit seiner Frau noch einmal vorbeizukommen. So schlimm sei das Problem auch nicht und außerdem habe er keine Zeit.

Waren meine Fragen wirklich zu peinlich oder waren es andere Gründe, welche die Patientin veranlaßten, die Beratung abzubrechen? Nach dem Telefonanruf des Mannes wurde mir anhand meiner Enttäuschung über den Beratungsabbruch erst klar, wie sympathisch und attraktiv ich seine Frau beim ersten Gespräch erlebt hatte. Zuneigungsgefühle einem Patienten gegenüber, die vom Arzt nicht oder nur teilweise wahrgenommen werden, können zu einem zu intensiven Eingehen auf den Patienten führen. Der Arzt nimmt dabei jedoch — weil er mit seinen eigenen Gefühlen beschäftigt ist — die Gefühle und Reaktionen des Patienten zu wenig wahr, so daß sich der Patient schließlich überrumpelt fühlen kann. Psychoanalytisch würde man das intensive Fragen des Arztes als Ausdruck einer unkontrollierten positiven Gegenübertragung auf den Patienten ansehen. Durch das Fragen versucht der Arzt, die ihm unangenehmen Zuneigungsgefühle dem Patienten gegenüber zu verbergen. Schließlich erlebt der Patient den Arzt durch die Art seines Fragens aber doch als aufdringlich und zieht sich zurück.

Zuneigungsgefühle, besonders gegenüber gegengeschlechtlichen Patienten, sind nichts Ungewöhnliches. Es wäre für den Arzt sehr langweilig, wenn er alle seine Patienten gleich erleben und ihnen gegenüber ein stereotypes Verhalten zeigen würde. Wie können sich solche Zuneigungsgefühle äußern und wie soll der Arzt damit umgehen? Werden sie vom Arzt wahrgenommen, so kann er darauf achten, daß er in seinem Verhalten dem Patienten gegenüber weder zu liebenswürdig noch zu distanziert ist. Spürt er diese Gefühle nicht, so kann er sie möglicherweise indirekt aus anderen Gefühlen — Mitleid, Unsicherheit, Helferwille — oder aus seinem Verhalten — sehr kurzes oder sehr langes Gespräch, direktes oder allgemeines Fragen — wahrnehmen. Besonders zu Beginn einer beraterischen Tätigkeit ist es für einen Arzt wichtig, z. B. in einer Balintgruppe oder einer Supervision diejenigen Fälle besprechen zu können, bei denen ihm das Verhalten des Patienten irgendwie unerklärlich ist oder er in der Beratung nicht weiterkommt. Oft sind es unbewußte positive oder negative Gegenübertragungsgefühle des Arztes, die indirekt im Verhalten seines Patienten zum Ausdruck kommen.

21.2 Fehleinschätzung des sexuellen Symptoms

Wie wir gesehen haben, kann man aufgrund der sexuellen Symptomatik nicht ohne weiteres auf die auslösenden oder die Störung aufrecht erhaltenden Faktoren schließen. Auch bei großer Erfahrung muß man immer wieder feststellen, daß man eine sexuelle Problematik nicht richtig eingeschätzt und dem Patienten Ratschläge gegeben hat, die zum Abbruch der Beratung führen. Auch hierzu ein *Beispiel:*

Ein 16jähriges Mädchen wird von ihrer Kinderärztin überwiesen, da sie in der Beziehung zu ihrem 18jährigen Freund Schwierigkeiten hat. Sie schildert bei der Sexualanamnese einen intermittierenden Vaginismus, der ihre Freundschaft belastet und dazu geführt hat, daß der Freund an die Auflösung der Beziehung denkt. Die äußeren Umstände für eine ungestörte Atmosphäre beim Geschlechtsverkehr sind ungünstig. Die Eltern des Freundes erlauben nicht, daß die beiden Jugendlichen im Zimmer ihres Sohnes miteinander schlafen, die Eltern des Mädchens tolerieren es nur widerwillig, daß die Tochter die Zimmertür abschließt und mit ihrem Freund sexuelle Beziehungen hat. Während eines gemeinsamen Zelturlaubs des Paares bestand die sexuelle Symptomatik nicht. Beiläufig erzählt die Patientin im Erstgespräch, zuhause gebe es einige Schwierigkeiten. Ein älterer Bruder trinke, ein zweiter

Bruder habe gelegentlich Kontrollzwänge. Insgesamt sei es schwierig, zuhause miteinander zu sprechen. Ich habe beim ersten Gespräch den Eindruck, daß es mir gut gelungen ist, auf die Patientin einzugehen und schlage vor, sie solle zum nächsten Gespräch mit ihrem Freund kommen. Zwei Tage später ruft die Mutter der Patientin an und teilt mir mit, die Tochter käme zur nächsten Konsultation nicht mehr. Schließlich sei sie ja erst sechzehn, da könne sie mit dem Geschlechtsverkehr noch etwas warten. Auch der Freund sei nicht einverstanden, zum vereinbarten Gespräch mitzukommen. Die Mutter wirkt am Telefon autoritär und gereizt und reagiert auf meinen Hinweis nicht, ihre Tochter leide unter den sexuellen Schwierigkeiten und brauche Hilfe. Die Beratung wird abgebrochen. Telefonisch erfahre ich von der Kinderärztin, daß in der Familie seit Jahren massive Spannungen bestehen, der Bruder der Patientin schon einen Suizidversuch gemacht habe und die Mutter unter funktionellen Magen-Darm-Beschwerden leide. Die Kollegin entschuldigt sich, mir in ihrem Überweisungsschreiben von diesen Schwierigkeiten nichts mitgeteilt zu haben.

Die sexuellen Schwierigkeiten des Mädchens sind in diesem Fall weniger Ausdruck von Schwierigkeiten der Patientin in ihrer Beziehung zu ihrem Freund als vielmehr ein Hinweis auf einen Familienkonflikt. Durch die Bemerkung, der Freund wolle die Beziehung auflösen, sah ich es zunächst als notwendig an, den Freund in die Beratung einzubeziehen, um die Beziehungsschwierigkeiten zu klären. Dabei entging mir — teils wegen ungenügender Vorinformation durch die überweisende Ärztin, teils durch meine einseitig auf die sexuelle Symptomatik gerichtete Exploration —, daß der Familienkonflikt und besonders die Beziehung des Mädchens zu seiner Mutter viel problematischer waren. Wahrscheinlich wäre es sinnvoller gewesen, das Mädchen zunächst noch einmal zu einem Einzelgespräch einzubestellen und dabei eingehender über die Familiensituation zu sprechen. Auf welche Weise die Mutter von dem geplanten zweiten Gespräch erfuhr, weiß ich nicht. Denkbar wäre, daß die Tochter in leicht provozierender Weise der Mutter mitteilte, sie müsse mit ihrem Freund zum Arzt, oder daß die Mutter durch bohrende Fragen an ihre Tochter von dem ersten Beratungsgespräch erfuhr. Die Absage der Mutter ist am ehesten dadurch zu erklären, daß sie Angst hatte, die Tochter könne offen über die familiären Schwierigkeiten sprechen, welche die Mutter zu bagatellisieren versuchte. Andererseits hatte sie möglicherweise auch die Befürchtung, durch eine Verbesserung der Freundschaftsbeziehung ihrer Tochter könne diese zum Entschluß kommen, von zuhause auszuziehen.

In der Familientherapie sieht man gar nicht selten die hier vorliegende Problemkonstellation. Ein Ehekonflikt wird durch einen Generationenkonflikt — Schwierigkeiten zwischen Eltern und Kindern — neutralisiert und abgewehrt. Im geschilderten Fallbeispiel stand hinter dem wahrscheinlich nicht sehr schwerwiegenden Partnerschaftskonflikt des Mädchens ein familiärer Generationenkonflikt, dessen Bedeutung jedoch von mir nicht richtig eingeschätzt wurde.

21.3 Die einseitige Parteinahme

Bei Gesprächen mit einem Paar kann es gelegentlich passieren, daß der Arzt die für ein Paargespräch wichtigste Grundregel der ausgewogenen Parteilichkeit beiden Partnern gegenüber (vergleiche Kapitel 8) nicht genügend beachtet und sich in einseitiger Weise mit einem der beiden Partner solidarisiert. Auch hierzu ein *Beispiel:*

Ein Ehepaar mittleren Alters kommt von sich aus in die Sprechstunde. Die Frau berichtet über eine Erregungs- und Orgasmusstörung, die seit der Geburt des zweiten Kindes vor drei Jahren zunehmend aufgetreten sei. Die Tochter sei vor allem nachts sehr unruhig, wache häufig auf und beruhige sich erst, wenn der Mann sie zu sich ins Bett nehme. Weil die Frau tagsüber mit den beiden Kindern schon genügend belastet sei und nachts ihre Ruhe brauche, schlafe sie häufig nicht im ehelichen Schlafzimmer, sondern im Gästezimmer. Sie habe den Eindruck, ihr Mann habe an der kleinen Tochter mehr Interesse als an ihr und sei über die nächtliche Ruhestörung gar nicht so unglücklich. Der Mann reagiert auf diesen Vorwurf seiner Frau sehr gereizt, wirft ihr vor, sie vernachlässige ihn und verwöhne die Kinder. Die Frau kritisiert das ihrer Meinung nach übertriebene berufliche Engagement ihres Mannes und erzählt von einer außerehelichen Freundschaft, die ihr Mann schon seit Jahren unterhalte. Ich konzentriere mich in meinen Interventionen mehr auf den Mann und stelle im Gespräch vor allem seine sexuelle Anspruchshaltung seiner Frau gegenüber — er sieht in ihrer Orgasmusfähigkeit eine Reaktion, auf die er Anspruch zu haben meint — in den Vordergrund. Die Frau, die während des Gesprächs wiederholt den Tränen nahe ist, nehme ich eher in Schutz und zeige für ihren Rückzug aus dem ehelichen Schlafzimmer Verständnis. Zum zweiten Beratungsgespräch erscheint der Mann nicht mehr. Die Frau berichtet, er sei nach dem ersten Gespräch ärgerlich gewesen und habe daraufhin für einige Tage kaum etwas mit ihr gesprochen. Er werde auf keinen Fall zu weiteren Gesprächen kommen.

Bei Paargesprächen besteht für den Arzt die Gefahr, daß er sich mit dem klagenden Partner in zu einseitiger Weise verbündet. Der kritisierte Partner gerät dann unter Druck, fühlt sich in die Enge getrieben und weicht weiteren Konfrontationen dadurch aus, daß er sich von den Gesprächen zurückzieht. Oft sind es die Frauen, die in der Rolle der Klägerin stehen und ihren Männern vorwerfen, an den ehelichen und sexuellen Schwierigkeiten schuld zu sein. Erweckt die Klägerin durch Weinen oder Hilflosigkeit das Mitleid des Arztes, so läuft er Gefahr, sich zu einseitig mit den Klagen der Frau zu solidarisieren. Im geschilderten Fallbeispiel unterließ ich es, mich genauer danach zu erkundigen, welche Vorstellungen die Frau von der Versorgung und Erziehung ihrer Kinder hatte. Im zweiten Gespräch mit ihr allein wurde recht schnell deutlich, daß sie sich für die Kinder voll und ganz verausgabte und ihren Mann dabei vernachlässigte. Seine außereheliche Beziehung wie auch die Hinwendung zu seiner Tochter waren die Folge seiner Enttäuschung über den Rückzug seiner Frau. Mir war es im ersten Gespräch entgangen, die Wechselseitigkeit des Verhaltens beider Partner zu sehen und gegenüber dem Paar deutlich zu machen.

Im Medizinstudium und in der ärztlichen Weiterbildung werden Studenten und Ärzte darin geschult, Krankheiten vor allem unter einer einseitig kausalen Betrachtungsweise zu untersuchen und zu behandeln nach dem Motto: Habe ich den Erreger, so kann ich ihn behandeln und die Krankheit heilen. Bei psychosomatischen Symptomen wird dieses einseitige Ursache-Wirkungs-Denken der Komplexität des bio-psycho-sozialen Gleichgewichtes nicht gerecht. Die einseitige Konzentration auf das Fehlverhalten eines Partners verstärkt das Ungleichgewicht in der Paarbeziehung und führt nicht selten zu einem Behandlungsabbruch.

21.4 Das verselbständigte Symptom

Wie wir schon gesehen haben, können sich sexuelle Symptome durch den „Teufelskreis" zwischen Versagensangst-Vermeidungsverhalten-Symptomverstärkung-Versagensangst fixieren und gar nicht so selten auch verselbständigen. Man findet dann eine seit längerer Zeit bestehende sexuelle Symptomatik bei einer ansonsten harmonischen und tragfähigen Paarbeziehung. Verhaltens- und Einstellungsänderungen der Partner als Folge von Beratungsgesprächen können dann zwar vom Paar als durchaus positiv und hilfreich erlebt werden, die sexuelle Störung kann jedoch trotz bestem Willen der beiden Partner unverändert fortbestehen. Streng genommen handelt es sich dann nicht um einen Fehler des Arztes, der eine Besserung der sexuellen Störung verhindert, sondern um eine verselbständigte sexuelle Problematik, die allein durch Beratungsgespräche nicht verändert werden kann. Wie das folgende *Beispiel* zeigt, werden hier die therapeutischen Grenzen der Beratung deutlich:

Ein seit zwei Jahren verheiratetes Ehepaar wird vom Hausarzt wegen einer Erektionsstörung des Mannes überwiesen. Im Überweisungsbrief schreibt der Kollege, daß er mit dem Ehepaar schon acht Gespräche geführt habe, zu seiner Überraschung sich aber an der sexuellen Störung noch nichts geändert habe. Er schildert dann recht eingehend die Entstehungsgeschichte der sexuellen Störung: Das Paar lernte sich vor drei Jahren kennen, als die damals 24jährige Frau mit einem anderen Mann verlobt war. Der Ehemann hatte zu dieser Zeit gerade eine Beziehung zu einer Freundin aufgelöst, nachdem diese trotz regelmäßiger Pilleneinnahme schwanger geworden war und die Schwangerschaft hatte abbrechen lassen. Beide verliebten sich rasch ineinander, so daß die Frau ihre Verlobung auflöste und auf den Heiratsantrag ihres Mannes einging. Er zog zu ihr in eine frisch möblierte Wohnung, welche die Frau eigentlich für die Ehe mit ihrem früheren Verlobten gemietet hatte. Beim ersten Versuch des Geschlechtsverkehrs in dieser Wohnung trat beim Ehemann eine Erektionsstörung auf, die seither trotz verschiedener Behandlungsversuche fortbestand. Auch die sechs Monate nach dem Einzug in die gemeinsame Wohnung stattgefundene Heirat änderte an der sexuellen Symptomatik nichts. Der Hausarzt hatte mit dem Paar schon eingehend über die seiner Meinung nach unverarbeitete Auflösung der Verlobung der Frau und den Schwangerschaftsabbruch der früheren Freundin des Mannes gesprochen. Beide Partner konnten zwar das Auftreten der sexuellen Störung in Zusammenhang mit ihren Schuldgefühlen über die Auflösung ihrer früheren Beziehungen bringen, hatten jedoch den Eindruck, daß sie die Trennung von ihren früheren Partnern verarbeitet hatten. In der Sexualtherapie, die ich mit dem Paar durchführte, besserte sich die Erektionsstörung des Mannes rasch und ohne größere Schwierigkeiten.

Bei der Besprechung der Möglichkeiten und Grenzen der Sexualberatung (vergleiche Kapitel 11) hatte ich schon darauf hingewiesen, daß sich nicht alle sexuellen Funktionsstörungen alleine durch Beratungsgespräche behandeln lassen. Im Falle einer fixierten, verselbständigten Symptomatik kann nur eine Sexualtherapie weiterhelfen, die spezielle Übungen einschließt. In Fällen, wo die sexuelle Symptomatik Bestandteil einer umfassenderen neurotischen oder psychosomatischen Störung ist, können sexuelle Übungen zu großen Ängsten und Widerständen führen, die dann nur durch eine länger dauernde Psychotherapie anzugehen sind. Eine nicht erfolgreiche Beratung muß nicht ein Mißerfolg sein. Wenn der Arzt die Grenzen seiner therapeutischen Möglichkeiten sieht, können einige Beratungsgespräche sogar die Motivation des Paares für eine Sexual- oder Psychotherapie verbessern.

21.5 Der häufigste Fehler

Welches ist der häufigste Fehler, den Ärzte bei der Sexualberatung machen? Er liegt darin, daß nach wie vor viele Ärzte aus eigenen Hemmungen oder wegen mangelnder Erfahrung das Gespräch mit ihren Patienten über sexuelle Fragen vermeiden und sexuelle Störungen bagatellisieren, mit Placebos behandeln oder auf die Behandlung anderer Symptome ausweichen. Das Bagatellisieren und Ignorieren von seiten des Arztes kann beim Patienten zu verschiedenen Reaktionen führen: Er kann den Eindruck haben, es komme nur darauf an, geduldig zu warten, bis sich das Problem von selbst löse. Er kann das Verhalten des Arztes als Hinweis darauf verstehen, daß außer ihm niemand sexuelle Schwierigkeiten habe. Er kann aber auch enttäuscht und gekränkt sein, vom Arzt nicht ernstgenommen zu werden.

Ich stelle bei mir selbst immer wieder fest, daß ich trotz meiner mehrjährigen Erfahrung in der Sexualberatung und Sexualtherapie auch noch Hemmungen habe, mit Patienten über diese oder jene Frage ihres Sexuallebens zu sprechen. Ich habe aber die Erfahrung gemacht, daß eine Verlegenheit des Arztes, eine unbeholfene Formulierung oder ein Versprecher für die Patienten meistens nicht so unangenehm sind wie für den Arzt. Das ehrliche Eingeständnis, daß wir Ärzte auch nicht alle Tabus mit unserem weißen Kittel und unserem Wissen zudecken können, mag unsere Patienten ermuntern, mit uns über ihre sexuellen Schwierigkeiten zu sprechen.

Teil IV

Anhang

Tabelle 1   Sexueller Reaktionszyklus der Frau (nach *Masters* u. *Johnson*: Die sexuelle Reaktion, S. 248-251)

Erregungsphase	Plateauphase	Orgasmusphase	Rückbildungsphase
	Genitale Reaktionen		
— Anschwellen der Glans u. des Corpus Clitoridis — vaginale Lubrikation 10-30 sec. nach Beginn der sex. Stimulierung (Transsudat einer mukoiden Substanz durch die Vaginalwand) — Erweiterung, Verlängerung u. Verfärbung der Vagina — partielle Elevation des anteflektierten Uterus — Auseinanderweichen der Labia majora — Vergrößerung der Labia minora	— Clitoris wird an den vorderen Rand der Symphyse gezogen — Ausbildung der orgastischen Manschette im unteren Drittel der Vagina — volle uterine Elevation (Zeltphänomen) — weiteres Anschwellen der Labia majora — „Sex-Skin"-Phänomen der Labia minora (dunkelweinrote Färbung als Zeichen des bevorstehenden Orgasmus). — Bartholinische Drüsen: Sekretion von 2 Tropfen	— 5-12 Kontraktionen der orgastischen Manschette, beginnend mit Intervall von 0,8 sec — Uteruskontraktionen beginnend vom Fundus aus über Corpus bis zum Collum / Kontraktionsstärke parallel zur Intensität des Orgasmus. Bei Multipara Größenzunahme um 50 %	— Clitoris: Rückkehr zur Normallage u. Abnahme der Vasokongestion — Abschwellen der orgastischen Manschette — Uterus kehrt zur Ausgangslage zurück, Zervix taucht in Receptaculum seminis — Labien: Rückbildung der Verfärbung u. der Vasokongestion
	Extragenitale Reaktionen		
— Mamillenerektion — Zunahme der Muskelspannung, willkürlich u. unwillkürlich — Herzfrequenz- u. Blutdruckanstieg parallel zum Erregungsanstieg	— Zunahme der Brustgröße, Mamillen prall gefüllt — weitere Zunahme der Muskelspannung — Herzfrequenz 100-175/min — Blutdruck erhöht, systolisch 20-60, diast. 10-20 mm Hg	— unwillkürliche Kontraktionen und Spasmen von Muskelgruppen — unwillkürl. Kontraktionen des Sphincter ani — Atemfrequenz bis 40/m. abhängig von Int. und Dauer der Erregung — Herzfrequenz 110-180	— Abschwellen der Mamillen und Brüste — Muskelspannung bildet sich langsamer zurück als Vasokongestion — Rückkehr zu normaler Herzfrequenz, Blutdruck u. Atemfrequenz

Tabelle 2 Sexueller Reaktionszyklus des Mannes (nach *Masters* u. *Johnson*: Die sexuelle Reaktion, S. 252-255)

Genitale Reaktionen

Erregungsphase	Plateauphase	Orgasmusphase	Rückbildungsphase
— Schnelles Erreichen der Erektion; leicht zu stören durch nichtsexuelle Einflüsse	— Weiteres Anschwellen und Farbänderung der Corona glandis	— *Emission* (Kontraktion der glatten Muskulatur der Nebenhoden, Vasa deferentia, Samenblase und Prostata, Bereitstellung des Ejakulates in der hinteren Harnröhre) und *Expulsion* des Ejakulates durch unwillkürliche Kontraktionen mit 0,8 sec Intervall	— Abschwellen des Penis in zwei Stadien: 1. schnelles Verschwinden der Vasokongestion, bis Penis um höchstens das 1½-fache vergrößert ist 2. meist langsame Rückbildung bis zur Ausgangslage
— Verdickung und Anspannung der Skrotalhaut; Elevation des Skrotums	— Vergrößerung der Hoden bis zu 50 % (Vasokongestion)		— schnelle Rückbildung der Anspannung und Verdickung der Skrotalhaut
— Elevation der Hoden	— Cowpersche Drüsen sondern 2-3 Tropfen eines mukoiden Sekretes ab (in diesem wurden Spermien nachgewiesen)		— Größenabnahme und Dehiszenz der Hoden

Extragenitale Reaktionen

— weitgehend identisch mit denen der Frau

Liste 1: Bücher zur sexualmedizinischen Weiterbildung und zur Sexualinformation von Patienten (Die Liste erhebt keinen Anspruch auf Vollständigkeit. Sie umfaßt Bücher, die sich in meiner sexualmedizinischen Tätigkeit bewährt haben und die ich häufig weiterempfehle)

Sexualmedizin

Bancroft, J.: Grundlagen und Probleme menschlicher Sexualität. Enke, Stuttgart 1985
Haeberle, E. J.: Die Sexualität des Menschen. Walter de Gruyter, Berlin 1983
Hertoft, P.: Klinische Sexologie. Deutscher Ärzteverlag, Köln 1989
Masters, W. H., V. E. Johnson: 1970: Die sexuelle Reaktion. rororo Sexologie, Reinbek 1989

Sexualtherapie

Arentewicz, G., G. Schmidt [Hrsg]: Sexuell gestörte Beziehungen. 3. Aufl. Enke, Stuttgart 1993
Kaplan, H.: Sexualtherapie – Ein neuer Weg für die Praxis. 3. Aufl. Enke, Stuttgart 1990
Kaplan, H.: Hemmungen der Lust. Enke, Stuttgart 1981

Sexualinformation

Amendt, G.: Das Sexbuch. Elefanten-Press, Berlin 1993
Barbach, L.: For yourself – Die Erfüllung weiblicher Sexualität. 13. Aufl. Ullstein Taschenbücher, Frankfurt 1992
Barbach, L.: … und mein Verlangen ist grenzenlos. Erotische Erzählungen. Ullstein Taschenbücher, Berlin 1988
Cyran, W., M. Hahlhuber: Erotik und Sexualität im Alter. Gustav Fischer, Stuttgart 1992
Hanswille, R.: Liebe und Sexualität – Ein Buch für junge Menschen. 2. Aufl. Kösel, München 1992
von Sydow, K.: Lebenslust – Weibliche Sexualität von der frühen Kindheit bis ins hohe Alter. Huber, Bern Göttingen 1993
Zilbergeld, B.: Männliche Sexualität. 25. Aufl. Forum für Verhaltenstherapie und psychosoziale Praxis, Bd 5. Steinbauer u. Rau, München 1993
Zilbergeld, B.: Die neue Sexualität der Männer. Dgvt-Verlag, Tübingen 1993

Literatur

1 *Allemann-Tschopp, A.:* Geschlechts-
   rollen, Versuch einer interdisziplinären
   Synthese. Huber, Bern 1979
2 *Amendt G.:* Das Sexbuch. Elefanten-
   Press, Berlin 1993
3 *Angermann, J.:* Sexualtherapeutische
   Placebos. Sexualmedizin 10 (1981), 6-8
4 *Angst, J., T. Dinkelkamp:* Die somatische Therapie der Schizophrenie.
   Literatur der Jahre 1966-1972. Thieme,
   Stuttgart 1974
5 *Arentewicz, G., G. Schmidt (Hrsg.):*
   Sexuell gestörte Beziehungen – Konzept
   und Technik der Paartherapie, 3. Aufl.
   Enke, Stuttgart 1993
6 *Arieti, S.:* Sexual problems of the
   psychotic and prepsychotic. Rev. Fam.
   Ther. 5/2 (1974), 1-2
7 *Barbach, L.:* For yourself – Die
   Erfüllung weiblicher Sexualität,
   13. Aufl. Ullstein, Frankfurt 1992
8 *Bleuler, M.:* Die schizophrenen Geistes-
   störungen im Lichte langjähriger
   Kranken- und Familiengeschichten.
   Thieme, Stuttgart 1972
9 *Brauer, J. G. Kapitzke, H.J.P. Mehl,
   K.H. Wrage:* Junge, Mädchen, Mann und Frau.
   Für 12- bis 16jährige, 3. Aufl. Mohn,
   Gütersloh 1976
10 *Broderick, C.:* Kinder- und Jugendsexualität. Sexuelle Sozialisierung.
   Rowohlt, Reinbek 1970
11 *Buddeberg, C., V. Kesselring:* Ehen
   Schizophrener — Struktur und Dynamik.
   Psychiatr. Prax. 5 (1978), 118-126
12 *Buddeberg, C., B. Buddeberg:*
   Sexuelle Beziehungsstörungen Schizo-
   phrener. Psychother. Med. Psychol.
   28 (1978), 22-26
13 *Buddeberg, C.:* Sexualberatung in der
   Allgemeinpraxis? Psychosozial 4 (1981),
   37-45
14 *Buddeberg C., J. Merz:* Sexuelle
   Probleme in der Allgemeinpraxis.
   Schweiz. Rundschau Med. (*Praxis*)
   70 (1981), 2129-2135
15 *Buddeberg, C., D. Hess, J. Merz:*
   Sexuelle Probleme von Patienten in der
   Allgemeinpraxis. Schweiz. Rundschau Med.
   (Praxis) 73 (1984), 1113-1118
16 *Buddeberg, C.:* Ehen krebskranker Frauen.
   Urban & Schwarzenberg, München Wien
   Baltimore 1985
17 *Buddeberg, C., J. Merz:* Verläufe und
   Ergebnisse sexualmedizinischer Behand-
   lungen. In Vorbereitung
18 *Burnap, D.W., J.S. Golden:* Sexual
   Problems in Medical Practiced. J. Med.
   Educ. 42 (1967), 673-680
19 *Claesson, B.H.:* Sexualinformation für
   Jugendliche, 5. Aufl. Verlag Neue
   Kritik, Frankfurt 1976
20 *Crombach-Seeber, B., G. Crombach:*
   Gesprächsführung bei der Exploration
   sexueller Inhalte. Tonkassette, Pfeiffer,
   München 1982
21 *Cyran, W.:* Sexuelle Probleme der Frau.
   Deutscher Ärzte-Verlag, Köln-Lövenich
   1981
22 *Dannehl, A.:* Klinische Fallbeispiele zum
   Diabetes, Sexualstörungen zuckerkranker
   Männer, therapeutische Ansätze. Sexualmedizin 11 (1982), 338-340
23 *Döring, G.K.:* Empfängnisverhütung,
   8. Aufl. Thieme, Stuttgart 1981
24 *Eicher, W.:* Die sexuelle Erlebnisfähigkeit
   und die Sexualstörungen der Frau.
   Fischer, Stuttgart 1977
25 *Erichsen, F.:* Schizophrenie und
   Sexualität. Huber, Bern 1975
26 *Franke, K.:* Wo der Schuh drückt.
   Sexualmedizin 8 (1979), 312-314
27 *Freud, S.:* Über einige neurotische
   Mechanismen bei Eifersucht, Paranoia
   und Homosexualität (1922).
   In: *S. Freud:* Gesammelte Werke,
   Studienausgabe, Bd. VII. Fischer, Frankfurt a.M. 1973
28 *Fuchs, F.:* Sexualverhalten und Partnerbeziehung junger Körperbehinderter.
   Med. Diss. Univ. Bern, 1978
29 *Furian, M.:* Das Buch vom Liebhaben.
   Quelle u. Meyer, Heidelberg 1981
30 *Greenson, R.R.:* Technik und Praxis der
   Psychoanalyse. Klett, Stuttgart 1975
31 *Halhuber, C.:* Rehabilitation in ambulan-
   ten Koronar-Gruppen. Ein humanöko-
   logischer Ansatz. Springer, Berlin 1980
32 *Halhuber, C.:* Partnerprobleme nach
   Herzinfarkt — oder „eine Krankheit —
   zwei Patienten". In *K. Köhle* (Hrsg.):
   Zur Psychosomatik von Herz-Kreislauf-
   Erkrankungen, S. 48-53. Springer,
   Heidelberg 1982
33 *Hauri, D.:* Die Impotenz. Schweiz.
   Rundschau Med. (*Praxis*) 69 (1980),
   278-289

34 *Hellerstein, H. K., E. H. Friedman:* Sexual activity and the postcoronary patient. Med Aspects Human Sex 3 (1969), 70-96

35 *Hertz, D. G., H. Molinski:* Psychosomatik der Frau, 2. Aufl. Springer, Berlin 1981

36 *Hußlein, A.:* Voreheliche Beziehungen, Eine empirische Studie zum Sexualverhalten der 14- bis 18jährigen in Österreich. Herder, Wien 1982

37 *Kinsey, A. C., W. B. Pomeroy, C. E. Martin:* Sexual behavoir in the human male. Saunders, Philadelphia, London 1948. Deutsch: Das sexuelle Verhalten des Mannes. Fischer, Berlin 1966

38 *Kinsey, A. C., W. B. Pomeroy, C. E. Martin, P. H. Gebhard:* Sexual behavoir in the human female. Saunders, Philadelphia, London 1953

39 *Krause, W.:* Pharmaka in der Andrologie. Sexualmedizin 11 (1982), 379-383

40 *Lang, A.:* Die Sprache der Sexualerziehung. Schwann, Düsseldorf 1981

41 *Masters, W. H., V. E. Johnson:* Human Sexual Response. Little & Brown, Boston 1966. Deutsch: Die sexuelle Reaktion. Rowohlt, Reinbek 1970

42 *Masters, W. H., V. E. Johnson:* Human sexual inadequancy. Little Brown, Boston 1970. Deutsch: Impotenz und Anorgasmie. Krüger/Stahlberg, Frankfurt 1973

43 *Mead, M.:* Cultural Determinants of Sexual Behavoir. In: W. C. Young (Ed.), Sex and Internal Secretions, 3. Aufl., Vol. II, 1433-1476, Williams and Wilkins, Baltimore 1961

44 *Mead, M.:* Jugend und Sexualität in primitiven Gesellschaften. DTV, München 1970

45 *Molinski, H.:* Die unbewußte Angst vor dem Kind. Kindler, München 1972

46 *Molinski, H.:* Selbstbefriedigung als Entwicklungsstufe und Störung. Sexualmedizin 7 (1982), 250-253

47 *Morgenthaler, F.:* Homosexualität. In: V. Sigusch (Hrsg.), Therapie sexueller Störungen, 2. Aufl., S. 327-367. Thieme, Stuttgart 1980

48 *Müller-Küppers, M:* Das Kind als Patient, Sexualmedizinische Fragen aus psychosexueller Sicht. Sexualmedizin 10 (1981), 366-378

49 *Nettelbladt, P., N. Uddenberg:* Sexual dysfunction and sexual satisfaction in 58 married swedish men. J. Psychosom. Res. 23 (1979), 141-147

50 *Nijs, P.:* Psychosomatische Aspekte der oralen Antikonzeption. Beiträge zur Sexualforschung, H. 50. Enke, Stuttgart 1972

51 *Pacharzina, K.:* Der Arzt und die Sexualität seines Patienten, Ergebnisse einer Studie an 100 Ärzten für Allgemeinmedizin. In: V. Sigusch (Hrsg.), Sexualität und Medizin, S. 17-40, Kiepenheuer und Witsch, Köln, 1979

52 *Pasini, W.:* Sexualität der Schwangeren. Sexualmedizin 2 (1973), 250-252

53 *Pasini, W.:* Psychosomatik in Sexualität und Gynäkologie. Hippokrates, Stuttgart 1980

54 *Pauli, H. G.:* Begriffe von Gesundheit und Krankheit als Grundlagen der ärztlichen Versorgung und Ausbildung sowie der medizinischen Wissenschaft und Forschung. Schweiz. Ärztezeitung 61 (1980), 3312-3324

55 *Persson, G.:* Sexuality in a 70-year-old urban population. J. Psychosom. Res. 24 (1980), 335-342

56 *Pfeiffer, E., A. Verweoerdt, H. S. Wang:* Sexual behaviour in aged men and women. Arch. Gen. Psychiatr. 19 (1968), 753-768

57 *Pirke, G.:* Sexualität im Senium. Sexualmedizin 8 (1979), 407-409

58 *Pross, H.:* Die Männer. Rowohlt, Reinbek 1978

59 *Raley, P. E.:* Making Love. Deutsch: Ullstein, Berlin 1978

60 *Renshaw, D. C.:* Sexual function and diabetes. Psychosomatics 20 (1979), 54-60

61 *Richter, H. E.:* Eltern, Kind, Neurose. Rowohlt, Reinbek 1967

62 *Schlägel, J., K. Schoof-Tams, L. Walczak:* Sexuelle Sozialisation in Vorpubertät, Pubertät und früher Adoleszenz. Sexualmedizin 4 (1975), 206-218, 306-325, 381-388

63 *Schmidt, G.:* Sexuelle Motivation und Kontrolle. In: E. Schorsch, G. Schmidt (Hrsg.), Ergebnisse zur Sexualforschung, S. 30-47, Kiepenheuer und Witsch, Köln 1975

64 *Schmidt, G., V. Sigusch:* Arbeiter — Sexualität. Luchterhand, Neuwied - Berlin 1971

65 *Schmidt, G.:* Sex and Society in the 80's. Vortrag gehalten beim 7th Jahrestreffen der International Academy of Sex Research, 17. — 19. 6. 81 in Haifa/Israel

66 *Schmidt, Th.:* Koronares Risiko und Typ-A-Verhalten. In: K. Köhle (Hrsg.): Zur Psychosomatik von Herz-Kreislauf-

Erkrankungen, S. 15-43. Springer, Heidelberg 1982

67 *Schorsch, E., T. Brand, G. Schmidt, A. Spengler:* Zur Versorgung von Patienten mit sexuellen Störungen. Sexualmedizin 6 (1977), 585-590

68 *Schorsch, E.:* Die Stellung der Sexualität in der psychischen Organisation des Menschen. Nervenarzt 49 (1978), 456-460

69 *Schorsch, E., A. Spengler:* Zur psychischen und sexuellen Situation von Patienten nach Genitaloperationen. Forschungsbericht des Sonderforschungsbereiches 1215, Deutsche Forschungsgemeinschaft, Teilprojekt B6, Hamburg 1981

70 *Selvini-Palazzoli, M., L. Boscolo, G. Cecchin, G. Prata:* Hypothetisieren — Zirkularität — Neutralität: Drei Richtlinien für den Leiter der Sitzung. Familiendynamik 6 (1981) 123-139

71 *Sigusch, V., G. Schmidt:* Jugendsexualität, Beiträge zur Sexualforschung, Bd. 62. Enke, Stuttgart 1973

72 *Sigusch, V. (Hrsg.):* Sexualität und Medizin. Kiepenheuer und Witsch, Köln 1979

73 *Sigusch, V. (Hrsg.):* Sexualwissenschaftliche Aspekte der hormonalen Kontrazeption bei jungen Mädchen. In: Sexualität und Medizin, S. 79-114. Kiepenheuer und Witsch, Köln 1979

74 *Sigusch, V. (Hrsg.):* Physiologie des Orgasmus. In: Sexualität und Medizin, S. 143-156. Kiepenheuer und Witsch, Köln 1979

75 *Sigusch, V.:* Sexuelle Funktionsstörungen. Teil II: Somatischer Anteil (B). Sexualmedizin 8 (1979), 462-466

76 *Sigusch, V. (Hrsg.):* Therapie sexueller Störungen, 2. Aufl. Thieme, Stuttgart 1980

77 *Singer Kaplan, H.:* The New Sex Therapy. Brunner/Mazel, New York 1974

78 *Singer Kaplan, H.:* Disorders of Sexual Desire. Brunner/Mazel, New York 1979

79 *Singer Kaplan, H.:* Sexualtherapie — Ein neuer Weg für die Praxis. Enke, Stuttgart 1979 (2. Aufl. in Vorbereitung)

80 *Singer Kaplan, H.:* Hemmungen der Lust. Enke, Stuttgart 1981

81 *Speirer, G. W.:* Das patientenorientierte Gespräch. Münch. Med. Wochenschr. 123 (1981) 389-394

82 *Stauber, M.:* Psychosomatik der sterilen Ehe. Grosse, Berlin 1979

83 *Steigleder, G. K.:* Dermatologie und Venerologie, 3. Aufl. Thieme, Stuttgart 1979

84 *Stierlin, H., J. Rücker-Embden, N. Wetzel, M. Wirsching:* Das erste Familiengespräch. Klett-Cotta, Stuttgart 1977

85 *Stoller, R. J.:* Perversion. Die erotische Form von Haß. Rowohlt, Reinbek 1979

86 *Trukenmüller, M.:* Die sexuellen Phantasien der Geschlechter. Sexualmedizin 11 (1982), 100-104

87 *Ueno, M.:* The so-called coital death. Jpn. J. Leg. Med. 17 (1963), 535

88 *Watzlawick, P., J. Beavin, D. D. Jackson:* Menschliche Kommunikation. Huber, Bern 1969

89 *Wendt, H.:* Integrative Sexualtherapie — Am Beispiel von Frauen mit Orgasmusstörungen. Pfeiffer, München 1979

90 *Willi, J.:* Die Zweierbeziehung. Rowohlt, Reinbek 1975

91 *Willi, J.:* Therapie der Zweierbeziehung. Rowohlt, Reinbek 1978

92 *Willi, J.:* Erheben einer Sexualanamnese. Unveröffentlichtes Arbeitspapier 1980

93 *Willi, J.:* Therapie von Sexualstörungen — Paar-Therapie oder Sexualtherapie? Familiendynamik 6 (1981) 248-259

Literatur zur 2. Auflage

94 Bancroft, J.: Grundlagen und Probleme menschlicher Sexualität. Enke, Stuttgart 1985

95 Leliefeld, H. H. J., S. Mühr: Erectile Impotence — Clinical Experience with the Phalloplethysmography. Urol. int. 37 (1982), 257-266

96 Zorgniotti, A.W.: Practical Diagnostic Screening for Impotence. Special Issue to Urology 23 (1984), 98-102

97 Struyven, J., W. Gregoir, X. Giannakopoulus, E. Wauters: Selective Pudendal Arteriography. Eur. Urol. 5 (1979), 233-242

98 Porst, H., J. E. Altwein, D. Bach, W. Thon: Dynamic cavernosography: Venous outflow studies of cavernous bodies. The Journal of Urology 134 (1985), 276-279

99 Hauri, D.: Therapiemöglichkeiten bei der vaskulär bedingten erektilen Impotenz. Akt. Urol. 15 (1984), 350-354

100 Hauri, D.: Operative Möglichkeiten bei der vaskulär bedingten Impotenz. Angio archiv 8 (1985), 25-37

101 Buddeberg, C.: Soziale Systeme und ihre Regelung. In: J. Willi, E. Heim (Hrsg.): Psychosoziale Medizin, S. 41-54. Springer, Berlin Heidelberg New York Tokyo 1986

102 Lenk, H., G. Rohpohl: Systemtheorie als Wissenschaftsprogramm. Athenäum, Königstein/Ts. 1978

103 Maturana, U., F. Varela: Autopoetische Systeme: eine Bestimmung der lebendigen Organisation. In: U. Maturana (Hrsg.): Erkennen: Die Organisation und Verkörperung von Wirklichkeit, S. 170-235. Vieweg, Braunschweig 1982

104 Reiter, L.: Gestörte Paarbeziehungen. Vandenhöck & Ruprecht, Göttingen 1983

105 Zimmer, D.: Sexualität und Partnerschaft. Grundlagen und Praxis psychologischer Behandlung. Urban & Schwarzenberg, München 1985

106 Masters, W. H., V. E. Johnson, R. C. Kolodny, S. M. Weems: Ethical issues in sex therapy and research, Volume 2. Little, Brown and Company, Boston 1980

107 Clement, U.: Sexualität im sozialen Wandel. Enke, Stuttgart 1986

108 Schmidt, G.: Moral und Volksgesundheit. In: V. Sigusch, H. L. Gremlitza (Hrsg.): Operation AIDS. Konkret Sexualität Heft 7 (1986), 8-12

109 Frick-Bruder, V.: Störfaktor Sicherheit. Orgasmusstörungen unter Kontrazeption. Sexualmedizin 3 (1978), 221-223

110 Elliott, S. A., J. P. Watson: Sex during pregnancy and the first post-natal year. Journal of Psychosomatic Research 29 (1985), 541-548

111 Barbach, L.: . . . . und mein Verlangen ist grenzenlos. Ullstein, Frankfurt 1988

112 Zilbergeld, B.: Männliche Sexualität. 25. Aufl. Forum für Verhaltenstherapie u. psychosoziale Praxis, Steinbauer u. Rau, München 1993

113 Buddeberg, C.: Fokussierte psychotherapeutische Intervention bei postoperativer Harnverhaltung. In: O. Jürgensen, D. Richter (Hrsg.): Psychosomatische Probleme in der Gynäkologie und Geburtshilfe 1984, S. 94-98. Springer, Berlin Heidelberg New York Tokyo 1985

114 Barbach, L.: Für einander – Das gemeinsame Erleben der Liebe. Rowohlt, Reinbek 1985

115 Baumgart, H.: Eifersucht. Rowohlt, Reinbek 1985

116 Buddeberg, C.: Paardynamik der Eifersucht. Sexualmedizin 15 (1986), 121-127

117 Molinski, H.: Das urethral-erotische Syndrom. In: O. Jürgensen, D. Richter (Hrsg.): Psychosomatische Probleme in der Gynäkologie und Geburtshilfe 1984, S. 84-93. Springer, Berlin Heidelberg New York Tokyo 1985

118 Diederichs, P.: Psychosomatische Miktionsstörungen bei der Frau. In: O. Jürgensen, D. Richter (Hrsg.): Psychosomatische Probleme in der Gynäkologie und Geburtshilfe 1984, S. 74-83. Springer, Berlin Heidelberg New York Tokyo 1985

119 Buddeberg, C.: Familiäre Reifungskrisen. Prax. Psychoter. Psychosom. 32 (1987) 57-64

120 Hoffmann-Nowotny, H. J., F. Höpflinger, F. Kühne, C. Ryffel, D. Erni: Planspiel Familie – Familie, Kinderwunsch und Familienplanung in der Schweiz. Rüegger, Diessenhofen 1984

121 Ryffel-Gericke, C.: Männer in Familie und Beruf. Rüegger,, Diessenhofen 1983

122 Lauritzen, C.: Wirkungen und Nebenwirkungen von Medikamenten auf die Sexualität. Teil I. Fertilität 1 (1985), 76-83

123 Lauritzen, C.: Wirkungen und Nebenwirkungen von Medikamenten auf die Sexualität. Teil II. Fertilität 2 (1986), 24-30

124 Schorsch, E., G. Galedary, A. Haag, M. Hauch, H. Lohse: Perversion als Straftat, Dynamik und Psychotherapie. Springer, Berlin Heidelberg New York Tokyo 1985

125 Buddeberg, C., H. Furrer, B. Limacher: Sexuelle Probleme ambulant behandelter Schizophrener. Psychiatr. Prax. 15 (1988), 187-191

126 Harrison, W. M., J. G. Rabkin, A. A. Ehrhardt, J. W. Stewart, P. J. McGrath, D. Ross, F. M. Quitkin: Effects of Antidepressant Medication on Sexual Function: A. Controlled Study. J. Clin. Psychopharmacol. 6 (1986), 144-149

Literatur zur 3. Auflage

127 *Buddeberg, C., B. Strasser-Peter, Ch. Wolf:* Sexualmedizin in der Allgemeinpraxis – Entwicklungstendenzen 1980-1990. Schweiz. Ärztez. 72 (1991), 1270-1275

128 *Hauri, D.:* Abklärung und Behandlung organisch bedingter Erektionsstörungen. Therapeutische Umschau 51 (1994), 120-126

129 *Michael, R. T., J. H. Gagnon, E. O. Laumann, G. Kolata:* Sexwende – Liebe in den 90ern. Knaur, München 1994

130 *Hertoft, P.:* Klinische Sexologie. Deutscher Ärzte-Verlag, Köln 1989

131 *Feldmann, H. A., J. Goldstein, D. G. Hatzichristou, R. J. Krane, J. B. McKinlay:* Impotence and its medical and psychosocial correlates: results of the Massachusetts male aging study. J. Urol. 151 (1994) 54-61

132 *Dilling, H., W. Mombour, M. H. Schmidt [Hrsg.]:* Internationale Klassifikation psychischer Störungen ICD-10. Huber, Bern Göttingen 1991

133 *Wittchen, H. U., H. Sass, M. Zaudig, K. Koehler [Hrsg.]:* Diagnostisches und statistisches Manual psychischer Störungen DSM-III-R, 2. Aufl., Beltz, Weinheim Basel 1989

134 *Sohn, M.:* Objektivierung organischer Erektionsstörungen und der Resultate mikrochirurgischer rekonstruktiver Verfahren. Habilitationsschrift Med. Fakultät Rheinisch-Westfälische Technische Hochschule Aachen, Aachen 1994

135 *Levine, S. B.:* Sexual Life. Plenum Press, New York 1992

136 *Schmidt, G. [Hrsg.]:* Jugendsexualität. Sozialer Wandel, Gruppenunterschiede, Konfliktfelder. Enke, Stuttgart 1993

137 *Leiblum, S. R., R. C. Rosen [Ed.]:* Principles and practice of sex therapy. Guilford Press, New York London 1989

138 *Zilbergeld, B.:* The new male sexuality. Bantam Books, New York 1992. Deutsch: Die neue Sexualität der Männer. dgvt-Verlag, Tübingen 1994

139 *Schover, L. R., S. R. Leiblum:* The stagnation of sex therapy. J. Psychol. Hum. Sex. 6 (1994) 5-30

140 *Bancroft, J.:* Die Zweischneidigkeit der Medikalisierung männlicher Sexualität. Z. Sexualforsch. 4 (1991) 294-308

141 *Tiefer, L.:* Über die fortschreitende Medikalisierung männlicher Sexualität. Z. Sexualforsch. 6 (1993) 11 9-131

142 *Schmidt, G., D. Klusmann, U. Zeitschel:* Veränderungen der Jugendsexualität zwischen 1970 und 1990. Z. Sexualforsch. 5 (1992) 191-218

143 *Rademakers, J.:* Jugendsexualität in den Niederlanden. In: Kluge, N. [Hrsg.]: Jugendsexualität im Spannungsfeld individueller, interaktioneller und gesellschaftlicher Bedingungen. dipa, Frankfurt a.M. 1990

144 Ludwig Boltzmann Institut für Gesundheitspsychologie der Frau. Internationale Studie Jugendsexualität und AIDS 1990/1991. Wien 1992 (hektographiert)

145 *Appelt, H., B. Strauss, D. Ulrich:* Determinanten kontrazeptiven Verhaltens. In: Davies-Osterkamp, S. [Hrsg.]: Psychologie und Gynäkologie. VCH, Weinheim 1991

146 *Hanswille, R.:* Liebe und Sexualität – Ein Buch für junge Menschen. 2. Aufl. Kösel, München 1992

147 *von Sydow, K.:* Lebenslust – Weibliche Sexualität von der frühen Kindheit bis ins hohe Alter. Huber, Bern Göttingen 1993

148 *Gromus, B.:* Weibliche Phantasien und Sexualität. Quintessenz, München 1993

149 *Buddeberg, C., B. Bass, R. Gnirss-Bormet:* Die lustlose Frau – der impotente Mann. Zur sexuellen Beziehungsdynamik in ehelichen Zweierbeziehungen. Familiendynamik 19 (1994) 266-280

150 *Cyran, W., H. Halhuber:* Erotik und Sexualität im Alter. Gustav Fischer, Stuttgart 1992

151 *Schneider, H. D.:* Alterssexualität – Forschungsergebnisse und ihre Bedeutung für das Leben in Institutionen. Therapeutische Umschau 51 (1994) 127-131

152 *Bifulco, A., G. W. Brown, Z. Adler:* Early sexual abuse and clinical depression in adult life. Br. J. Psychiatry 159 (1991) 115-122

153 *Pope, H. G., B. Mangweth, A. B. Negrao, J. I. Hudson, T. A. Cordas:* Childhood sexual abuse and bulimia nervosa: A comparison of american, austrian and brazilian women. Am. J. Psychiatry 151 (1994) 732-737

154 *Mullen, P. E., J. L. Martin, J. C. Anderson, S. E. Romans, G. P. Herbison:* The effect of child sexual abuse on social, interpersonal and sexual function in adult life. Br. J. Psychiatry 165 (1994) 35-47

155 *Links, P. S., R. van Reekum:* Childhood sexual abuse, parental impairment and the development of borderline personality disorder. Can. J. Psychiatry 38 (1993) 472-474

156 *Ducret, V., Ch. Fehlmann (Hrsg.):* Sexuelle Belästigung am Arbeitsplatz. Bericht des Eidgenössischen Büros für die Gleichstellung von Frau und Mann. Bern 1993

157 *Wirtz, U.:* Seelenmord – Inzest und Therapie. Kreuz, Stuttgart Zürich 1989

158 *Hirsch, M.:* Realer Inzest – Psychodynamik des sexuellen Mißbrauchs in der Familie. Springer, Heidelberg Berlin 1987

159 *Bachmann, K. M., W. Böker (Hrsg.):* Sexueller Mißbrauch in Psychotherapie und Psychiatrie. Huber, Bern Göttingen 1994

160 *Gloor, R., Th. Pfister:* Kindheit im Schatten. Lang, Bern Frankfurt/M. 1995

161 *Godenzi, A.:* Bieder, brutal – Frauen und Männer sprechen über sexuelle Gewalt. Unionsverlag, Zürich 1989

162 *Godenzi, A.:* Gewalt im sozialen Nahraum. Helbling & Lichtenhahn, Basel 1993

163 *Wirtz, U.:* Therapie als sexuelles Agierfeld. In: Bachmann, K.M., W. Böker (Hrsg.): Sexueller Mißbrauch in Psychotherapie und Psychiatrie. Huber, Bern Göttingen 1994, S. 33-44

164 *Bossi, J.:* Empirische Untersuchungen, Psychodynamik und Folgeschäden des sexuellen Mißbrauchs in therapeutischen Beziehungen. In: Bachmann, K.M. W. Böker (Hrsg.): Sexueller Mißbrauch in Psychotherapie und Psychiatrie. Huber, Bern Göttingen 1994, S. 45-72

165 *Moggi, F., J. Bossi, K. M. Bachmann:* Sexueller Mißbrauch in therapeutischen Beziehungen. Nervenarzt 63 (1992) 705-709

166 Council on Ethical and Judical Affaire, American Medical Association. Sexual misconduct in practice of medicine. JAMA 266 (1991) 2741-2745

167 *Pope, K. S.:* Rehabilitation plans and expert testimony for therapists who have been sexually involved with patients. Independant Practitioner 2 (1991) 31-39

168 *Schuppli-Delpy, M., M. Nicola:* Folge-Therapien mit in Psychotherapie sexuell mißbrauchten Patientinnen. In: Bachmann, K.M., W. Böker (Hrsg.): Sexueller Mißbrauch in Psychotherapie und Psychiatrie. Huber, Bern Göttingen 1994, S. 123-138

169 *Fischer, G.:* Die Fähigkeit zur Objektspaltung. Ein therapeutischer Veränderungsschritt bei Patienten mit Realtraumatisierungen. Forum der Psychoanalyse 6 (1990) 199-212

170 *Bass, E., L. Davis:* Trotz allem – Wege zur Selbstheilung für sexuell mißbrauchte Frauen. Orlanda Frauenverlag, Berlin 1990

171 *Brenner, H. D.:* Sexueller Mißbrauch in der Therapie: Überlegungen zur Prävention und Rehabilitation. In: *Bachmann, K.M., W. Böker (Hrsg.):* Sexueller Mißbrauch in Psychotherapie und Psychiatrie. Huber, Bern Göttingen 1994, S. 151-163

172 *Fürniss, T.:* Diagnostik und Folgen von sexueller Kindesmißhandlung. Monatsschr. Kinderheilkd. 134 (1986) 335-340

173 *Fürniss, T.:* Therapeutische Intervention bei sexueller Kindesmißhandlung. Monatsschr. Kinderheilkd. 134 (1986) 340-344

174 *Okami, P., A. Goldberg:* Personality correlates of pedophilia: Are they reliable indicators? J. Sex. Res. 29 (1992) 297-328

175 *Flury, R.:* Krisenberatung sexuell mißhandelter Frauen. Therapeutische Umschau 51 (1994) 1-4

176 *Weis, K.:* Die Vergewaltigung und ihre Opfer. Eine viktimologische Untersuchung zur gesellschaftlichen Bewertung und individuellen Betroffenheit. Enke, Stuttgart 1982

177 *Bart, P. B., P. H. O'Brien:* Stopping rape. Successful survival strategies. Pergamon Press, New York 1985

178 *Friday, N.:* Die sexuellen Phantasien der Frau. Scherz, Bern 1978

179 *Amir, M.:* Patterns in forcible rape. University of Chicago Press, Chicago 1971

180 *Schorsch, E.:* Sexualstraftäter. Enke, Stuttgart 1971

181 *Dahl, S.:* Rape – a hazard to health. Scandinavian University Press, Oslo 1993

182 *Hornung, R., A. Helminger, A. Hättich:* AIDS im Bewusstsein der Bevölkerung. Stampfli, Bern 1994

183 *Somaini, B.:* Epidemiologie und Prävention von AIDS. Sozial- und Präventivmedizin 37 (1992) 64-72

184 *Hornung, R.:* Ethische Probleme in der sozialwissenschaftlichen AIDS-Forschung. In: Holzhey, H., U.P. Jauch, H. Würgler [Hrsg.]: Forschungsfreiheit – ein ethisches und politisches Problem der modernen Wissenschaft. Verlag der Fachvereine, Zürich 1991, S. 63-78

185 *Sieber, M.:* Die Bedeutung des HIV-Tests für die AIDS-Prävention. Stampfli, Bern 1995

186 *Verbindung der Schweizer Ärzte FMH [Hrsg.]:* Die ärztliche Beratung am Beispiel von HIV und AIDS. Ott, Thun 1993

187 *Rohner, R., A. Böhm:* Der Gebrauch des Kondoms – Zum Umgang mit einem notwendigen Übel. Psychother. Psychosom. med. Psychol. 41 (1991) 206-215

188 *Bucher, Th.:* Das Kondom – Sozialpsychologische und andere Betrachtungen. Lizentiatsarbeit, Psychologisches Institut, Universität Zürich, 1995

189 *Dirubbo, N. B.:* The condom barrier. Amer. J. Nurs. 10 (1987) 1306-1309

190 *Stutz Steiger, T.:* HIV-Infektion und AIDS. Der Informierte Arzt 11 (1990) 205-210

191 *Sieber M.:* Sexuelles Risikoverhalten. Therapeutische Umschau 51 (1994) 136-139

192 *Clement, U.:* HIV-positiv. Psychische Verarbeitung, subjektive Infektionstheorien und psychosexuelle Konflikte HIV-Infizierter. Enke, Stuttgart 1992

193 *Zenz, H., G. Zenz [Hrsg]* AIDS-Handbuch für die psychosoziale Praxis. Huber, Bern 1989

Sachregister

Abgrenzung, dyadische 144
Abhängigkeit 149
Adoleszenz 106, 110
Ängste, sexuelle 12, 24 ff., 110, 155
Affektpsychose, Sexualität 175
Agieren, therapeutisches 11
AIDS 106, 190 ff.
Alkohol, Sexualität 143, 169
Allgemeinerkrankungen, Sexualität 19
Altersehe 68
Anamnese, sexualmedizinische
  s. Sexualanamnese
Antihypertonika, Sexualität 170
Antikonzeption
  s. Empfängnisverhütung
Appetenz, sexuelle s. Libido
Arteriographie 20
Arzt-Patient-Beziehung 12
Aufklärung, Bücher 96, 209
  – Patient 12
  – sexuelle 91
Ausbeutung, sexuelle 177 ff.
  – Formen 177
  – Hinweise 184
  – Krisenintervention 185
Aversion, sexuelle 16, 136

Bagatellisierung 11
Behinderte, Sexualität 168
Belästigung, sexuelle 178
Beschuldigung 83
Bestrafung, sexuelle 12
Beziehung, außereheliche 137, 145 f.
  – komplementäre 132
  – symmetrische 132
Beziehungsdynamik, Paarbeziehung 118, 144
Brustamputation s. Mastektomie

Depression, Sexualität 175
Deviation, sexuelle 173
Diabetes mellitus 20, 162
Dreiecksbeziehungen 143 f., 146
Dyspareunie 16, 136

Ehe 131 f.
Ehekonflikt s. Paarkonflikt
Eifersucht 143 f.
Einstellung, sexuelle 10, 105
Ejakulation 15, 150
  – vorzeitige 128
Ejakulationsstörungen 17, 128
Empfängnisverhütung 109, 120 f.

Entwertung 73
Entwicklung, sexuelle 54, 92, 102
Entwicklungsphasen, familiäre 66 f., 78
Entzündungen, genitale 19, 164
Erektion 15, 152
Erektionsstörung 16, 129, 152
Erkrankungen, endokrine 20
  – neurale 19
Erleben, sexuelles 23, 54, 117
Erregung, sexuelle 15, 150
Erregungsphase 15, 207 f.
Erregungsstörungen 16, 130
Erwartungsangst, sexuelle 27, 93
Explorieren, zirkuläres 63

Familie 130 f.
Familiengründung 67, 126, 131
Familienstruktur, egalitäre 130 f.
  – traditionelle 130 f.
Fehlvorstellungen, sexuelle 23
Fluor, genitaler 164
Fragen, sexualanamnestische 45
Frau, Rollenkonflikt 131
  – sexuelle Störungen 9, 16
  – Wechseljahre 134
Frigidität s. Erregungsstörungen
Funktionsfähigkeit, sexuelle 48, 207 f.

Geborgenheit 162, 167
Geburt, Sexualität 122 f., 130
Gefäßerkrankung 20, 163
Geistige Behinderung, Sexualität 175
Genitalisierung, Sexualität 138 f.
Genitaloperation 161
Geschlechtsidentität 25
Geschlechtsverkehr, Häufigkeit 151
Gespräch, Widerstände 80 ff.
Gesprächsführung 42 ff.
  – Einzelgespräch 47 ff.
  – Paargespräch 58 ff.
  – HIV-Prävention 195 f.
Gewalt, sexuelle 177 ff., 187
Gewissen 25
Gleichheit, Geschlechter 122, 150
Gleichwertigkeitsbalance, Partner 144
Grenzen, dyadische 75, 143
Gynäkologe, Sexualberatung 11

Hausarzt, Sexualberatung 10, 91
Hemmungen, sexuelle 9, 81, 110, 155
Herzinfarkt 163
Herzkrankheit 163

Herztod, plötzlicher 164
Hierarchie 76
HIV 106, 190 ff.
– sozialpsychologische Aspekte 190
– Test 195 f.
Homosexualität 171 f.
Hormone, Sexualität 121
Hysterektomie 135, 162

Ich-Du-Definitionen 72
Idealvorstellungen, sexuelle 113
Identitätskrise 134
Impotenz s. Erektionsstörungen
Infektionskrankheit, genitale 164
Insuffizienzangst, sexuelle 112, 129
Interdependenz, partnerschaftliches Verhalten 62, 76
Inzest 183 f.

Jahre, mittlere 68, 134 ff.
Juckreiz, genitaler 164

Kenntnisse, sexualmedizinische 7
– sexuelle 7, 9
Kinder, elterliche Sexualität 122
– sexuelle Entwicklung 98 ff.
Klimakterium s. Wechseljahre
Körperbild 25, 162
Körperkontakt 102, 166
Körpersprache 165
Kollusion 58, 77, 118
Kollusions-Konzept 26, 93
Kollusionsmuster 77, 79
Kommunikation 39, 69 ff., 78
– averbale 74
– Inhalt 71
Kommunikationsfertigkeiten 72
Konflikt, sexueller 118, 155
Kontrazeption s. Empfängnisverhütung
Krankheit, körperliche 158 ff.
Krankheit, psychische 171 ff.
Krankheit, sexuell übertragbare 190 ff.
Krebserkrankung, Sexualität 166
Krisenintervention 187 f.

Lebensphase, familiäre 131, 149
Leistungsdruck, sexueller 25, 112, 129, 142, 165
Liberalisierung, sexuelle 30
Libido 19, 102, 123, 141 f.
Libidomangel 16, 127
Libidostörung 130, 141 f.
Liebestod 164
Lubrikation 15, 207
Lust, sexuelle s. Libido
Lust-Appetenz-Phase 14
Machtkampf, sexueller 27
Mann, Wechseljahre 136 ff.

Mann, sexuelle Störungen 9, 16
Mastektomie 161
Masturbation 23, 98, 107 f., 116, 176
Medikamente, Sexualität 20, 85, 169
Menopause 134
Mißbildungen, genitale 19
Mißbrauch, sexueller 177 ff.
Mißhandlung, sexuelle 177

Nähe-Distanz-Problematik 27, 144
Nähe, emotionale 166
– körperliche 27

Orgasmusstörungen 16, 130
Operation, gefäßchirurgische 20
Orgasmus 15, 151
– gleichzeitiger 23
– koitaler 23
– männlicher 15, 151
– weiblicher 15, 23, 151
Orgasmusphase 15, 207 f.
Orgasmusschwierigkeiten 16

Paarbeziehung, komplementäre 76
– symmetrische 76
Paarbildung 67
Paargespräch, Methodik 58 ff.
– Widerstände 86 f.
Paarkonflikt 66 ff., 77, 118, 122, 146
– diagnostische Kriterien 78
Parteilichkeit, ausgewogene 84
Perversion, sexuelle s. Deviation, sexuelle
Phantasien, sexuelle 127
Pille s. Empfängnisverhütung
Placebo, sexualtherapeutisches 12, 85
Plateauphase 207 f.
Polarisierung, regressiv – progressive 63, 117
Pornographie 147
Prävention, AIDS 193 f.
Prostatektomie 19, 161
Psychiater, Sexualberatung 12, 172
Psychopharmaka, Sexualität 21, 174
Psychoanalyse, Sexualstörungen 93
Pubertät 106

Querschnittlähmung, Sexualität 19

Reaktionsfähigkeit, sexuelle 129, 150
Reaktionsphasen, sexuelle 14 f., 207
Reaktionszyklus, sexueller 15, 119, 150, 207
Refraktärzeit 150
Regression 137
Rollenkonflikt 131
Ruhestand 149

Scheidung 131, 133
Schizophrenie, Sexualität 174

Schuldfrage 83
Schwangerschaft, Sexualität 122 f.
Schweigen, im Gespräch 80
Schwierigkeiten, sprachliche 37 ff.
Seitensprung s. Beziehung, außereheliche
Selbstbehandlung, sexuelle Störungen 94
Selbstbefriedigung s. Masturbation
Sex, oraler 147
Sexualaufklärung 98, 114
Sexualanamnese 8, 47 ff.
Sexualberatung, Aufgaben 91
– Fehler 199 ff.
– Grenzen 91
– Interesse 10
– Möglichkeiten 91
Sexualerziehung 98 f.
Sexualinformation 91
– Bücher 96, 209
Sexualität, Alter 149
– Bedeutung 29 f.
– kindliche 98 f.
– Krankheit 158 ff.
– Lebenszyklus 29, 33
– männliche 117 f., 129, 150
– weibliche 117 f. 150
Sexualmoral 30, 105, 108
Sexualphobie 16
Sexualstörungen, diagnostische Einteilung 16
– formale Merkmale 17
– Häufigkeit 8, 10, 17
– Symptomatik 14
– Ursachen 18 f., 160
Sexualtheorien 31
Sexualtherapie 93
– ethische Aspekte 95
– Voraussetzungen 96
– Vorinformation 95
Sexualverhalten 103, 117
– Jugendlicher 108 f.
– Schwangerschaft 127
Sexualzentrum, spinales 15
– zerebrales 14
Sexuelle Funktionsstörungen s. Sexualstörungen
Sozialisation, sexuelle 117

Spontanerektion 20
Sprachen, sexuelle 38 ff.
Sterilität 135
Stimulation, manuelle 23
Straftat, sexuelle 173
Studentensexualität 119
System, soziales 75, 78

Tabuisierung sexueller Fragen 11, 85
Trauerreaktion, Sexualität 154
Traumatisierung, sexuelle 177 ff.
Trieb, sexueller 30
Tumeszenzmessung 20

Übergriff, sexueller 178, 180 f.
Unterschiede, geschlechtstypische 119
Ursachen, intrapsychische 24 ff.
– partnerschaftsbezogene 26
– psychosoziale 22 ff.
– somatische 18 ff.

Vaginismus 16
Verbalisierungshilfe 87
Vergewaltigung 187 f.
Verhalten, sexuelles 10, 30
Verhalten, sexuell abweichendes 171
Verhaltensstörung, sexuelle 103
Verlusterlebnis 149
Vermeidungsverhalten, sexuelles 27, 93, 160, 174
– sprachliches 11
Versagen, sexuelles 93
Versagensangst, sexuelle 24, 93
Vorurteile 158

Wandel, sozialer 130 f.
Wechseljahre 134 f.
Weigerung, sexuelle 165
Wertekonflikt 131
Widerstandsverhalten 87

Zärtlichkeit 101, 138 f., 151
Zufriedenheit, sexuelle 47, 127